제2판

알기쉬운 기초회계

김재열

유원북스

2판 머리말

교양으로 배우는 기초회계학을 출간한 지도 어언 15년째 오고 있다. 2010년 처음 초판을 내면서 과연 경영학이나 회계학을 비전공으로 하는 공대 및 자연대 학생들을 대상으로 회계학을 가르치는 것이 가능할 것인가 의심을 많이 하였다. 그러나 지금까지 오랜 기간 강좌가 꾸준히 이어지고 있는 현실이 입증하듯 경영학을 비전공으로 하는 학생들에게도 회계라는 학문이 필요하다는 것을 알 수 있었다.

특히 저자가 교양과목으로 공학회계를 15년간 강의하면서 느낀 점은 경영학 비전공 학생들의 기업에 대한 관심이 매우 높다는 것을 체감할 수 있었다는 점이다. 전공과목에서 전혀 배워보지 않았던 회계학이라는 학문을 통해 기업 실무의 움직임을 조금이라도 파악하고, 학기 레포트를 통해 본인이 선정한 기업에 대한 기업분석을 직접 수행해 보는 것은 기업에 대한 마인드를 한층 높이는 데 일조를 한 것으로 보인다.

2판은 어떻게 하면 회계학이 어렵고 딱딱한 과목이 아니라 재미있고 쉬운 학문이라는 걸 보여주기 위해서 가능한 한 공학계열 학생들이 이해하기 쉽게 서술하려고 노력하였다. 1판에 비해 내용을 더 다듬고 진부한 연습문제는 삭제하고 최신의 기출문제 중심으로 보완하였다.

2판 교재의 출간에는 많은 분들의 도움이 있었다. 매장의 연습문제를 체크하고 보완해 준 조교 이소은 양에게 감사를 표하며, 출간을 독려하고 허락해 주신 유원북스 이구만 사장님께 고마움을 전한다.

2025년 7월

저 자

서 문

학교에서 공학계열 학생들을 대상으로 기초회계학을 가르친 지 벌써 10여 년이 지났다. 매 학기 공학회계 강의를 열었으니 26학기를 설강한 것이다. 처음 경영학이나 회계학을 전공하지 않은 비전공 학생들에게 경영학 전공 학생들도 어려워하는 회계학을 강의할 수 있을까 하는 두려움과 어려움이 있었지만, 지금까지 이 강좌를 이끌어 올 수 있었던 것은 많은 공학계열 학생들의 지지와 성원이 아니었나 라는 생각이 들어 이 자리를 빌어 학생들에게 고마움을 전한다.

특히 졸업 후 회사생활을 하면서 공학회계 수업에서 배웠던 여러 회계학적 지식이 실무에서 사용되는 것을 보고 직접 연락을 준 학생들도 그간 상당히 있어서 비록 교양수업이지만 상당한 자부심도 느낀다.

저자는 경영학 비전공 학생들에게는 복잡한 회계지식을 전달하기보다는 사회생활에서 유용하게 활용할 수 있는 회계마인드를 구축해 주는 것이 더욱 중요하다고 생각한다. 회계마인드 구축을 위해 어떻게 하면 쉽고 재미있게 회계내용을 전달하고, 비전공자들이 기업 실무에 나아갔을 때 회계가 꼭 필요한 지식임을 인식하게 만들며, 기초적 회계정보를 이해할 수 있는 능력을 배양하는 것이 회계를 가르치는 모든 사람들의 사명이라고 할 수 있다. 이에 따라 본 교재는 그간 사용하였던 교양회계 교재를 대폭 수정하여 새로이 출간하게 된 교재이다. 이전의 교재에서 학생들이 어려워했던 부분을 과감히 삭제하고, 좀 더 쉽게 회계학을 이해하는데 중점을 두어 집필하였다. 내용 중간 중간에 실무적인 부분을 더 자세히 설명하려고 노력하였고, 매 장의 말미에 본 장의 내용과 관련있는 실제 신문기사를 소개하였다. 또한 진위 문제와 객관식 문제도 기출문제를 많이 보강하여 수정 및 보완하였다.

본 교재는 비전공 학생들에게 회계라는 과목에 대한 흥미를 불러일으키고, 회계 기초 지식을 재미있게 알려 주고자 하는 조그만 시도라고 보면 된다. 교재의 활용방안은 회계를 전공으로 하지 않는 비전공 학생들에게 교양과목으로 회계라는 학문을 소개하는 데 주안점을 둔다면 효과가 있을 것이고, 또한 회계를 전공으로 하는 전공학생들의 경우에는 본격적인 전공 수업에 들어가기 전 단계로 기초연마의 과정으로 활용한다면 바람직하다.

본 교재의 출간에는 많은 분들의 도움이 있었다. 매장의 연습문제를 체크하고 보완해 준 조교 강아라 양과, 세금관련 내용을 정리해 준 정남인 박사님께 감사를 표하며, 출간을 독려하고 허락해 주신 유원북스 이구만 사장님께 고마움을 전한다.

2024년 2월

저 자

차 례

제1장 회계란 도대체 무엇일까?

제1절 회계가 우리 사회에서 꼭 필요한 이유 12
1. 회계란 무엇인가? 12
2. 회계의 정의 13
3. 회계의 필요성과 회계정보이용자 15

제2절 회계는 어떻게 분류할 수 있을까? 22
1. 영리회계와 비영리회계 22
2. 재무회계와 관리회계 및 세무회계 22

제3절 회계기준이란 무엇인가? 25
1. 일반적으로 인정된 회계원칙(GAAP) 25
2. 한국채택국제회계기준(K-IFRS) 26

제4절 회계는 어떤 전제조건 위에 성립될까? 27
1. 발생주의 가정 28
2. 계속기업의 가정 29

제5절 회계정보의 질적 특성이란 무엇인가? 31
1. 목적적합성 32
2. 이해가능성 33
3. 신뢰성 33
4. 비교가능성 34

제2장 재무제표와 회계감사가 무엇인가요?

제1절 재무제표는 어떻게 구성되고 어떻게 활용할까? 52
1. 재무제표란 무엇인가? 52
2. 재무제표는 어떻게 활용되는가? 61
3. 재무제표의 한계점은? 64

제2절 회계감사는 무엇이고 왜 하는 것일까? 65
1. 회계감사란 무엇인가? 65
2. 공인회계사의 역할과 감사보고서 67
3. 회계감사의견서의 종류와 의미 70
4. 분식회계란 무엇일까? 74

제3장 회사의 재정이 튼튼하고 안전한지는 무엇으로 알 수 있나요?

제1절 재무상태표란? **94**

제2절 자산, 부채, 자본이란? **98**

1. 자산의 정의와 분류 98
2. 부채의 정의와 분류 115
3. 자본의 정의와 분류 124
4. 재무상태표의 작성 131

제4장 회사가 장사를 잘했는지, 못했는지는 무얼 보면 알 수 있을까?

제1절 포괄손익계산서란? **152**

제2절 수익, 비용이란? **156**

1. 수익의 정의와 분류 156
2. 비용의 정의와 분류 158
3. 포괄손익계산서의 작성 163

제5장 회사의 이익은 어떻게 측정할 수 있을까?

제1절 순손익을 구하는 방법과 재무상태표가 의미하는 것은? **180**

1. 순손익의 계산방법(재산법) 180

제2절 순손익을 구하는 방법과 포괄손익계산서가 의미하는 것은? **184**

1. 순손익의 계산방법(손익법) 184
2. 재무상태표와 포괄손익계산서의 순손익은 일치한다? 187

제6장 유용한 회계정보는 어떻게 산출되는가?

제1절 회계에서 말하는 거래란? **204**
1. 회계상 거래와 일상생활의 거래의 차이점 204
2. 거래는 반드시 이중성을 가지고 있다 206
3. 거래는 어떻게 분류될까? 207
4. 거래는 어떻게 결합되어 이루어지는가? 210

제2절 회계거래의 첫 기록인 분개란 무엇인가? **214**
1. 분개란 무엇이며 어떤 법칙에 따라 성립될까? 214
2. 분개가 기록되는 분개장이란? 216

제3절 계정이란 무엇인가? **219**
1. 계정의 의미와 분류 219
2. 계정기입의 원칙 220

제4절 분개장에서 총계정원장의 옮겨적기란 무엇인가? **223**
1. 총계정원장의 의미와 옮겨적기 223

제5절 결산절차란 무엇인가? **227**
1. 결산의 의미 227
2. 시산표란 무엇인가? 230

제7장 우리는 재무제표를 해석하면 무엇을 알 수 있을까?

제1절 재무제표의 의미와 목적 **254**

제2절 재무제표를 분석하는 방법으론 어떤 것이 있나요? **258**
1. 구성비 분석 258
2. 추세분석 259
3. 재무비율분석 260

제3절 제일 많이 이용하는 재무비율분석 방법은? **262**
1. 안전성 분석 262
2. 수익성 분석 266
3. 성장성 분석 272
4. 사례기업 분석 274

제8장 창업자와 근로소득자의 세무전략

제1절 세금의 기초 **294**

1. 우리나라 세금의 분류 294
2. 세금계산, 납부에 관련된 세금 용어 298

제2절 기업과 관련된 국세 **302**

1. 부가가치세 303
2. 법인세 309
3. 소득세 313

01 회계란 도대체 무엇일까?

제1절 회계가 우리 사회에서 꼭 필요한 이유

제2절 회계는 어떻게 분류할 수 있을까?

제3절 회계기준이란 무엇인가?

제4절 회계는 어떤 전제조건 위에 성립될까?

제5절 회계정보의 질적 특성이란 무엇인가?

제1장

회계란 도대체 무엇일까?

제1절

회계가 우리 사회에서 꼭 필요한 이유

1. 회계란 무엇인가?

우리는 하루하루를 살아가면서 무수히 많은 경제적 활동을 수행하지만, 이 활동들이 회계적 활동과 관련되어 있다고 생각하는 사람은 드물 것이다. 그러나 실제로 일상생활에서 많은 경제적 활동들이 회계활동과 관련되어 있다. 단지 우리가 인식을 하지 못하고 있을 뿐이다. 예를 들어, 음식을 먹거나 또는 물건을 사고 대금을 지불한다든지, 주부가 하루 동안 사용한 돈을 가계부에 기록한다든지, 주식투자를 한다든지 등등 많은 경제적 활동들이 회계활동인 것이다. 기업의 경우에는 개인적 활동보다 더 많은 회계활동을 수행한다. 기업을 경영하기 위해서는 많은 정보가 필요한데, 이들 정보의 대부분은 회계정보이기 때문이다. 특히, 기업에서 만들어내는 대부분의 자료는 숫자로 표현되어 있다. 숫자는 단순한 표시 수단이라기보다는 살아 움직이는 기업의 모습을 그대로 나타내주는 매개체이다. 기업의 숫자를 제대로 볼 줄 알아야 기업의 상태를 제대로 파악할 수 있으므로 회계는 필요한 것이다. 즉, 회계를 잘 알면 기업의 실상을 제대로 파악하여 보다 정확한 의사결정을 내릴 수 있다.

만약 여러분들이 새로운 사업을 구상하면서 "처음에 얼마나 투자해야 할까? 그러면 얼마나 벌 수 있을까? 또 손해를 안 보려면 얼마를 벌어야 할까?"라는 식의 생각을 하고 있다면 여러분들은 벌써 회계를 시작하고 있는 것이다. 이러한 생각 없이 무작정 사업을 시작하는 사람은 없기 때문이다. 다시 말해, 사업 시작의 첫걸음부터 회계를 생각하게 되는 것이다. 회계에 대한 상세하고 해박한 지식은 회계전문가의 영역일지 몰라도 회계에 대한 기본적인 이해는 모든 사업자의 몫이다.

2. 회계의 정의

과거에는 단순히 회계정보의 생산 측면만을 강조해, 기업의 거래를 돈으로 기록·분류·요약하고 그 결과를 해석하는 기술을 회계라고 하였다. 이는 회계를 부기(bookkeeping)와 동일한 의미로 간주하여 단순히 경제적 사건을 기록하는 기술이라고 정의한 것이다. 그러나 오늘날에는 회계정보의 이용 측면을 강조하여, 회계(accounting)는 "회계정보이용자가 합리적인 의사결정을 내릴 수 있도록 이들에게 기업에 관한 유용한 경제적 정보를 식별·측정·전달하는 정보 시스템이다"라고 정의내리고 있다. 다시 말해, 경영자가 특별상여를 지급할 것을 결정하거나 주주들이 주식처분 여부를 결정하는 등의 올바른 의사결정을 내릴 수 있도록 재무제표 등 회계정보를 제공하는 것을 말한다. 여기서 회계정보는 경영자·투자자·채권자 등 기업의 이해관계자들이 의사결정을 할 때 참고하는 기업의 재무상태·경영성과·현금흐름 등에 관한 정보를 말하는 것이다.

현대적 의미의 회계 정의에 대해 좀 더 구체적으로 살펴보자.

자본주의의 꽃이라고 하는 기업에서 사용하는 언어는 무엇일까? 크고 작은 많은 기업들은 무슨 언어를 사용해서 서로 소통하고 교류하는 것일까? 정답은 바로 회계다. 회계라는 언어를 통해 기업들은 자신을 드러내고 설명하며 소통하고 교류하는 것이다. 회계를 모른다면 기업은 자신이 아픈지 건강한지, 잘 성장하고 있는지 혹은 문제가 있는지를 알 수가 없게 된다. 따라서 회계는 우리가 속해 있는 또는 앞으로 속하게 될 조직(특히, 기업조직)의 언어(language of business)라고 할 수 있으며, 회계 없이는 기업경영의 과정이나 기업의 성과를 표현할 수 없다. 따라서 회계를 이해하지 못하면 경제적인 의사소통에 어려움을 느끼게 된다. 또한 우리는 모두 현재 또는 미래에 사적이든 공적이든 수많은 의사결정을 내려야만 하는 의사결정자들이다. 합리적인 의사결정을 하려면, 우선 이에 필요한 재무적 정보를 얻어야 하는데 회계는 바로 우리가 필요로 하는 정보를 제공하는 기능을 수행한다. 이런 맥락에서 회계는 '의사결정자들이 경제적 의사결정을 합리적으로 할 수 있도록 경제실체에 관한 재무정보를 측정 · 기록 · 전달하는 정보시스템'으로 정의될 수 있다.

따라서 회계를 다음과 같이 정의 내리기로 한다.

회계란 특정 기업과 관련하여 발생한 경제적 사건을 식별(identifying), 기록(recording)하여 이해관계자들에게 보고(communicating)하는 과정이다.

여기서 경제적 사건이란 기업의 재무상태에 영향을 가져오는 행위를 말하며, 회계에서는 이를 거래라고 한다. 기업에서는 매일 다양한 거래가 발생하며, 이러한 거래로 인해 재무상태가 변동되는 것이다. 회계는 특정 사건이 경제적 사건인지 아닌지를 식별하고, 이를 일정한 규칙에 따라 화폐단위로 장부에 기록한 후, 재무제표(financial statements)라고 하는 일정한 보고 형식을 통해서 회계정보이용자에게 보고하는 역할을 한다. 재무제표는 회계정보이용자의 경제적 의사결정에 도움을 줄 수 있다.

이와 같이 회계는 한마디로 '정보전달을 하기 위한 수단'이라고 말할 수 있다. 우리 주위에는 가정으로부터 시작해서 회사, 개인사업자, 학교, 학원, 공익법인 등 수많은 경제실체들이 있고, 또 이들 주위에는 다양한 형태의 이해관계자들이 존재하고 있으며 이들은 경제실체들에 대해 지속적으로 어떤 의사결정을 내리게 된다.

예를 들어, 회사의 이해관계자에는 주주, 채권자, 임직원 및 고객 등이 있고, 이외에 회사가 번 돈에 대해 세금을 걷어가는 국가도 이해관계자라고 볼 수 있다. 주주와 채권자는 그 회사에 투자한 돈이나 빌려준 돈을 언제 회수할 것인지, 임직원은 그 회사에서 계속 근무할 것인지에 대해 생각하게 될 것이다. 국가 또한 그 회사가 번 돈에 대해 얼마의 세금을 걷어갈 것인지를 결정하게 된다. 이러한 고민을 해결하기 위해서는 무엇보다도 그 회사에 대한 정확한 정보가 필요한 것은 너무도 당연한 일이다.

이런 경우 우리는 회계라는 수단을 통해 보다 쉽게 그 회사에 관한 정보에 접근할 수 있다. 다시 말해 회계란 일정 기간(이를 회계연도라고 하며, 통상 1년을 의미한다) 동안에 그 회사에서 일어난 모든 경제적인 사건(사장님이 소매치기 당한 것도 사건이지만, 이것은 포함되지 않는다)을 기록하고 정리하여 보고하는 것이며, 이러한 과정을 통해 회사는 그의 이해관계자들에게 필요한 정보를 제공함으로써 그들의 의사결정이 합리적으로 이루어질 수 있도록 도와주는 것이다.

여기서 잠깐!

부기와 회계의 차이점

대부분의 사람들은 회계와 부기를 동일한 것으로 오인하고 있다. 부기는 회계의 한 과정으로서 경제적 사건을 기록하고 보관하는 기법에 불과하며, 그것은 반복적이고 기계적인 특성을 지니고 있다. 반면에 회계는 정보를 산출할 뿐만 아니라 산출된 정보를 의사결정의 목적을 위해 분석하고 해석하며 활용하는 영역까지 포함한다. 결국 부기는 회계의 부분집합이고 한 측면에 불과하다고 할 수 있다. 그러나 회계의 근간은 복식부기를 바탕으로 하고 있다.

3. 회계의 필요성과 회계정보이용자

(1) 회계의 필요성과 역할

앞서 설명했듯이, 우리가 살아가는 데 있어서 무시할 수 없는 큰 부분 중의 하나가 바로 경제적 활동이다. 그렇다면 우리가 영위하는 경제활동의 본질은 무엇일까? 모든 경우가 다 그렇지는 않겠지만 대부분의 목적은 이익추구라고 볼 수 있을 것이다. 더구나 물질만능의 자본주의사회에서 개인이 누릴 수 있는 행복의 보편적 가치기준이 바로 돈으로 단정지어지는 세태이고 보면, 누구나 자신의 행복을 위해서 돈을 벌고자 하는 것은 당연한 이치라고 할 것이다.

그렇다면 우리는 어떻게 돈을 벌고 있는가? 그것은 단순하다. 즉 월급을 받아서, 장사 또는 사업을 해서, 그리고 이를 통해 모은 종자돈(seed money)으로 재테크를 해서 돈을 불려나가고 있다. 그럼, 이렇게 모은 돈을 어떻게 관리해야 할까? 이때 필요한 것이 바로 회계이다. 회계의 필요성에 대해 구체적으로 살펴보자.

첫째, 장사(사업)를 하는 데 필요하다.

사업을 하는 가장 일차적인 목적은 이익을 남기기 위한 것이다. 그리고 일정한 기간 동안 장사를 해서 얼마의 이익을 남겼는지는 직접 계산을 해 보아야 알 것이다. 즉, 장사를 하면서 일정 기간 동안 얼마의 이익을 보았고, 현재의 재무상태가 어떠한지는 장부를 기록하고 결산을 해 보면 알 수 있다. 결산을 통해 재무제표라는 것이 만들어지는데, 사업주는 이러한 재무제표를 읽음으로써 자신이 운영하는 회사의 현재 상태를 정확하게 알 수 있으며, 회사 운영상의 여러 가지 문제점을 파악하여 이를 경영에 반영할 수 있게 된다.

둘째, 재테크를 하는 데 필요하다.

재테크의 방법에는 여러 가지가 있지만 가장 대표적인 것이 주식투자이다. 증시격언에 "주식투자란 주식을 사는 것이 아니라 그 회사를 사는 것과 마찬가지이다"라는 말이 있다. 즉, 주식을 사게 되면 주주가 되는 것이고 주주(株主)란 말 그대로 주식회사의 주인인 셈이다. 따라서 주식투자의 성과는 채권처럼 확정적으로 이자를 받는 것이 아니고, 그 회사가 이익을 많이 남겼을 때 그 이익의 일부를 배당이라는 형태로 분배받는 것이다. 그러므로 미래에 이익을 많이 낼 수 있는 회사에 투자하는 것이 투자의 기본원칙인 셈이다.

현재의 회사가 어떤 상태이고 미래에 어떻게 될 것인지 역시 회계의 결과 산출되는 재무제표에서 그 해답을 얻을 수 있다. 따라서 내가 투자하고자 하는 회사의 재무제표를 들여다 보고 이를 분석해 보면 그 기업의 현재의 가치와 미래의 가치가 어느 정도 보이게 되니, 이런 경우에는 적어도 주식에 투자해서 망했다는 소리는 듣지 않을 것이다.

셋째, 투명한 사회를 건설하는 데 필요하다.

우리는 외환위기를 맞아 IMF로부터의 구제금융이라는 초유의 사태를 경험한 바 있다. 국가의 유동성 부족은 결국 개별 경제주체들의 유동성 부족을 의미한다. 언제부터인가 우리나라의 모든 회사들과 가계들이 자신의 상환능력은 무시한 채 외부로부터 아무런 대책 없이 빚을 끌어다 무리하게 사업을 확장하고 소비하는 사이에, 이미 IMF 구제금융의 원인이 발생하고 있었던 셈이다. 그리고 이처럼 방만한 차입경영과 계열회사를 통한 회사 부풀리기가 가능했던 것은, 바로 투명하지 못했던 우리 사회의 비합리적인 구조에도 그 책임의 일부분이 있다는 점을 인정하지 않을 수 없다.

재무분석 교과서에서는 회사의 유동성비율은 최소한 150% 이상을, 그리고 부채비율은 200% 이하를 안전한 수준으로 정하고 있는데, 우리 기업들 중에서 이 비율을 충족시키는 회사가 과연 몇이나 되었을까? 과거의 잘못된 관행으로 인하여 우리 기업들은 거의 무제한적으로 금융기관의 돈을 끌어다 썼고, 이는 바로 기업의 재무구조를 악화시키는 요인으로 발전하고 말았다. 재무분석의 기본조차도 받아들여지지 않았던 우리 사회가 그 대가를 톡톡히 치루었던 셈이다. 어찌됐건 이제는 우리 사회가 투명해짐으로써 그와 같은 불건전한 경영관행이 자리 잡지 못하도록 해야 하는데, 이를 가능하게 하기 위해 우리 모두가 회계를 알아야 하는 것이다. 즉, 21세기 복지국가는 투명한 사회여야 하며, 투명한 사회건설에는 회계가 큰 역할을 할 수밖에 없다.

한편 얼마 전까지만 해도 회계나 재무제표는 공인회계사나 기업의 경리부서 · 총무부서 · 재무부서 · 기획부서 담당자에게나 필요한 것이었다. 그러나 최근 들어서는 각 부서에서 회의나 의사결정을 할 때 영업실적보고서, 지출보고서, 채권 · 채무 현황 등의 회계자료를 활용하고 있다. 이제 더 이상 회계지식은 특정 전문가집단의 전유물이 아니다. 회계지식은 경제활동을 하는 사람이라면 반드시 알아야 할 경제상식이 되어버린 것이다. 특히 승진이나 자기개발을 위해서라도 반드시 회계를 알아야 한다. 회계정보에는 기업경영과 관련된 모든 내용이 요약되어 있어 기업의 내부 의사소통 수단으로 매우 유용하다. 매일매일 정확한 의사결정을 해야 하는 기업으로서는 회계자료를 제대로 이해하고 분석하는 사람을 선호할 것이다.

또한 회계지식이 풍부하면 손쉽게 기업의 좋고 나쁨을 평가할 수 있다. 기업을 평가할 때는 요모조모 다 따져보지만 결국에는 너무 많은 것을 고려하게 되므로 결론을 내리기가 쉽지 않다. 언제나 어떤 것은 좋은데, 어떤 것은 나쁘다는 식이다. 이 경우 회계지식이 풍부하면 평가요소마다 점수를 부여한 평가표를 작성하여 보다 정확하게 기업을 평가할 수 있다.

기업 입장에서는 구성원들이 회계지식이 풍부할수록 회계정보를 투명하게 만들 수 있을 뿐만 아니라 절세에도 유용하다. 회계정보를 투명하게 나타내려면 돈이 들어오고 나간 내용 그대로 증빙을 갖춰 전표처리를 해야 하며, 이 작업을 거쳐 장부를 만들고 재무제표를 작성해야 한다. 이로써 절세는 자연스럽게 이루어진다. 비싼 회계프로그램을 사용하여 재무제표를 만든다고 해서 회계의 투명성이 높아지는 것은 절대 아니다.

(2) 회계정보이용자란?

회계정보의 생산자인 기업이 제공하는 정보는 이용하는 사람에 따라 그 목적이 달라진다. 우리 주변에서는 우리가 상상하고 있는 것보다 훨씬 많이 회계정보가 이용되고 있다. 거의 모든 사람이 현재나 미래의 회계정보이용자라고 할 수 있다.

회계정보의 이용자는 크게 내부이용자와 외부이용자로 구분할 수 있는데, 내부이용자는 기업 내부에서 그들의 경제적 의사결정을 합리적으로 수행하려고 하는 모든 의사결정자들을 말한다. 즉, 경영자로부터 모든 사원에 이르기까지 기업의 목표를 달성하는 데 필요한 책임과 권한을 가진 자를 말한다. 특히 주된 내부이용자는 기업 활동을 하면서 기업에 관한 영업, 투자 및 재무에 관한 의사결정을 내려야 하는 경영자가 가장 중요한 집단이다. 이외에도 내부정보이용자로 종업원, 노동조합 등이 있다.

외부이용자는 기업 외부에서 그들의 경제적 의사결정을 합리적으로 수행하려고 하는 모든 의사결정자들을 말한다. 즉, 기업에 투자하는 투자자(주주)와 돈을 빌려주는 채권자가 가장 대표적인 집단이다. 이들 외에도 회사에 납품하는 거래처, 회사의 제품을 구입하는 고객, 그리고 국세청이나 공정거래위원회 같은 정부기관이 기업 외부에서 기업과 관련된 의사결정을 내려야 하는 집단이다.

이들 회계정보의 이용자들은 기업과 직·간접적인 이해관계를 가지고 있는 자들로, 기업의 이해관계자 집단과 회계정보이용자와의 관계를 보면 [그림 1-1]과 같다.

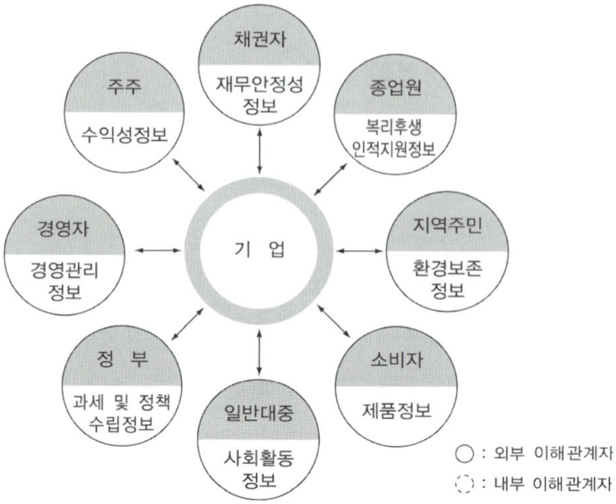

그림 1-1 기업의 이해관계자 집단과 회계정보이용자

주요 정보이용자를 좀 더 구체적으로 살펴보자.

1) 경 영 자

경영자는 합리적인 기업경영을 위해 기업의 재무상태와 경영성과를 파악하고, 예산과 실적의 차이를 분석하며, 과거의 경영활동에 대한 성과를 평가한다. 또한 신제품 개발과 설비투자 여부 등 여러 가지 의사결정을 하는데 그 기초 자료로 회계정보를 활용한다.

2) 투 자 자

현재 및 잠재적 주식·채권 투자자는 기업의 미래 현금창출능력을 평가하기 위해 회계정보가 필요하다. 예를 들어, 현재의 주식 투자자는 배당수익과 매매차익을 얻기 위해 기업의 주식을 보유한 이들이다. 따라서 그들은 현재 소유하고 있는 주식을 처분할 것인지, 계속 보유할 것인지 결정해야 한다. 또 앞으로 기업에 투자하고자 하는 잠재적 투자자는 어느 기업의 주식에 얼마만큼 투자할 것인지 결정해야 한다. 이와 같은 의사결정을 할 때 판단의 기초 자료로 회계정보를 활용한다.

3) 채 권 자

우리 사회에서 흔히 채권자 그룹은 은행을 의미한다. 채권자는 기업에 필요한 자금을 빌려주고 이자를 받는다. 그들은 어떤 기업에 자금을 빌려줄 것인가, 빌려준다면 이자율을 얼마로 받을 것인가를 결정해야 한다. 또 이미 빌려준 경우에는 기간을 연장할 것인가, 연장한다면 조건을 어떻게 조정할 것인가를 결정해야 한다. 이와 같은 의사결정을 할 때 판단의 기초 자료로 회계정보를 활용한다.

4) 정부기관

정부기관은 기업의 이익에 대해 세금(법인세)을 부과하고, 기업의 경영활동에 대해 각종 규제와 관리를 한다. 이와 같은 의사결정을 할 때 판단의 기초 자료로 기업에 관한 회계정보를 활용한다.

5) 종 업 원

종업원은 자신이 회사에 공헌한 정도와 회사의 지급능력을 고려하여 회사와 근로조건에 대해 협상한다. 이에 따라 그 회사에서 계속 근무할 것인지, 아니면 다른 회사로 옮길 것인지를 결정한다. 이와 같은 의사결정을 할 때 판단의 기초 자료로 회계정보를 활용한다.

6) 기타 정보이용자

기타 정보이용자는 기업의 미래 현금창출능력에 관심을 갖는다. 예를 들면, 투자자나 채권자에게 투자정보와 신용정보를 제공하는 재무분석가나 신용평가기관도 회계정보를 활용한다. 일반 대중은 특히 기업의 재무상태에 관심을 가지고 회계정보를 활용한다.

제2절 회계는 어떻게 분류할 수 있을까?

회계를 분류하는 기준은 일반적으로 회계주체의 성격에 따라 영리회계와 비영리회계, 그리고 회계정보의 이용자에 따라 재무회계와 관리회계 및 세무회계로 분류된다.

1. 영리회계와 비영리회계

이윤추구를 목적으로 하는 개인 또는 조직을 기업이라 하는데, 이와 같이 영리활동을 하는 기업을 대상으로 하는 회계가 영리회계(기업회계)이다. 영리회계에는 상업회계, 은행회계, 보험회계, 리스회계, 공업회계 등이 있다.

비영리회계는 비영리사업이 요구하는 회계이며, 소비경제를 중심으로 하여 소비액 계산에 중점을 둔다. 따라서 예산의 집행 및 수입과 지출의 계산이 주가 되며 손익계산을 필요로 하지 않는 회계이다. 비영리회계에는 가계회계, 병원회계, 정부회계, 학교회계 등이 있다.

2. 재무회계와 관리회계 및 세무회계

재무회계(financial accounting)는 기업의 외부에서 기업의 경영에 직접 참여하지 않는 다양한 투자자 집단과 채권자 등이 합리적인 의사결정을 내릴 수 있도록 기업의 재무상태 · 경영성과 · 현금흐름에 관한 정보를 제공하는 분야다. 이들 이용자 집단에는 현재의 투자자뿐만 아니라 미래의 잠재적인 이용자까지 모두 포함하므로 이들은 그 특성이나 이용목적에 따라 매우 다양하다. 따라서 원칙적으로는 각기 다른 이해관계자의 욕구를 모두 충족시킬 수 있는 재무제표 정보를 제공해야 하지만, 현실적인 제약 때문에 최소한의 욕구를 충족시킬 수 있는 공통요소를 기준으로 재무제표 정보를 제공한다. 이러한 재무제표를 '일반목적의 재무제표'라고 한다.

즉, 거래의 기록·분류·요약에 의해 재무상태와 경영성과를 파악하여 이를 외부에 공표할 목적인 외부보고(external reporting) 목적의 회계이다. 외부이용자를 위한 재무회계정보는 정보의 처리과정을 거쳐 요약된 형태로 보고되며, 이러한 보고서를 재무제표라 한다.

관리회계(management accounting)는 회사 내에서 경영자들이 영업, 투자 및 재무활동과 관련된 의사결정을 내리는 데 주로 사용된다. 즉, 경영자가 조직의 목표를 달성하는 데 도움이 되는 재무적 및 비재무적 정보를 측정하고 보고하는 것으로 내부보고에 초점을 둔다.

관리회계는 경영자의 다양한 요구에 따라 다양한 형태로 정보를 제공하게 되는데, 경영자의 의사결정과 관련하여 개별적이고 직접적인 형태를 지니며, 개인적인 추정이나 판단이 다수 포함되어 있다. 이처럼 관리회계는 내부의 다양한 의사결정의 특성에 따라 그 목적에 가장 적합한 정보를 준비, 제공하는 기능이라고 할 수 있다. 따라서 관리회계에서는 모든 기업에 공통적으로 적용되는 회계기준을 설정하는 재무회계와는 달리 경영자의 필요에 따라 내부보고용의 특수 목적의 보고서가 나오며, 이것은 어디까지나 내부용이므로 정보를 준비하는 형식이나 방법에 구애될 이유가 별로 없다.

한편, 원가회계(cost accounting)는 원가대상의 원가를 결정하기 위한 기법 혹은 방법으로 정의된다. 일반적으로 다양한 투입물의 추적과정이라고 할 수 있다. 원가회계는 재무회계와 관리회계를 위한 정보를 모두 제공한다. 원가회계는 기업 외부에 보고하는 재무제표를 작성하는 데 필요한 정보를 제공하며, 또한 기업 내부의 경영관리자의 의사결정에 필요한 정보를 제공하는 중요한 회계분야이다.

세무회계(tax accounting)는 기업의 외부 이해관계자인 세무서에 세법의 규정에 따라 적법하게 세금을 부과하고 납부했는가에 대한 정보를 제공하는 분야이다. 이는 조세부담의 공평성 원칙과 충분성의 원칙에 입각하여 규정된 세법에 따라 각 소득에 대한 정확한 과세표준과 세액을 산출하여 주로 경영자나 조세당국에 보고하는 회계이다. 즉, 기업의 외부 이해관계자인 세무서에 세법의 규정에 따라 적법하게 세금을 부과하고 납부했는가에 대한 정보를 제공하는 분야이다. 국세청에서는 개인이나 기업으로부터 세금을 걷어 정부의 각종 예산 집행을 위한 재원을 마련한다. 소득이 많은 개인이 소득세를 많이 내듯이, 이익을 많이 낸 기업은 세금을 그만큼 많이 내고 손실을 본 기업은 세금이 면제되기도 한다. 조세당국에서 기업에게 공평한 세금을 부과하려면 객관적인 기준이 있어야 하는데 회계정보가 이러한 역할을 한다. 따라서 세금을 내기 위해 세법에 의한 정확한 이익을 계산하는 절차를 다루는 회계 분야가 세무회계이며, 납세자들 사이에서 소득계산의 통일성과 조세부담의 공평성을 유지하는 것이 주된 목적이다.

세무회계는 재무회계가 그 근간이 되기는 하지만, 기업의 바람직한 행동을 유발하기 위해 재무회계와는 다소 다른 원칙을 적용하는데 이를 세법이라고 한다. 따라서 세무회계 분야에서는 재무회계기준과 세법과의 차이를 조정하는 것 등에 대해 공부하게 된다. 다음의 [표 1-1]은 이들 회계의 영역을 서로 비교한 것이다.

표 1-1 재무회계·관리회계·세무회계 비교

구분	재무회계	관리회계	세무회계
목적	재무제표 작성	경영자에게 정보 제공	세금 납부의 적정성 결정
이용자	외부 이해관계자 (투자자, 채권자 등)	내부 이해관계자 (경영자, 관리자 등)	세무서
규정	기업회계기준	내부 규정	세법
보고서	재무제표	정해진 보고서 없음	세무조정계산서
강제성	있음	없음	있음
정보내용	재무상태, 경영성과, 현금흐름 등	미래 현금흐름 등	재무상태, 경영성과

구분	재무회계	관리회계	세무회계
정보본질	객관성, 신뢰성	예측성	객관성, 신뢰성
정보특성	과거 자료	현재와 미래 예측 자료	과거 자료

제3절 회계기준이란 무엇인가?

1. 일반적으로 인정된 회계원칙(GAAP)

1997년에 아시아 경제위기로부터 촉발된 세계 경제위기는 상당 부분 기업들이 준비한 불투명한 회계정보 때문이라는 지적이 있다. 즉, 왜곡된 회계정보 때문에 투자자나 금융기관의 자금이 자격이 없는 부실기업에 투자되어 결국 이들 기업에 자금을 제공한 주주가 막대한 피해를 보고 금융기관마저 동반 부실화되어 경제위기가 발생했다는 것이다.

재무보고서의 작성을 회사에게만 전적으로 맡기면, 회사는 회사에게 유리한 정보만 제공하고 불리한 정보는 숨긴다거나, 될 수 있으면 이익을 많이 내는 방향으로 회계처리하는 등 회계정보를 왜곡할 가능성이 높다.

그런데 만약 회사들이 저마다의 방식으로 재무정보를 만들어 공시한다면 회사를 처음 접하는 정보이용자들의 입장에서는 유용한 정보를 찾아보기 어려울 수 있다. 따라서 누구라도 쉽게 알아볼 수 있는 익숙한 방식으로 정보를 가공할 필요가 있다. 이를 위해 재무정보를 공시하는 대부분의 회사들에게 일정한 기준에 맞추어 재무정보를 공시하게 하는데 이를 '회계기준'이라고 한다.

대부분의 국가에서는 외부보고를 위한 재무보고서의 투명성을 확보하기 위해 재무제표를 작성하는 데 필요한 규정과 지침을 정부의 규제기관에서 책임지고 만들고 있으며 이를 '일반적으로 인정된 회계원칙(Generally Accepted Accounting Principles: GAAP)'이라고 한다. 일반적으로 인정된 회계원칙은 회계정보의 신뢰성과 비교가능성을 높여 정보이용자의 효율적인 의사결정을 돕는 역할을 하며, 이는 광범위한 연구조사와 해당 전문가의 의견을 종합하고, 회계규정 등에 의하여 일반적 지침으로 준수될 것이 요구되는 것이라 할 수 있다.

기업회계기준은 우리나라의 중심적 회계규정으로서 회계규범이라고 할 수 있으며, GAAP의 중심적 규정도 되고 있다. 1981년 처음 제정된 기업회계기준은 1998년까지 8차의 개정이 있었으며, 1999년부터는 법조문 형식을 탈피하고 서술식의 회계기준이 작성되기 시작하였다.

회계기준 제정에 관한 책임과 권한은 궁극적으로 정부기관인 금융위원회에 귀속되지만 회계기준을 제정하는 임무는 상당한 수준의 전문성을 요구한다. 또한 회계기준 제정을 공공부문에 맡기면 공공부문의 속성상 유연성과 전문성이 결여되고 정치적 압력에 취약하다는 문제점도 있다. 따라서 많은 국가에서 회계기준 제정 임무를 중립적이고 전문적인 민간기구에 이양하고 정부 당국은 이에 대한 감독을 철저히 하고 있다. 미국은 국회로부터 기준제정 임무를 부여 받은 증권관리위원회가 민간기구인 재무회계기준심의회(Financial Accounting Standards Board: FASB)에 기준제정 임무를 위탁하고 있다. 우리나라도 1999년 6월에 민간기구로서 출범한 한국회계기준원의 한국회계기준위원회(Korea Accounting Standards Board: KASB)가 금융위원회로부터 기준제정 임무를 위탁받아 시행하고 있다. 현행 기업회계기준과 제·개정이 진행 중인 회계기준에 대한 정보는 회계기준원 홈페이지(http://kasb.or.kr)에서 구할 수 있다.

2. 한국채택국제회계기준(K-IFRS)

우리나라는 1997년의 금융위기 이후 주로 국제회계기준을 벤치마킹하여 한국 실정에 맞는 회계기준을 제정해 왔다. 그러나 우리 기업들의 회계투명성을 국제적 적합성에 부응하는 수준으로 올리기 위해 정부가

상장기업에 대해 2011년부터 국제회계기준(International Financial Reporting Standards: IFRS)을 전면 도입하기로 결정함에 따라 한국회계기준위원회는 한국채택국제회계기준(Korean International Financial Reporting Standards:K-IFRS)을 공표하였다. 이에 따라 회계기준위원회는 국제회계기준의 번역, 비상장기업회계기준의 제정 등을 주요 업무로 하게 되었다.

이와 같이 현재 우리나라에서 이용되고 있는 주요 회계기준은 두 가지이고 회사의 종류에 따라 적용되는 기준이 서로 다르다.

표 1-2 우리나라 회계기준

분 류	이용대상
한국채택국제회계기준(K-IFRS)	• 상장회사, 금융회사 • 한국채택국제회계기준 이용을 선택한 회사
일반 기업회계기준	• 한국채택국제회계기준을 채택하지 않는 회사

제4절 회계는 어떤 전제조건 위에 성립될까?

회계학이라는 학문도 사회과학의 한 분야로서 다른 사회과학의 모든 분야가 그렇듯이 그 이론을 전개하는 데는 약간의 가정이 필요하다. 자연과학이야 가정이라는 것이 개입될 여지가 전혀 없는 것이지만, 사회과학은 그 특성상 결론을 이끌어내는 데 영향을 미치는 변수가 너무나도 많기 때문에 이론 전개의 단순화를 위해서 때로는 비현실적인 가정들을 어쩔 수 없이 받아들여야만 하는 경우가 많다.

그렇다면 회계하는 데는 또 어떤 가정이 등장하는 것일까? 모두 4가지를 가정해야만 하는데 이를 회계공준이라고 한다. 따라서 회계공준이란 회계가정과도 같은 말이며, 우리가 회계를 하기 위해서 불가피하게 받아들여야만 하는 논의 이전의 자명한 명제를 말하는 것이다.

한국채택국제회계기준(K-IFRS)에서는 발생기준과 계속기업을 들고 있다. 이러한 가정은 회계처리를 할 때 실무지침으로 사용되는 회계원칙을 도출하기 위해 필요한 개념이다. 이들을 살펴보면 다음과 같다.

1. 발생주의 가정

> **발생주의 가정**
> 현금의 수입 및 지출과는 상관없이 중요한 사건이 완성되면 회계사건으로 인식한다는 가정

기업에서 일상적인 거래에서 사건이 일어나게 되는데, 예를 들어 상품을 구입하여 보유하고 있다가 고객에게 상품을 외상으로 건네주고 1달 뒤에 대금을 받는다고 가정할 경우 이 거래로 인한 수익과 비용을 인식할 때 어느 시점을 기준으로 할 것인지를 결정하여야 한다.

현금이 유입될 때 수익으로 보고하고 현금이 유출될 때 비용으로 인식하는 방법의 현금주의 회계에서는 현금의 수입이 있을 때까지 수익의 인식을 기다려야 하지만, 사건의 영향을 발생한 기간에 인식하여 거래과정상 벌어지는 일련의 사건 중 상품인도에 초점을 맞추는 발생주의 회계에서는 현금을 받을 권리가 확정되었으므로 판매한 시점에서 수익으로 인식하게 된다. 기업의 존속기간 전체에 걸쳐 수익과 비용을 측정한다면 현금주의 회계와 발생주의 회계는 아무런 차이가 없지만, 기업의 재무상태와 성과를 정기적으로 보고해야 하는 회계원칙 때문에 어느 시점을 기준으로 기간을 구분해서 수익과 비용을 인식하여야 한다.

수익과 비용을 어느 기간에 귀속시키느냐에 따라 성과가 달라지므로, 현행 회계원칙에서는 수익과 비용을 발생주의를 기본으로 하고 있으며, 발생주의에 의해 작성된 재무제표는 과거의 거래뿐 아니라 미래에 현금을 지급해야 하는 의무, 현금의 수취가 기대되는 자원에 대한 정보를 이용자에게 제공한다.

2. 계속기업의 가정

계속기업의 가정
기업은 반증이 없는 한 경영활동을 영구적으로 수행한다는 가정

계속기업의 가정은 기업은 그 목적과 의무를 이행하기에 충분할 정도로 장기간 존속한다고 가정하는 것을 말한다. 기업은 청산하거나 경영을 축소시킬 의도가 없을 뿐만 아니라 청산을 해야 하는 상황도 없다고 가정하는 것이다. 이것은 아주 맹랑한 가정이다. 이는 말 그대로 기업이 한번 설립되면 망하지 않고 계속된다고 하는 가정이다. 그러나 이 세상에 망하지 않는 기업이 어디 있으며 더구나 요즈음과 같은 디지털 & 사이버시대에는 한치 앞을 내다볼 수 없을 정도로 불확실한 것이 기업의 미래이다. 그럼에도 불구하고 왜 회계에서는 이처럼 비현실적인 엉터리 가정을 하는 것일까?

만약에 기업이 계속되지 않고 언젠가는 망한다고 하는 사실을 받아들인다면 우리는 매 기간별로 손익계산을 할 필요가 없게 된다. 즉, 개업을 해서 청산을 할 때까지를 하나의 회계기간으로 보고 손익계산을 한번만 하면 충분한 것이다. 이렇게 되면 회계정보를 필요로 하는 많은 사람들과 단체들은 회계정보가 필요한 제때에 정보를 제공받지 못할 것이고 이에 따라 사회적으로 경제적 자원의 효율적인 배분도 어려워질 것이다. 그래서 회계에서는 한번 생긴 기업은 절대 망하지 않는다고 가정하는 것이다.

따라서 경영진은 계속기업으로서의 존속가능성을 평가해야 하며, 계속기업을 전제로 재무제표를 작성한다. 계속기업으로서 존속능력에 의문이 제기될 만한 사건이나 상황과 관련된 중요한 불확실성을 알게 된 경우 경영진은 이를 공시하여야 한다.

한편, 계속기업의 가정 외의 다른 기본적 가정은 다음과 같다.

첫째, 기업실체의 가정이다. 오늘날과 같이 기업의 자본제공자가 소액주주에 의해 널리 분산되어 있는 경우에는 회계정보의 수요자도 그만큼 다양하므로 회계를 꼭 자본주만을 위한 것으로 볼 수는 없다. 따라서 회

계는 자본주와는 별개로 존재하는 기업실체를 위하여 하는 것으로 가정하는 것이다. 예를 들어 주식회사의 경우 기업을 주주와는 별개로 존재하는 독립적인 회계단위로 간주하고, 이 회계단위의 경제활동에 따른 재무정보를 측정하고 보고하는 것을 말한다. 일반적으로 개별기업은 하나의 독립된 회계단위로서 재무제표를 작성하는 기업실체에 해당한다.

기업실체의 가정을 통해 우리는 자산을 시가가 아닌 원가로 평가하고 회계의 목적을 자본주의 재산 계산이 아닌 손익(경영성과) 계산에 두게 된다.

둘째, 화폐단위 측정의 가정이다. 이는 회계가 화폐단위를 그 측정의 단위로 사용한다는 것과, 측정단위로 사용하는 화폐의 가치는 절대 변하지 않는다는 것을 가정하는 것이다. 그러나 세월이 지나도 변하지 않는 것이 어디 있을까? 10년이면 강산이 변한다는 것은 이제 옛말로 쳐야 할 만큼 변화의 속도는 날이 갈수록 빨라지고 있다. 길도 변하고 사람도 늙어가고 보이지 않는 마음도 세월이 지남에 따라 변하는 게 세상이치이다. 하물며 물가의 변동에 따라 변하기 마련인 화폐가치야 더 이상 무슨 말이 필요하겠는가? 10년 전에 5억원에 구입한 토지는 재무상태표에 아직도 5억원으로 표시된다. 가정대로만 된다면 얼마나 좋을까? 그렇다면 회계는 왜 이처럼 무모한 가정을 하는 것일까?

만약에 화폐가치가 변한다는 것을 인정한다면 우리는 원가주의에 의한 회계보고서를 매년 시가로 수정하는 작업을 해야만 한다. 이것이 물가변동회계라는 것이다. 그러나 취득원가를 현재의 시가로 수정한다는 것이 그리 간단한 일은 아니다. 뿐만 아니라 시가로 수정하는 과정에서 회계에서 가장 중시하는 정보의 객관성에 흠집이 생길 우려도 있다. 결국 화폐가치가 불변이라고 하는 가정은 역사적 원가주의를 정당화하기 위한 수단인데, 이로 인해서 회계정보의 정보로서의 가치는 상당부분 제약을 받을 수밖에 없다. 다만, 인플레의 영향을 가장 크게 받는 자산인 토지는 그 공시지가를 별도로 주석으로 공시하도록 함으로써 이러한 문제점을 부분적으로나마 보완하고 있다.

셋째, 기간별 보고의 가정이란 기업의 경영활동을 일정한 기간단위로 분할하여 각 기간별로 재무제표를 작성하는 것을 말한다. 즉, 기업은 무한히 지속되는 그 생명주기를 인위적으로 잘라서 회계보고의 기간으로 삼게 되는데, 이를 기간별 보고의 공준(가정)이라고 한다.

기업의 이해관계자는 지속적으로 의사결정을 하므로 적시성 있는 정보가 필요하다. 기간별 보고를 통해 회계기간별로 재무제표를 작성하여 재무상태·경영성과·현금흐름 등에 대한 정보를 제공한다.

제5절 회계정보의 질적 특성이란 무엇인가?

회계란 정보이용자의 경제적 의사결정에 유용한 정보를 제공하는 것이라고 할 수 있다. 그렇다면 유용한 정보는 도대체 무엇일까? 여기서 유용한 정보가 되기 위한 조건을 회계정보의 질적 속성이라고 한다.

다시 말해 재무회계 정보가 일정한 속성 내지는 성질을 충족해야 하는데, 이를 재무회계의 질적 특성이라 한다. 이용자에게 유용한 재무정보가 갖추어야 할 가장 중요한 근본적 질적 특성으로 한국채택국제회계기준인 K-IFRS에서는 목적적합성(relevance)과 충실한 표현(faithful representation)을 들고 있다. 목적적합성은 정보이용자의 의사결정에 차이를 가져오는 정보의 속성이며, 충실한 표현은 정보에 오류나 편견(bias)이 없고 객관적으로 검증 가능한 속성을 뜻한다. 예를 들어 어느 회사가 건물의 가치를 공정가치로 표시하는데, 재무상태표에 50억 원으로 표시되어 있고, 그 건물의 실제 공정가치가 50억 원이라면 충실한 표현이 된다. 그러나 건물의 실제가치가 40억 원이라면 재무상태표의 건물가치 50억 원은 10억 원의 오차를 갖게 되어 충실한 표현에서 멀어지게 된다.

아무리 목적적합한 정보라도 충실한 표현에 문제가 있다면 정보이용자가 사용하는 데 한계가 있다.

한국채택국제회계기준(K-IFRS)에서는 이해가능성, 목적적합성, 신뢰성 및 비교가능성 등을 들고 있으며 이를 구체적으로 살펴보면 다음과 같다.

1. 목적적합성

목적적합성(relevance)이란 회계정보를 이용하지 않고 의사결정을 하는 경우와 회계정보를 이용하여 의사결정을 하는 경우를 비교하여 의사결정의 내용에 차이가 발생하는 속성을 말한다. 가령, (주)공학의 주식을 매입할 것을 고려하고 있다고 하자. (주)공학의 재무구조, 당기순손익, 미래 투자계획 등은 의사결정에 아주 중요한 정보가 되지만, (주)공학 이외의 기업 자료는 현재의 의사결정과는 아무런 관련이 없다. 이와 같이 자신의 의사결정문제와의 관련성 여부를 정보의 목적적합성이라고 한다.

그런데 그러한 정보들은 내가 필요로 하는 시점에 가질 수 없다면 그 정보는 유용하다고 할 수 없다. 즉, 의사결정이 필요한 시점에 그 정보가 제공되어야 한다는 것이며 이를 적시성(timeliness)이라고 하고, 목적적합성 속성의 보조특성으로 분류하고 있다. 적시성 외에 회계정보가 목적적합하려면, 예측가치(predictive value), 피드백(확인)가치(feedback value) 등과 같은 구성요소를 갖추어야 한다.

예측가치는 회계정보는 의사결정자가 정보를 필요로 할 때 즉시 정보를 제공하여야 하고, 정보를 얻기 전의 기대치와 정보를 얻은 후의 결과치를 비교하여 의사결정자의 기대를 확인시키거나 변화시켜줄 때 그 정보는 예측가치가 있다고 본다.

한편 회계정보의 목적적합성 판단은 중요성에 의해 판단하며, 의사결정을 하는 과정에서 정보가 누락되거나 왜곡 표시되어 의도한 바와 다른 의사결정을 하게 된다면 누락되거나 왜곡 표시된 정보는 중요한 정보이다.

2. 이해가능성

회계정보가 유용하기 위해서는 기업이 제공하는 정보를 이용자가 이해할 수 있어야 한다. 이를 이해가능성(understandability)이라고 하며, 회계보고서의 용어, 양식, 내용 등이 표준화되어 있어야 한다. 회계정보가 목적적합성과 신뢰성을 갖추고 있다 하더라도 의사결정자가 그것을 이해하지 못한다면 그 정보는 유용한 정보라고 할 수 없다. 즉, 아무리 좋은 노래라도 모든 사람이 따라 부르기 어렵다면 대중화가 되기 어려운 것처럼 회계정보도 그 내용이 아무리 필요한 것이라 하더라도 이용자가 이해할 수 없을 정도로 복잡하다면 아무 의미가 없다. 그러므로 회계하는 사람들은 일단 자기보다 남을 우선적으로 생각해야 할 것이다. 회계정보가 이해가능하기 위해서는 간결성(simplicity), 명료성(clarity) 등과 같은 구성요소를 갖추어야 한다.

3. 신뢰성

신뢰성(reliability)이란 회계정보에 부여할 수 있는 확신의 정도를 의미하는 것으로 회계정보는 믿을 수 있으며 또한 신뢰할 수 있는 것이어야 한다는 것이다. 신뢰성 있는 정보란 정보에 오류나 편견이 없고, 그 정보를 이용자가 믿을 수 있는 정보를 의미한다. 신뢰성을 갖기 위해서는 충실한 표현, 형식보다 실질의 우선, 중립성, 신중성, 완전성을 갖추고 있어야 한다.

충실한 표현이란 그 정보가 나타내고자 하거나 나타낼 것이 합리적으로 기대되는 거래나 그 밖의 사건을 충실하게 표현해야 한다는 것이다. 여기서 충실하게 표현된 정보란 기업의 재무상태와 경영성과를 고의나 실수로 누락 또는 왜곡되게 표현하지 않은 정보를 뜻한다. 재무정보가 완벽하게 충실한 표현이 되려면 그 표현이 완전하고(complete), 오류가 없으며, 중립적(neutral)이어야 한다.

한편, 재무정보의 중립성(neutrality)이란 의도된 결과를 유도할 목적으로 회계기준을 제정하거나 재무제표에 특정 정보를 표시함으로써 정보 이용자의 의사결정이나 판단에 영향을 미쳐서는 안 된다는 뜻이다. 또한 형식보다 실질의 우선이란 법률적 형식만이 아니라 그 실질과 경제적 현실에 따라 회계처리하고 표시해야 한다는 것이며, 신중성은 자산이나 수익이 과대평가되지 않고 부채나 비용이 과소평가되지 않도록 상당한 정도의 주의를 기울이는 것을 말한다.

4. 비교가능성

비교가능성(comparability)은 기업 내에 있어서 일정기간의 정보를 다른 기간의 유사한 정보 및 차이나는 정보와 비교할 수 있는 속성을 말한다. 또한 특정기업의 정보를 다른 기업의 유사한 정보와 비교할 수도 있는 속성으로 설명할 수도 있다. 비교가능성은 기간별 비교가능성과 기업간 비교가능성으로 나누어 볼 수 있고, 이용자가 재무제표의 작성에 사용된 회계정책 및 회계정책의 변경과 그 영향에 대해 알 수 있다는 점에서 중요한 의미를 갖는다.

원래 부부간에는 서로 남과 비교하지 말라고 하였고 때로는 이것이 화근이 되어 부부싸움으로 비화되는 경우를 가끔 보게 되는데, 회계정보는 일단 남의 회사 것과 비교해야만 그 회사의 재무상태와 경영성과를 평가할 수 있다. 이렇게 비교할 수 있기 위해서는 두 회사의 회계처리방법이 일단 같아야만 한다. 또는 금년도의 재무제표와 작년도의 재무제표를 비교하기 위해서는 같은 회사에서도 회계처리방법을 함부로 바꾸어서는 안 된다는 것인데[1], 회계하는 사람들은 모두 일편단심 민들레와 같은 심정으로 구관이 명관이라는 사실을 누구보다 잘 알고 있는 것 같다.

다음의 [그림 1-2]는 질적 특성의 구성을 도표화 한 것이다.

1) 이를 계속성(consistency)의 원칙이라고도 한다.

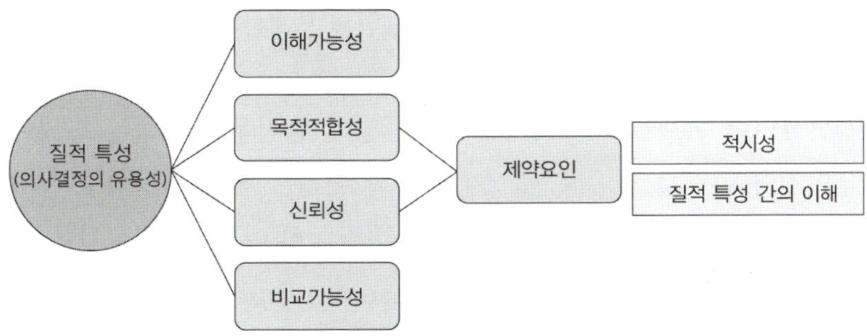

그림 1-2 **질적 특성의 구성**

이들 외에도 기업회계기준 일반원칙에서는 충분성(sufficiency), 중요성(materiality), 안전성(stability) 등을 회계정보의 질적 특성으로 제시하고 있다. 충분성이란 회계정보를 충분히 표시하여야 한다는 것이다. 정보이용자가 필요로 하는 충분한 모든 정보를 제공하기 위해서 재무제표로도 모자라 주석과 주기 그리고 부속명세서라는 것을 작성하여 제공하게 되니 아마도 회계하는 사람들은 아낌없이 주는 나무가 되어야 할 것인가 보다.

중요성이란 회계정보는 중요한 것만이 정보로서 가치가 있으며, 회계처리 및 보고는 중요성의 관점에서 이루어져야 한다는 것이다. 이는 의사결정에 영향을 미치는가의 여부에 따라 결정되며, 개인의 주관적 판단에 의존하는 경우가 많으므로 정의하기가 어려운 개념이다. 회계하는 사람들의 사고방식을 융통적인 것으로 만드는 데 한 몫하는 것이 바로 중요성이라는 개념이다. 사소한 것은 신경 쓰지 않겠다는 것인데, 대세에 지장이 없는 이상 시시콜콜 따지지 않겠다는 것이다. 여기서 대세란 의사결정자의 의사결정을 말하는 것으로서 어차피 의사결정에 영향을 미치지 않는다면 모로 가나 도로 가나 가기만 하면 된다는 것이다. 예를 들어 총자산의 규모가 수천억 원인 회사에서 재무제표를 구태여 원 단위까지 상세하게 만들 필요는 없다는 것과, 취득원가 50만 원 정도인 비품을 굳이 자산으로 계상해서 감가상각비를 회계기간별로 비용 배분할 필요는 없다는 것이다.

안전성이란 회계처리와 회계보고가 기업의 안전을 도모하는 관점에서 이루어져야 한다는 것이다. 즉, 가능한 한 이익은 적게 계상하고 손실은 많이 계상하며, 자산은 적게 계상하고 부채는 많이 계상하는 것을 말하는데, 회계학에서는 이를 보수주의(conservatism)라고 한다. 이렇게 하는 이유는 불확실한 미래에 대비하기 위한 것인데 회사의 이익을 가급적 적게 계상함으로써 배당금이나 세금을 적게 낼 수 있고 이에 따라 기업의 재무적인 기초가 견실해지기를 바라는 것이다. 회계하는 사람은 허풍을 떨지 않아야 하며 회사의 이익수치에는 조그마한 거품도 들어가서는 안 된다는 것이다.

참고로 기업회계기준(GAAP)에서는 주요특성과 보조특성으로 질적속성을 구분하고 있다. 다음의 [표 1-3]은 기업회계기준에 따른 질적속성을 분류한 것이다.

표 1-3 기업회계기준에 따른 질적속성 분류

주요 특성	보조 특성
신뢰성	객관성, 검증가능성, 공정성
이해가능성	간결성, 명료성
충분성	(완전)공시의 원칙
계속성	비교가능성
중요성	실용성
안전성	보수주의

회계쉼터

회계는 알고 있다: 우리의 삶을 지탱하는 보이지 않는 질서

괜찮아요, 걱정마요! 회계? 어렵지 않아요!

회계는 늘 머리 아프고, 어디서부터 배워야 할지 모르겠다는 투정에 현신경영연구소 김별이 대표는 늘 환하게 웃으며 말한다.
"괜찮아요, 걱정마요. 우리 모두는 이미 '회계'라는 언어를 사용하며 살고 있어요!"
그렇다. 사실 우리는 용돈을 받든, 월급을 받든, 창업을 하든 돈을 쓰며 살고 있다. 회계(?)를 하며 살고 있는 건 모르겠고, 우선 돈을 쓰며 살고 있지 않는가!
김별이 대표의 회계는 '기록하고 예측하는 일'의 일부였다. 여전히 회계가 기록하는 일이라고? 의심이 든다면 이제부터 주목. 이 칼럼은 회계를 처음 배우는 이들을 위한, 회계가 그저 두려워 덮어놓고 있었던 이들을 위한 말랑하고 따뜻한 안내서다. 회계가 늘 어렵게 느껴졌다면, 이제 그의 안내를 따라 차분히 읽어보자.
혼자만 알고 있기 아까워 김별이 대표에게 연재를 요청했다. 연재를 마칠 때쯤엔 우리 모두 회계가 참 쓸모있고, 우리 삶과 가까운 언어라는 걸 모두 알게 되길 바라본다.
"회계는 생각보다 우리의 삶과 가깝습니다."
제가 회계를 알려야겠다고 마음먹은 이유는, 이제는 우리 모두가 사업을 할 수 있는 시대이기 때문입니다. 근로소득(보통은 월급)을 받다가도, 하루아침에 누군가에게 소득을 지급하는 사람의 위치로 언제든지 바뀔 수 있는 시대거든요.
그 순간에 여러분은 반드시 '세금'과 '회계'라는 새 친구를 만나게 될 거예요.
저는 앞으로 창업가가 될 여러분과, 이미 창업을 하신 분들에게 도움이 되는 지식을 전하려고 합니다. 그중에서도 '회계'를 중심으로 이야기하고, 회계와 가장 밀접하게 연결돼 자주 접할 수밖에 없는 '세금'에 대해서도 함께 다룰 예정이에요.
"숫자 이야기가 나올 것 같아 벌써부터 멀게 느껴진다고요?"
하지만 신기한 사실이 하나 있어요. 놀랍게도 우리는 이미 모두 마음속으로 회계를 하고 있답니다.
예를 들어 월급을 받으면 필수 지출에는 얼마나 들어갈지 대략 계산하고 돈의 일부를 다른 계좌로 옮기거나, 남는 돈을 얼마일지 예상해서 저축을 하죠. 그리고 내가 힘들게 일해서 번 돈은 아껴서 쓰고 싶은 마음이 들고, 복권에 당첨되거나 별도로 받는 인센티브와 같은 '뜻밖의 돈'은 조금 더 쉽게 쓰는 경향이 있어요. 경제학자 리처드 탈러는 이러한 현상을 '심리적 회계'라고 설명합니다. 정리해볼게요!
첫 번째, "우리 모두는 이미 회계를 하고 있어요."

회계는 그런 심리적 행동을 '보이게 만든 도구'예요. 눈으로 볼 수 있게 기록하고, 분류하고, 예측할 수 있게 도와주는 거죠. 그래서 회계를 잘하면 어디에 썼는지 알 수 있을 뿐만 아니라 앞으로 얼마나 지출할지도 예측할 수 있습니다.
여기서 중요한 건, 개인이 자금을 관리하는 방식과 기업이 회계를 하는 원리는 크게 다르지 않다는 거예요. 둘 다 현금이 파산하지 않도록 '흐름'을 관리하는 일이죠.
두 번째, "조직 운영을 시작할 준비가 됐다면, 회계는 곧 친구가 됩니다."
조직 운영을 시작하면, 단순한 수입 지출 관리에서 끝나지 않아요. 현금을 관리하려면 세금을 납부하는 주기도 관리해야 합니다. 이를 잘 관리하려면 우선 회계와 세금에 대한 기본적인 이해가 꼭 필요합니다. 다시 말해, 세금과 세금을 둘러싼 회계에 대한 이해가 동반되면 좋겠죠.
"재무제표는 뭐지?" "차변과 대변은 무슨 말일까?" "회계에서 정말 중요한 부분은 무엇일까?" "세무사나 회계사를 꼭 알아두어야 할까? 어떤 역할을 하지?"
이런 질문들과 함께 앞으로 회계를 구성하는 다양한 개념을 실생활과 연결지어 쉽게 설명해보려고 합니다. 회계는 막막하고 어렵다는 시선에서 조금은 벗어날 수 있기를 바라면서, 회계가 어떻게 우리의 삶에 영향을 미치는지 하나씩 풀어나가 보겠습니다!
참, 저는 누구일까요?
저는 법인의 경영지원팀에서 9년 동안 회계로 밥벌이를 했습니다. 지금은 '현신경영연구소'라는회사를 차려서 회계라는 도구로 조직의 재무상태를 들여다보고, 지속가능한 경영을 할 수 있도록 돕고 있습니다. 나아가 회계가 우리 삶에 얼마나 쓸모가 있는지 알리는 활동을 하고 있어요.
그럼 우리 앞으로 함께 재밌는 회계원리를 배워보아요! 곧 진짜 회계 이야기로 돌아오겠습니다.

(자료원: 소셜임팩트뉴스 2025. 04. 01)

회계쉼터

[스타트업 회계생존기] 회계에 관심을 가져야 하는 이유

일반적인 사업체와 달리 스타트업은 독특한 생애주기(Life Cycle)를 보인다. 매출이 없이 시작하는 경우가 많고, 회사가 보유한 모든 자원을 인건비, 개발비 등 투자목적으로 사용하는 게 일반적이다. 수익 없이 비용만 지출되고 있는 현상황에서 스타트업의 가장 큰 과제는 기업의 생존이다.
필자가 스타트업 업계에서 일을 하다보면, 죽음의 계곡이라고 불리는 '데스밸리(Death Valley)'에서 간신히 생존했는데, 많은 스타트업들이 후순위로 미뤄뒀던 혹은 신경쓰지 않고 있던 회계 때문에 발목을 잡히는 경우가 심심찮게 보인다. 회계오류가 있는 재무제표는 스타트업의 자금조달 실패라는 치명적인 결과를 불러오기도 한다.
생존의 문제를 겨우 해결했는데, 생각지 못한 회계가 발목을 잡는 것이 억울하지 않는가? 나중에 회계로 인해 고생하지 않으려면 회계의 중요성에 대해 학습하고, 처음부터 회계장부를 잘 작성하는 수밖에 없다. 회계장부를 잘 작성하기 위해 스타트업이 신경써야 할 점에 대해 말해보고자 한다.
대부분의 스타트업은 회계업무를 처리할 역량이 없는 경우가 많기 때문에, 외부전문가인 회계사나 세무사에게 장부작성 업무를 위탁한다. 각종 거래행위에 대한 증빙자료를 외부전문가에게 보내고, 외부전문가는 수령한 자료를 토대로 스타트업의 회계장부를 작성한다. 이때, 중요한 점은 외부인이 장부작성을 대행한다는 사실이다. 나를 가장 잘 아는 사람은 나 자신이다. 회사도 똑같다. 회사에 대해 가장 잘 아는 사람은 회사 자신이다. 외부전문가는 외부인이기 때문에 회사만큼 회사에 대해 잘 알지 못한다. 잘 알지 못하는 외부인을 통해 완성도 있는 회계장부를 만드는 것은 결코 쉬운 일이 아니다.
그럼 완성도 있는 회계장부를 만들기 위해 무엇이 중요할까? 정답은 경영자의 관심이라고 생각한다. 경영자가 회계 전문가일 필요는 없다. 그렇지만 적어도 회계가 무엇인지, 그리고 외부위탁하여 만들어진 내 회사의 회계장부에 문제가 없는지 관심을 가져야 한다. 실무에서 많은 스타트업이 외부전문가인 세무대리인에게 통장내역, 카드사용내역 등의 자료를 전달할 때 세부내역을 기재하지 않는다. 여러 업체의 회계업무를 동시에 수행하는 세무대리인은 상세내역을 명확하게 파악할 수 없는 자료를 전달받으면, 현금, 가지급금, 외상매입금, 가수금 등이라는 계정과목을 써서 임시로 처리하고 넘어가는 경우가 많은 게 현실이다. 결산 시 임시계정과목으로 처리했던 것들이 제자리로 가게 되면 다행이지만, 본래의 자리를 찾지 못하고 계속 방치된 상태로 누적되면 나중에는 손쓸 수 없는 지경까지 갈 수 있다.
가장 흔하게 보이는 잘못된 회계사례는 단돈 1원도 갖고 있지 않은 회사의 재무제표에 현금이 나타난 경우이다. 현금이라는 계정과목은 예적금계좌에 있지 않고 실제로 보관 중인 지폐, 동전 등을 의미한다. 회사의 경영자는 본인도 모르는 사이, 작게는 몇천만 원에서 많게는 몇십억이 있는 회사의 오너가 되어 있을 수 있다.
장부작성이 잘못되었을 때 가장 큰 피해자는 세무대리인이 아니라 회사라는 점을 인지하고, 외부전문가에게 회계업무를 위탁할지라도 경영자의 관심이 반드시 필요하다는 점을 강조하고 싶다.

(자료원: 퍼블릭뉴스 2021. 09. 30)

진위 문제

01 회계의 목적은 법인과 개인의 법인세 및 소득세 산출이 주목적이다.

02 세무회계(tax accounting)는 회계정보의 외부이용자(주주, 채권자, 투자자 등)들이 그들의 경제적 의사결정을 하는 데 필요한 정보제공을 목적으로 하는 회계로서 일반목적회계라고도 한다.

03 회계정보이용자는 주주, 채권자, 정부규제기관, 종업원, 지역주민, 소비자, 일반대중이 포함되고, 경영자는 정보이용자로 분류하고 있지 않다.

04 회계와 부기는 동일한 개념으로 보아도 무방하다.

05 주주 및 투자자는 관리회계 정보보다 재무회계 정보에 관심이 많다.

06 이윤추구를 목적으로 하는 개인 또는 조직을 기업이라 하는데, 이와 같이 영리활동을 하는 기업을 대상으로 하는 회계가 영리회계(기업회계)이다.

07 회계는 기업의 경영활동에서 발생하는 경제가치의 변동을 일정한 회계양식에 의하여 기록·분류·정리하고, 그 결과를 정확·명료하게 표시함으로써 기업경영의 실태를 파악하여, 기업의 법인세를 정확히 산출하기 위한 학문이다.

08 세무회계와 재무회계는 서로 보완적인 관계이다.

09 관리회계는 조세부담의 공평성 원칙과 충분성의 원칙에 입각하여 규정된 세법에 따라 각 소득에 대한 정확한 과세표준과 세액을 산출하여 주로 경영자나 조세당국에 보고하는 회계이다.

10 회계공준은 논의 이전의 자명한 명제라고 할 수 있다.

11 관리회계의 보고서는 정기적으로 경영자에게 보고되어야 한다.

12 현대적 의미의 회계는 경제적 사건을 단순히 기록하는 기술이다.

13 기업의 경영활동을 일정한 기간 단위로 분할하여 각 기간별로 재무제표를 작성하는 것을 계속기업의 가정이라고 한다.

14 기업을 주주와는 별개로 존재하는 독립적인 회계단위로 간주하는 것을 기업실체의 가정이라고 한다.

15 회계정보가 신뢰성을 갖추기 위해서는 객관성, 검증가능성과 같은 구성 요소를 갖추어야 한다.

정답 **01** F **02** F **03** F **04** F **05** T **06** T **07** F **08** T **09** F **10** T
11 F **12** F **13** F **14** T **15** T

해 설

01 F 회계가 수행하여야 할 목적은 경영자가 경영활동을 합리화하여 능률을 향상시키는 데 필요한 회계자료를 제공하는 관리목적과 외부 이해관계자가 합리적인 의사결정을 할 수 있도록 기업의 경영활동을 일반적으로 인정된 회계원칙에 따라 측정하여 적정한 회계정보를 재무제표의 형태로 제공하는 보고 목적이 있다.

02 F 세무회계는 조세부담의 공평성 원칙과 충분성의 원칙에 입각하여 규정된 세법에 따라 각 소득에 대한 정확한 과세표준과 세액을 산출하여 주로 경영자나 조세당국에 보고하는 회계이기에 일반목적의 회계는 아니다.

03 F 경영자 또한 중요한 내부정보이용자이다.

04 F 부기는 장부기록의 줄임말로 회계 영역의 한 부분집합이므로 회계의 계념이 더 포괄적인 계념이다.

05 T

06 T

07 F 이해관계자들에게 보고하는 과정이다.

08 T

09 F 관리회계는 경영자가 조직의 목표를 달성하는 데 도움이 되는 재무적 및 비재무적 정보를 측정하고 보고하는 것으로 내부보고에 초점을 두며, 경영자의 다양한 요구에 따라 다양한 형태로 정보를 제공한다.

10 T

11 F 관리회계는 비정기적으로 보고된다.

12 F 회계는 특정 사건이 경제적 사건인지 아닌지를 식별하고, 이를 일정한 규칙에 따라 화폐단위로 장부에 기록한 후, 재무제표라고 하는 일정한 보고형식을 통해서 회계정보 이용자에게 보고하는 역할을 한다.

13 F 기업의 경영활동을 일정한 기간 단위로 분할하여 각 기간별로 재무제표를 작성하는 것을 기간별 보고의 가정이라고 한다.

14 T

15 T

객관식 문제

01 **다음 중 회계의 주된 목적은 무엇인가?**

① 일정기간 동안의 경영활동에 대한 증빙자료를 제공
② 과세의 근거자료로 활용
③ 미래의 투자의사결정에 필요한 자료 제공
④ 일정시점의 재무상태와 일정기간의 경영성과를 파악

02 **기업회계의 일반적인 주체는?**

① 주주와 채권자 ② 대주주
③ 경영자 ④ 기업실체

03 **기업의 재산과 자본주의 재산은 구별하여 별개의 장부에 기록하여야 한다. 이와 같은 장부기록의 범위를 설명한 것으로 옳은 것은?**

① 회계연도 ② 회계단위
③ 회계기간 ④ 보조부

04 **회계연도를 설명한 것으로 옳은 것은?**

① 사업개시부터 청산시까지의 기간
② 투하자본의 회수시까지의 기간
③ 한 결산기말부터 다음 결산기말까지의 기간
④ 채권과 채무가 발생하여 소멸할 때까지의 기간

05 **회계의 근간은 복식부기를 바탕으로 하고 있다. 다음 중 복식부기의 특징이 아닌 것은?**

① 원리와 원칙을 가지고 작성하여야 한다.
② 거래를 이중으로 기록하기 때문에 자기검증기능이 있다.

③ 모든 재산과 자본의 증감변화를 기록한다.
④ 기록방법이 간편하여 손익의 원인을 쉽게 알 수 있다.

06 **다음 중 회계의 주요 질적 특성 중에서 신뢰성의 하부개념이 아닌 것은?** (FAT 1급)

① 중립성
② 예측가치
③ 검증가능성
④ 표현의 충실성

07 **"예상되는 이익은 실현시점까지 계상하지 않고, 예상되는 손실은 적절히 계상한다."라는 것은 다음 중 어느 회계원칙과 관계가 있는가?**

① 충분성
② 중요성
③ 명료성
④ 안전성

08 **다음에서 설명하고 있는 회계정보의 질적 특성은 무엇인가?** (FAT1급)

두 개의 서로 다른 경제적 현상에 대하여 정보이용자가 항목 간의 유사점과 차이점을 식별하고 이해할 수 있게 하는 특성이다.

① 목적적합성
② 신뢰성
③ 비교가능성
④ 효익과 비용의 균형

09 **한국채택국제회계기준의 '재무제표 작성과 표시를 위한 개념체계'에서 제시하고 있는 재무제표의 기본가정은?**

① 발생기준과 계속기업
② 기업실체와 계속기업
③ 계속기업과 회계기간
④ 회계기간과 화폐평가

10 **재무회계정보가 일정한 속성 내지는 성질을 충족해야 하는데 이를 재무**

회계의 질적 특성이라 한다. 다음 중 질적 특성에 해당하지 않는 것은?

① 이해가능성 ② 적시성
③ 비교가능성 ④ 신뢰성

11 재무회계정보의 1차적인 보고책임자는?

① 경영진 ② 회계담당자
③ 투자자집단 ④ 거래처 및 일반채권자

12 다음은 신문기사의 일부이다. (가)에 들어갈 내용으로 가장 적절한 것은? (FAT 2급)

> 외부감사인이 회계감사 대상 회사의 재무제표 작성 지원을 금지하며 회사가 자체결산 능력을 갖추고 (가)의 책임하에 재무제표를 작성하도록 했다.
> (XX신문, 20X4년 10월 31일)

① 경영자 ② 공인회계사
③ 내부감사인 ④ 주주

13 K-IFRS의 재무회계개념체계에서 설명하고 있는 신뢰성 있는 정보를 제공하기 위한 하부요소이다. 가장 관계가 적은 것은?

① 충실한 표현 ② 중요성
③ 중립성 ④ 형식보다 실질 우선

14 '기업은 그 목적과 의무를 이행하기에 충분할 정도로 장기간 존속한다.'는 재무제표의 기본가정은 무엇인가? (FAT 2급)

① 기업실체의 가정 ② 계속기업의 가정
③ 기간별 보고의 가정 ④ 현금주의 회계

15 **다음 (　)에 들어갈 용어로 옳은 것은?** (FAT 2급)

> (　)은(는) 기업실체의 경제적 거래나 사건에 대해 관련된 수익과 비용을 그 현금유출입이 있는 기간이 아니라 당해 거래나 사건이 발생한 기간에 인식하는 것을 말한다.

① 현금주의　② 수익비용대응
③ 이연　④ 발생주의

16 **기업의 이익에 대해 세금을 부과하고, 기업의 경영활동에 대해 각종 규제와 관리를 위해 회계정보가 필요한 집단은?**

① 투자자　② 정부당국
③ 경영자　④ 주주

17 **다음 중 재무제표의 기본가정에 해당하지 않는 것은?**

① 기업실체를 중심으로 하여 기업실체의 경제적 현상을 재무제표에 보고해야 한다.
② 기업이 계속적으로 존재하지 않을 것이라는 반증이 없는 한, 기업실체의 본래 목적을 달성하기 위하여 계속적으로 존재한다.
③ 기업실체의 지속적인 경제적 활동을 인위적으로 일정 기간 단위로 분할하여 각 기간마다 경영자의 수탁책임을 보고한다.
④ 회계정보가 유용하기 위해서는 그 정보가 의사결정에 반영될 수 있도록 적시에 제공되어야 한다.

18 **다음에서 설명하고 있는 회계정보의 질적 특성은 무엇인가?**

> 회계정보에 대한 오류나 미리 의도된 편견 없이 객관적이고 검증 가능하며, 나타내고자 하는 바를 충실하게 표현해야 한다는 정보의 특성을 말한다.

① 신뢰성　② 목적적합성
③ 비교가능성　④ 예측가능성

19 **다음 중 회계실체(accounting entity)가 될 수 있는 것은?**

① 기업 ② 해외에 있는 지점
③ 본사와 떨어져 있는 공장 ④ 이상의 모두

20 **다음 중 두 가지 회계개념 간의 의미와 연관성이 가장 높은 것은?**

① 계속성과 중요성 ② 계속성과 비교가능성
③ 중요성과 충분성 ④ 보수주의와 발생주의

21 **다음 중 적시성 있는 정보를 제공하기 위해 기업의 존속기간을 일정한 기간 단위로 분할하여 재무제표를 작성하는 기본가정은 무엇인가?** (FAT 2급)

① 기업실체 ② 기간별 보고
③ 계속기업 ④ 발생기준

22 **다음 중 재무회계에 대한 설명으로 옳지 않은 것은?** (FAT 2급)

① 외부 이해관계자를 제외한 경영자에게 유용한 정보를 제공하기 위한 것이 목적이다.
② 재무제표의 작성과 표시에 대한 책임은 경영자에게 있다.
③ 일정 시점의 재무상태를 나타내는 정태적 보고서는 재무상태표이다.
④ 재무제표는 재무상태표, 손익계산서, 현금흐름표, 자본변동표로 구성되며 주석을 포함한다.

정답 01 ④ 02 ④ 03 ② 04 ③ 05 ④ 06 ② 07 ④ 08 ③ 09 ① 10 ② 11 ① 12 ① 13 ② 14 ② 15 ④ 16 ② 17 ④ 18 ① 19 ④ 20 ② 21 ② 22 ①

해 설

01 ④ 회계는 경제주체의 경제활동에 따른 재산의 증감변화를 일정한 원리에 따라 정확히 기록, 계산, 정리하는 것을 주된 목적으로 한다.

02 ④ 기업회계의 일반적인 주체는 자본주로부터 경제적인 관점에서 독립된 인격체로서의 '기업실체'이며, 재무보고의 책임은 '경영자'에게 있다.

03 ② 장부기록의 범위를 회계단위라 하고, 성과계산을 위한 기간적 단위를 회계기간이라고 한다.

04 ③ 회계연도 또는 회계기간이라고 한다.

05 ④ 복식부기는 손익의 원인 및 재산의 현재상태와 변화과정을 파악하기 쉬우나 기록하는 방법은 쉽지 않다.

06 ② 목적적합성의 하부개념은 예측가치, 피드백 가치, 적시성이며 신뢰성의 하부개념은 검증가능성, 중립성, 표현의 충실성이다.

07 ④ 보수주의(안전성)는 선택가능한 2개 이상의 회계처리방법이 있는 경우, 기업의 순이익과 자본이 과소평가되어 자금의 사외유출을 방지하고, 재무적 기초를 견고히 하는 관점에 따라 회계처리하는 방법이다

08 ③ 비교가능성에 대한 설명이다.

09 ① 발생기준 : 재무제표는 그 목적에 부합하기 위하여 발생기준을 적용하여 작성한다.
계속기업 : 재무제표는 일반적으로 기업이 계속기업이며 예상 가능한 기간 동안 영업을 계속할 것이라는 가정 하에 작성된다.

10 ② 적시성이란 의사결정자가 의사결정을 하는 시점에서 정보가 이용가능해야 한다는 것으로 질적 특성이 아닌 제약요인이다.

11 ① 재무제표는 위탁받은 자원에 대한 경영진의 수탁책임이나 회계책임의 결과를 보여준다. 이와 같은 재무제표의 작성과 표시에 대한 1차적인 책임은 경영진에게 있다.

12 ① 경영자는 기업실체 외부의 이해관계자에게 재무제표를 작성하고 보고할 일차적인 책임을 진다.

13 ② 목적적합성 : 예측가치, 피드백가치, 중요성
신뢰성 : 충실한 표현, 형식보다 실질의 우선, 중립성, 신중성, 완전성

14 ② 계속기업의 가정이란 기업실체는 그 목적과 의무를 이행하기에 충분할 정도로 장기간 존속한다고 가정하는 것을 말한다. 즉, 기업실체는 그 경영활동을 청산하거나 중대하게 축소시킬 의도가 없을 뿐 아니라 청산이 요구되는 상황도 없다고 가정된다.

15 '발생주의'는 기업실체의 경제적 거래나 사건에 대해 관련된 수익과 비용을 그 현금유출입이 있는 기간이 아니라 당해 거래나 사건이 발생한 기간에 인식하는 것을 말한다.

16 ②

17 ④ [일반기업회계기준 '재무회계개념체계' 문단 45] 회계정보의 질적 특성 중 목적적합성(적시성)에 대한 설명이다.

18 ① 신뢰성에 대한 설명이다.

19 ④

20 ②

21 ② 기간별 보고의 가정이란 기업실체의 존속기간을 일정한 기간 단위로 분할하여 각 기간별로 재무제표를 작성하는 것을 말한다.

22 ① 재무회계의 목적은 외부 이해관계자에게 유용한 정보를 제공하는 것이다.

02 재무제표와 회계감사가 무엇인가요?

제1절 재무제표는 어떻게 구성되고 어떻게 활용할까?

제2절 회계감사는 무엇이고 왜 하는 것일까?

제2장

재무제표와 회계감사가 무엇인가요?

제1절 재무제표는 어떻게 구성되고 어떻게 활용할까?

1. 재무제표란 무엇인가?

회계를 하는 주된 이유가 정보를 전달하기 위한 것이었다면 정보는 어떻게 만들어져서 외부의 이해관계자들에게 전달되는 것일까? 회계를 통해 장부가 만들어지고 이 장부를 토대로 결산을 하여 재무제표(financial statements)라는 것을 만들게 되는데, 이 재무제표가 바로 정보를 제공하는 수단이 된다. 따라서 회사가 회계연도마다 주기적으로 재무제표를 만들어 이를 외부에 공개하면 이해관계자들은 그 재무제표를 보고 그 회사에 대해 필요한 정보를 얻게 된다. 이와 같이 재무제표는 기업의 외부 정보이용자에게 기업의 살림살이를 한눈에 보여주는 재무보고의 핵심 수단이라고 할 수 있다.

재무제표를 외부에 공개하는 것을 공시(公示)라고 한다. 불특정 다수의 주주들이 자본을 투자해 설립된 주식회사는 1년간의 경영결과를 투자자인 주주들에게 보고할 의무가 있다. 상법에서도 주식회사는 결산기마다 재무상태표를 공시할 의무가 있다고 명시하고 있는데, 결산기가 지나고 나면 각 신문지상에 많은 회사들의 재무상태표가 「결산공고」라는 명칭으로 공개되는 것은 바로 이 때문이다.

회사는 주주, 은행, 종업원 등 다양한 이해관계자와 관계를 맺고 있기 때문에 재무제표 공시가 갖는 의미는 매우 중요할 수밖에 없다. 가령 주주, 은행을 비롯한 채권자는 회사의 재무상태에 대해 누구보다 많은 관심을 가지고 있으며, 종업원이나 노동조합은 회사가 얼마만큼 건전하게 경영되고 있고, 자기들에게 정당한 몫을 지급하고 있는지 나름대로 판단할 수 있는 자료를 얻고자 한다. 제품을 구매하는 소비자 또한 그 회사가 정당한 가격으로 제품을 판매하고 있는지를 평가하고자 하며, 지역사회 역시 그 회사가 얼마만큼 투명하게 운영되는지, 지역사회를 위해 투자하고 있는지 등을 판단할 수 있는 정보를 얻고자 한다.

따라서 회사는 이러한 이해관계자들의 정보욕구를 채워줄 뿐만 아니라 이들에게 적극적으로 회사를 홍보하기 위해서도 재무제표를 공시할 필요가 있다.

이와 같은 기업의 재무제표는 기업 내부에서 쉽게 접할 수 있고, 신용평가기관의 정보제공 서비스를 통해서도 볼 수 있다. 또한 증권거래소 상장기업이나 코스닥 등록기업의 경우에는 증권회사에서 요약하여 발간하는 상장기업분석 책자를 통해서도 볼 수 있으며, 회계감사를 받는 기업의 재무제표는 금융감독원 홈페이지(www.fss.or.kr)의 전자공시를 통해서 볼 수 있다.

재무제표는 기업경영에 관심을 가지고 있는 투자자, 채권자, 국가기관, 경영자, 종업원, 소비자 등 기업의 이해관계자에게 재무적인 정보를 제공할 목적으로 작성된다. 그러나 이들 이해관계자들의 회계정보에 대한 욕구는 각각 다르다. 예를 들면, 채권자는 자기 채권의 회수 여부에 가장 많은 관심을 갖기 때문에 재무상태를 표시한 재무상태표에 더 많은 관심을 갖게 되고, 투자자는 투자수익 획득이 주된 목적이므로 경영성과를 표현한 포괄손익계산서에 많은 관심을 갖게 된다. 이와 같이 재무제표는 기업의 광범위한 정보이용자들의 경제적 의사결정에 유용한 기업의 재무상태, 경영성과 그리고 재무상태 변동에 관한 정보를 제공하는 것을 목적으로 하는 회계보고서를 의미한다.

한국채택국제회계기준(K-IFRS)에서는 재무상태표, 포괄손익계산서, 현금흐름표, 자본변동표, 주석 등을 기본 재무제표로 규정하고 있다. 기존의 대차대조표를 재무상태표로, 손익계산서는 포괄손익계산서로 명칭을 변경하였다.

다음의 [그림 2-1]은 재무제표의 구성을 도표로 나타낸 것이다.

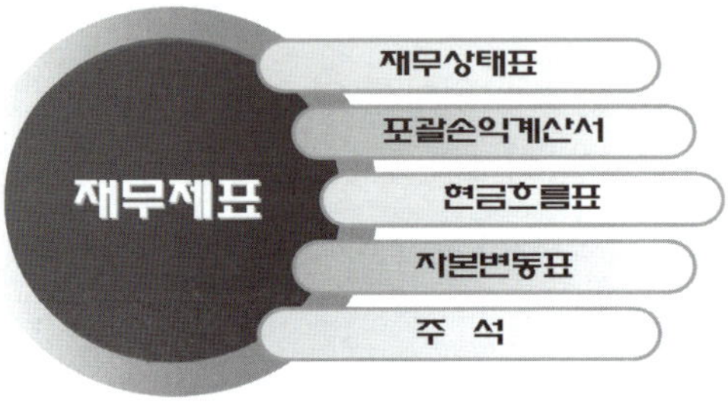

그림 2-1 재무제표의 구성

(1) 재무상태표

재무상태표(statement of financial position, S/F)는 일정 시점의 기업의 재무상태를 나타내는 재무제표이다. 여기서 재무상태란 자산, 부채, 자본의 구성 내역과 크기를 의미하는 것이다. 따라서 재정적으로 튼튼한가? 부도 징후가 있는가? 등을 알 수 있으며, 회사의 자금이 어떻게 조달되었고 현재 어디에 사용되고 있는지를 나타내준다. 재무상태표에서 오른쪽에는 회사운영에 필요한 자금이 외부로부터 어떻게 조달되었는지를 나타내게 되는데, 은행 등 외부에서 빌린 돈이나 갚지 않은 돈은 부채로 표시하고, 주주들로부터 거둔 자금은 자본으로 표시한다. 또한 왼쪽에는 이렇게 조달된 자금이 현재 어떤 형태의 자산에 운용되고 있는지를 보여준다. 그러므로 재무상태표에서는 항상 다음과 같은 등식이 성립한다.

> 자 산 = 부 채(남의 돈) + 자 본(자기 돈)

(2) 포괄손익계산서

회사를 운영하는 일차적인 목적은 이익을 많이 내는 것이다. 포괄손익계산서는 일정 기간 동안에 발생한 기업의 경영(영업)성과를 나타내는 재무제표로, 여기서 영업성과란 순이익의 크기를 의미하는 것이다. 즉, 이익이 발생했는가, 손실이 발생했는가를 포괄손익계산서를 통해 알 수 있다. 포괄손익계산서도 재무상태표와 마찬가지로 왼쪽과 오른쪽으로 나누어 오른쪽에는 수익을, 왼쪽에는 비용을 나타낸다.

이익은 일정 기간 동안 회사에서 벌어들인 금액(매출액)을 의미하는 수익에서 그 수익을 얻기 위해 소요된 비용을 차감하여 계산되므로 손익계산서에서는 항상 다음의 등식이 성립된다.

수 익 - 비 용 = 이 익

재무상태표와 포괄손익계산서는 재무제표에서 가장 핵심적인 재무제표들이다. 재무상태표는 자산, 부채, 자본으로 구성되고, 포괄손익계산서는 수익과 비용 항목으로 구성된다. 이들 개념들을 간단한 사례를 통해 이해해 보자.

[Case 1]

김공학씨는 20x1년 9월에 장난감 판매회사를 창업하였다. 창업에 소요된 자금은 애써 모아두었던 현금 20,000,000원과 지인에게 빌린 돈 10,000,000원으로 사업을 시작한 것이다. 판매할 상품인 장난감을 구입하는 데 30,000,000원을 모두 사용하였고, 지인에게 빌린 돈은 1년 후에 상환하기로 하였다.

여기에서 자산은 무엇일까? 장난감 상품 재고 30,000,000원이 자산이다. 장난감 상품은 상품을 구입한 과거 거래의 결과이고, 김공학씨에 의해 지배된다. 그리고 장난감이 판매되면 미래에 경제적 효익(경제적으로 이득이 생긴다는 의미)을 가져다 준다. 따라서 자산이란 경제적 가치가 있는 유형·무형의 재산 전체를 의미하는 것이다.

다음으로 부채는 무엇일까? 부채는 지인에게 빌린 돈 10,000,000원이 해당된다. 이는 지인에게 돈을 빌린 과거 거래의 결과이고, 현재 김공학씨가 부담하고 있으며, 미래에 돈을 상환해야 하므로 자원의 유출이 예상된다. 이와 같이 부채란 다른 사람이나 금융기관으로부터 빌려 쓴 돈으로 나중에 다시 갚아야 할 빚을 의미하는 것이다.

자본은 무엇일까? 자산총액 30,000,000원에서 부채 10,000,000원을 뺀 나머지 돈, 즉 20,000,000원이 자본이다. 이 사례에서는 자산 총액에서 부채를 뺀 잔여액이 김공학씨가 모아놓은 돈 20,000,000원과 같으므로 자신이 투자한 돈인 20,000,000원을 자본으로 기록한다. 자산에서 부채를 뺀 금액을 자본으로 계산하는 이유는 빌린 돈을 다 갚고 나서 남은 돈이 온전한 내 소유인 것과 같은 이치이다.

> [Case 2]
> 장난감 판매회사를 설립한 김공학 사장은 20x1년 10월 한 달 동안 열심히 영업한 결과, 30,000,000원의 장난감을 모두 판매하였고 34,000,000원의 매출을 올렸다. 장난감 상품 판매대금은 전액 현금으로 회수하였다.

여기서 수익은 무엇일까? 수익은 장난감 상품을 판매하여 34,000,000원의 현금(자산) 유입이 있으므로 34,000,000원의 매출이 수익이라고 할 수 있다. 즉, 수익이란 기업이 재화나 서비스를 제공하고 받은 대가라고 할 수 있다. 여기서는 매출액을 의미한다. 그렇다면 비용은 무엇일까? 장난감 상품인 재화를 판매하기 위해 30,000,000원의 상품(자산)이 유출되었으므로 30,000,000원이 비용(매출원가)이 되는 것이다. 즉, 비용이란 기업이 재화나 서비스를 제공하기 위해 소비하는 매출원가, 판매비 등이 해당된다[1].

(3) 자본변동표[2]

자본변동표는 자본의 규모와 변동에 관한 정보를 한눈에 알아볼 수 있도록 작성하는 재무제표이다. 구체적으로 자본변동표는 재무상태표에 표시되어 있는 자본의 변동내용을 설명하는 재무보고서로서, 자본을 구성하고 있는 모든 항목의 변동내용에 대한 정보를 제공하게 된다. 즉, 자본을 구성하고 있는 자본금, 자본잉여금, 자본조정, 기타포괄손익누계액, 이익잉여금(또는 결손금)의 변동에 대한 포괄적인 정보를 제공한다.

한편, 회사를 경영한 결과 이익이 생기면 그 이익을 어떻게 사용(처분)할 것인지를 결정해야 한다. 이익은 여러 가지 용도로 사용될 수 있겠지만 가장 대표적인 것은 주주에 대한 배당이 될 것이다. 회사는 주주로부터 회사운영에 필요한 자금을 제공받았기 때문에 이에 대한 보상이 필요한데, 채권자로부터 빌린 돈에 대해서는 경영성과에 관계없이 미리 약속한 이자를 주어야 하지만, 주주에게는 경영성과가 좋아서 이익이 발생한 경우에만 이와 같은 배당금 지급을 통해 자금 사용의 대가를 지불하게 된다. 그런데 매 연도에 발생한 이익이 그때그때마다 전액 배당금 지급으로 빠져나가는 것이 아니므로 처분하고 남은 이익은 회사 내부에 계속 쌓이게 되는데 이를 이익잉여금이라고 한다. 즉, 과거에 벌어놓은 이익 중 처분되지 않고 남은 부분(이를 전기이월이익잉여금이라고 한다)에다 당기에 새로 벌어들인 이익을 합한 것이 처분 전 이익잉여금이 되고 그중 일부 금액이 여러 가지 용도로 처분되고 남게 되는데 이를 차기이월이익잉여금이라고 한다.

---

1) 재무상태표의 구성요소인 자산, 부채, 자본의 구체적인 내용과 해당 항목들은 제3장에서 자세히 소개되며, 포괄손익계산서의 구성요소인 수익과 비용의 구성항목과 내용들은 제4장에서 설명된다.

2) 자본변동표와 현금흐름표의 작성은 교양 수준의 회계에서는 어려운 부분이므로 여기서는 개념만 설명하기로 한다.

처분 전 이익잉여금 – 잉여금 처분액 = 차기이월이익잉여금

이처럼 기업이익의 처분내용이 담겨진 재무제표가 이익잉여금처분계산서(statement of appropriation of retained earnings: R/E)이며, 이는 이익잉여금의 처분사항을 명확히 보고하기 위해 이익잉여금의 총 변동사항을 표시한 재무제표라고 할 수 있고, 주주에게 잉여금을 얼마나 배당하고, 임직원에게 성과배분을 얼마나 하는가 등에 대한 정보를 나타낸다.

(4) 현금흐름표

회계를 통해 제공하는 정보의 종류는 여러 가지이겠지만 그중에서도 가장 중요한 정보는 무엇일까? 기업의 가장 일차적인 목적이 이익추구라는 점을 생각하면 역시 이익을 측정하는 것이 무엇보다도 중요하다. 이익이야말로 경영성과를 나타내주는 주된 지표가 되기 때문이다. 그리고 이익은 포괄손익계산서를 통해서 파악된다는 점도 이미 알았다.

그렇다면 포괄손익계산서의 이익과 기업의 현금흐름은 어떤 관계가 있는 것일까? 예를 들어 당기의 이익이 1억원이라면 당기 중에 1억원의 현금이 늘어났다는 의미일까? 물론 그렇지 않다. 실제로 우리 주위에서도 경영성적이 양호한 회사가 유동성(현금)이 부족하여 부도를 맞는 경우를 가끔 볼 수 있다. 그렇다면 왜 이런 현상이 생기는 것일까?

첫째는, 포괄손익계산서의 이익이 현금기준으로 측정되는 것이 아니라 발생기준으로 측정된다는 사실이다. 예를 들어 제품을 외상으로 매출한 경우 현금기준에 의하면 당기의 수익이 될 수 없으나, 발생기준으로는 이미 수익이 발생한 것과 마찬가지이므로 현금의 수입과는 관계없이 당기의 수익(매출액)에 포함된다.

여기서 잠깐!

발생기준과 현금기준

재무제표는 발생주의 기준에 따라 작성한다. 현금주의에 반대되는 발생주의 기준은 재무회계의 기본적인 특징으로, 수익과 비용을 현금이 들어오고 나가는 기간이 아니라 자산·부채·자본이 변동하는 기간에 인식하고 측정하는 것을 말한다. 반면, 현금기준은 현금이 들어올 때 수익을 인식하고 현금이 나가면 비용을 인식하는 것이다. 현금흐름표는 발생주의 기준이 아니라 현금주의 기준에 따라 작성한다.

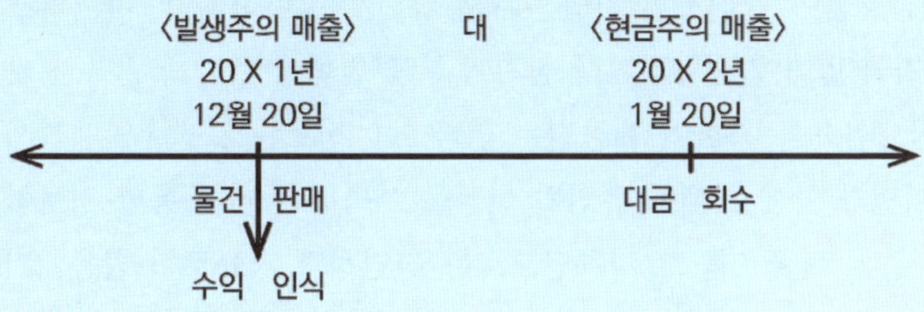

둘째는, 포괄손익계산서의 이익은 회사의 경상적인 영업활동에 의한 이익만을 그 측정대상으로 하고 있는데, 실제 회사의 현금흐름에 영향을 미치는 요인에는 이외에도 투자활동과 재무활동 등이 있다는 점이다. 예를 들어 투자활동에 의해 새로 비품을 산다든지, 재무활동에 의해 은행에서 돈을 빌린 경우 손익계산서에는 이와 같은 거래가 전혀 반영되지 않지만 이 두 거래 모두 회사의 현금상태에는 변화를 주게 된다.

따라서 포괄손익계산서의 이익정보 외에 회사의 현금상태의 변화에 대한 정보를 추가로 제공할 필요가 있는데, 이와 같은 이유에서 작성되는 재무제표가 현금흐름표이다.

현금흐름표가 제공하는 정보는 당해 연도 중에 현금이 어떠한 이유에 의해서 얼마나 증감이 되었는지를 보여주는 것인데, 이는 기존의 포괄손익계산서나 재무상태표가 제공하는 정보보다도 훨씬 더 중요한 의미를 지니는 정보이다. 왜냐하면 기업에 자금을 제공한 집단인 주주와 채권자의 최대 관심사는 바로 그 기업의 현금흐름 상태이기 때문이다. 현금흐름

상태가 양호해야만 주주는 배당을 받을 수 있고 채권자도 자신이 빌려준 원금과 이자를 제때에 받을 수 있기 때문이다.

이와 같이 현금흐름표(cash flow statement)는 일정 기간 동안에 일어난 기업 현금흐름의 증가와 감소, 그리고 이것이 발생한 원인을 표시하는 재무제표로, 기업의 현금흐름을 영업활동, 투자활동, 재무활동으로 구분하여 각 활동의 현금 변동사항을 나타낸다. 예를 들어, 영업활동으로 인한 현금흐름이 플러스인 기업은 재무적으로 탄탄하지만, 마이너스인 기업은 자금 압박에 시달리거나 심지어 부도 위험에 처하게 된다.

현금흐름표를 통하여 제공되는 현금흐름 정보는 포괄손익계산서의 당기순이익과 함께 미래에 유입될 현금을 예측하는 데 유용한 정보를 제공한다. 물론 현금흐름 그 자체만으로는 경영성과 지표로서 활용되기 힘들지만, 당기순이익 정보의 보완자료가 될 수 있다는 점에서 유용한 것이다.

(5) 주 석

각 재무제표에 표시된 계정금액의 이해에 도움을 주는 정보에는 주기, 주석, 부속명세서 등이 있다. 주기는 본체의 계정과목을 괄호의 형태로 부연설명하고, 주석은 본체의 하단에 번호순서로 부연 설명한다. 부속명세서는 각 계정과목의 계산(도출)과정이나 세부내용을 나타내는 명세표이다. 이 중에서 가장 중요한 역할을 하는 것이 주석이며, 재무제표의 본체에 표시된 수치들은 주석에 있는 추가적인 정보 없이는 의미 있게 해석될 수 없다[3].

주석은 다음의 사항을 포함한다.

첫째, 재무제표 작성기준 및 중요한 거래와 회계사건의 회계처리에 적

3) 주석의 해석은 일반인에게는 벅찬 작업이다. 일반인이 봉착하는 가장 큰 문제는 주석의 수가 너무 많다는 점이다. 예컨대, 기업의 연말보고서에는 흔히 수십 장의 주석을 포함하지만, 주석을 읽지 않으면 중요한 정보를 놓칠 수 있다. 주석의 복잡성 때문에 많은 개인투자자들은 투자전문가(정보전문가)의 도움을 구하기도 한다.

용한 회계정책, 둘째, 기업회계기준에서 주석공시를 요구하는 사항, 셋째, 재무상태표, 포괄손익계산서, 현금흐름표 및 자본변동표의 본문에 표시되지 않는 사항으로서 재무제표를 이해하는 데 필요한 추가적인 정보를 포함한다.

2. 재무제표는 어떻게 활용되는가?

재무제표는 기업 외부의 이해관계자인 투자자, 은행 등 금융기관, 신용평가기관, 회사 인수자 등의 그룹들이 각자의 목적을 달성하기 위한 수단으로 활용한다. 또한 기업 내부에서는 경영자들이 올바른 의사결정을 하기 위해서 재무제표를 활용하는 경우가 많다. 이를 구체적으로 살펴보자.

(1) 유능한 경영자의 조건

재무제표는 회사의 살림살이를 한눈에 볼 수 있도록 나타낸 표로, 재무제표를 이해하지 못한다면 회사를 전체적으로 파악할 수 있는 능력이 부족하다는 것을 나타낸다. 기업에서 부서회의나 전체회의의 경우, 회의 자료의 많은 부분이 숫자로 되어 있는데, 회의 참석 시 이와 같은 자료를 이해하지 못한다면 본인의 의견을 제시할 수 없을 뿐만 아니라 의사결정을 내릴 수도 없으므로 유능한 경영자가 될 수 없는 것은 자명한 일이다. 따라서 실무자에서 경영자가 되기 위해서는 여러 가지 덕목과 자질을 갖추어야 하지만, 그중에서도 회사를 전체적으로 파악할 수 있는 능력을 기르기 위해서는 재무제표에 대한 이해는 필수적이라 할 수 있다.

재무제표를 충분히 이해할 수 있으면 각종 사업계획서나 보고서를 제대로 이해하고 올바른 의사결정을 내릴 수가 있으며, 또한 돈 잘 버는 회사, 위험한 회사에 대한 판단도 내릴 수가 있고, 흑자도산[4]의 가능성이 있

4) 흑자도산: 일반적인 도산은 과중한 적자로 인해 일어나지만, 흑자도산은 기업의 재무제표상 건전하게 보이는데도 현금수입보다 지출이 많은 경우의 자금 부족으로 발생한다.

는 회사도 알 수 있다.

(2) 성공적인 주식투자를 위해 활용

투자할 때는 반드시 재무제표를 참조해야 한다. 그러나 재무제표는 현재 시점이 아니라 이미 지난 과거 시점을 기준으로 작성한 것이다. 따라서 재무제표가 투자의 결정적인 요소는 아니지만, 재무제표를 참조해서 일정 조건을 충족하는 회사들을 투자 가능한 대상으로 선택하는 것이 필요하다. 특히 투자자의 입장에서 회사에 대한 추세를 정확하게 분석하기 위해서는 과거의 재무제표뿐 아니라, 현재를 설명하거나 미래를 예측하는 자료가 있다면 이를 함께 검토해야 한다.

재무제표에서 자산가치[5)]를 볼 때는 주당 순자산가치나 주당 순자산비율을 참조할 수 있는데, 주당 순자산비율의 경우 비율이 낮을수록 좋다고 할 수 있다. 예를 들어 이 비율이 1이라면 투자를 한 뒤 회사가 청산을 하더라도 원금 정도는 건질 수 있음을 의미한다.

그리고 수익성으로는 몇 년 동안 계속 매출이 성장하고 계속 이익이 났는지를 살펴보아야 한다. 또한 영업이익으로 이자를 갚을 수 있는지를 나타내는 이자보상비율이 1 이상이 되는지, 주당 순이익은 얼마인지, 주가수익비율(PER)[6)]은 얼마인지, 자기자본순이익률(ROE)[7)]은 시중 금리보다 높은지 파악해야 한다. 더불어 배당수익률의 경우 주식의 시장가치 대비 배당액이 금리 이상이 되는지를 파악해야 하는데, 이 모든 지표들을 고려할 때 재무제표의 사용은 필수적이라고 할 수 있다.

---

5) PBR(주가/1주당 순자산): 주가가 1주당 순자산의 몇 배인가를 나타내는 지표로 자산가치에 대한 주가의 상대적인 수준을 알 수 있다.

6) PER(주가/1주당 순이익): 주가수익비율이라고 하며, PER의 크기는 주가가 내재가치에 비해 고평가 또는 저평가되어 있는가의 판단 기준으로 이용된다.

7) ROE(당기순이익/자기자본×100): 주주의 돈인 자기자본을 사용해 연간 벌어들인 세후 순이익이 어느 정도인가를 나타내는 지표다.

(3) 은행의 기업 대출시 활용

은행에서 대출 담당자는 기업에의 대출시, 회사 아이템의 성장성, 대표자의 이력 및 경력, 임직원 현황, 재무제표 상 매출 수준이나 이익 수준, 재무비율 등을 고려해 점수로 평가하고, 또한 담보가 부동산인지 신용보증서인지 순수 신용인지를 고려해서 대출을 결정한다.

은행이나 신용보증기관은 원금 회수가 주 관심사인데, 이때 재무제표는 대출을 실행하게 하는 결정적인 요소는 아니지만 재무제표 상 평가점수가 좋지 않으면 대출을 거절당할 확률이 높다. 금융기관에서는 재무제표를 통해 보통 전체 차입금, 외상채권, 외상채무가 얼마나 되는지를 검토하며, 매출이 계속 증가하고 이익이 계속 발생하는지도 파악하는데 재무제표를 활용한다. 또한 재무비율분석을 통해 부채비율(부채/자본×100%)은 200% 미만인지를 중점적으로 검토하고, 유동비율(유동자산/유동부채×100%)이 100% 이상이 되는지, 영업이익으로 이자를 갚을 수 있는 이자보상비율(영업이익/이자비용)은 1이 넘는지를 검토한다.

최근 금융기관의 대출금 회수에 대한 공통적인 기준은, 경영실권자의 변경으로 정상적인 거래가 어려운 경우, 외부 감사의견이 부적정의견 또는 의견거절인 경우, 신용등급이 2단계 이상 하락한 경우 등으로, 대부분 재무제표와 관련한 사항이라는 점은 주의 깊게 보아야 한다.

(4) 회사의 인수 및 합병시 활용

통상 합병(M&A)[8]의 경우, 회사 인수자는 회사를 자세히 파악하고 재무제표를 검토한 후 인수금액을 계산하고, 그 후 당사자 간의 협의에 의해 인수금액이 결정된다. 인수계약이 체결되면 공인회계사들이 회사를 실사하게 된다. 이때 회사가 제출한 재무제표를 토대로 계정잔액 수정 등의

8) M&A(Merger & Acquisition; 인수 및 합병): 인수란 다른 회사를 사는 것이고, 합병이란 두 회사를 합치는 것이다. 이에 따라 최대주주 및 경영권의 변동이 생긴다.

사항을 체크하게 되는데, 재무제표의 경우 대부분 구입원가로 작성된 것이므로 현재 처분한다면 얼마나 받을까 하는 관점에서 시가로 조정한다. 이렇게 수정된 재무제표 금액은 인수금액 결정시 중요한 역할을 하게 되므로 회사를 인수할 때 재무제표에 대한 검토 없이는 인수가 불가능하게 된다.

3. 재무제표의 한계점은?

재무제표는 기업의 이해관계자들에게 다양한 정보를 제공하는 유용한 수단이다. 그러나 재무제표는 이해관계자들이 현실세계에서 활용하는 데에는 다음과 같은 몇 가지 한계점을 가지고 있다.

첫째, 재무상태표의 자산은 현재의 기업회계기준에 의하여 원가주의에 의하여 평가되고 있으며 자산의 정확한 시가는 알 수 없다는 점이다. 따라서 재무상태표상의 재무상태는 재무상태표 작성시점에서 자산의 현재 가치를 반영시키지 못할 수 있으며, 또한 지분내역도 오도할 수 있다.

둘째, 재무제표 작성에 있어서 대체적 회계처리방법이 인정된다는 점이다. 기업회계기준에서 회계처리 과정에서 두 가지 이상의 선택가능한 방법이 있는 경우에는 재무적 기초를 견고히 하는 관점에 따라 처리하도록 하고 있다. 따라서 이렇게 대체적인 회계처리방법이 허용되는 경우 기업별로 다른 방법을 선택하거나 혹은 회계기간 중에 방법을 변경하는 경우, 재무제표를 포함한 회계자료의 기업 간 혹은 기간 간 비교가능성이 저해되고 이익조작에 이용될 수도 있다.

셋째, 재무제표는 질적인 정보를 제공해 주지 못한다는 점이다. 재무제표는 화폐액으로 표시된 정보만을 나타내 줄 뿐 종업원의 자질과 경영진의 능력 등과 같은 인적자원에 대한 질적 정보는 해당 기업의 장래 경영여건에 대한 중요한 정보를 제공함에도 불구하고 제공해 주지 못한다.

넷째, 회계 기록시 여러 가지 주관적 추정을 하고 있다는 점이다. 회계기록의 출발점이 되는 자산가치의 측정과 부채가액의 평가는 본질적으로 불확실성하의 가치평가가 되는 것이다. 즉, 자산의 경우 미래사용가치의 현가를 판단하는 것이며, 부채는 미래 지급예정액의 현가를 판단하는 것이다. 이렇듯 미래의 자원흐름을 현재가치로 전환시키는 과정에서 필연적으로 추정이 필요하게 된다. 따라서 이러한 추정이 합리적이지 못한 경우에는 결과적인 재무제표 역시 유용한 정보를 제공하지 못하게 된다.

이와 같이 한계점들이 있음에도 불구하고 현행 기업회계기준에 따라 작성되는 재무제표는 앞에서 지적되었듯이 기업관련 의사결정에 도움이 되는 많은 유용한 정보를 제공하고 있다. 앞으로 이러한 한계점들을 극복하기 위한 노력이 계속 진행되어야 할 필요가 있으며, 이러한 과정에서 재무제표의 유용성은 더욱 커질 것이다.

제2절 회계감사는 무엇이고 왜 하는 것일까?

1. 회계감사란 무엇인가?

오늘날 기업이 복잡하고 대규모화됨에 따라 자본과 경영이 분리되면서 경영에 직접 참가하지 않는 이해관계자인 주주, 종업원, 채권자, 국가 및 공공단체 등의 그룹들이 많아지게 되었고, 이들의 이익은 오직 기업이 공표하는 재무제표에 의해 보호된다고 할 수 있다.

그러나 기업에 의해 공표되는 재무제표는 객관적인 사실로써 구성되어야 하나, 간혹 왜곡되어 작성될 수도 있으므로 정보이용자들에게 전달되기 이전 단계에서 공정한 입장에 서있는 전문가에 의해서 객관적인 검증을 받을 필요성이 제기된다. 회계정보이용자들은 공표된 재무제표에 의하여 기업에 대한 판단을 하게 되므로, 전문가에 의한 재무제표의 적부(適否) 검사는 그들에게 중요한 문제가 아닐 수 없다.

다시 말해, 재무제표의 작성 주체인 기업은 재무제표가 믿을 수 있다는 확신을 이해관계자들에게 심어주기 위해 회계 분야 전문가인 회계감사인을 선임하고[9], 감사인은 기업의 재무제표를 제시 받아 이 재무제표가 회계기준[10]에 따라 작성되었는가를 조사(검증)하고, 이 과정에서 발견된 불일치 사항을 수정한 뒤에야 재무제표에 대한 인증서를 발급한다. 이 때 인증을 위하여 재무제표가 회계기준에 따라 작성되었는가를 조사하는 것을 회계감사라고 하며, 감사인이 발행하는 재무제표에 대한 인증서를 감사보고서라고 한다.

회계전문가로서의 감사인은 한국채택 국제회계기준 혹은 기업회계기준을 판정기준으로 하여 재무제표의 적부에 관한 의견표명(회계감사)을 함으로써 회계보고의 신뢰성을 높이고 이해관계자들의 올바른 판단을 가능케 하는 기업회계의 발전에도 공헌하게 되는 것이다.

한편 공공의 성격을 띠고 있는 회계감사는 본질적으로 시간과 비용의 제약이 따른다. 또한 회계감사의 본질적인 목적은 부정의 적발이 아니라 기업의 재무제표가 회계기준에 따라 적정하게 작성되었는지 감사하는 것이다. 따라서 회계감사는 일반적으로 회계감사인이 기업의 거래와 증빙을 모두 검토하는 전수감사 대신, 기업의 회계관리 시스템이 제대로 통제되고 있는지 상태를 파악하고 이를 토대로 검토할 범위를 결정하는 표본감사를 한다. 회계감사인은 이러한 과정을 포함하여 모든 절차를 회계감사기준에 따라 제대로 이행한 후 감사조서에 기록으로 남기면 기업에 분식회계가 발생해도 법적인 책임이 없다. 그러나 감사절차를 제대로 이행하지 않았다면 회계감사인이 법적인 책임을 져야 함에 주목해야 한다.

9) 회계분야 전문가인 회계감사인은 공인회계사를 지칭하는 것이다. 공인회계사에 대한 설명은 뒤에서 하기로 한다.

10) 우리나라 대부분의 대기업들은 '한국채택 국제회계기준(K-IFRS)'을 기준으로 회계감사가 이루어지며, K-IFRS를 채택하지 않는 중소기업은 '일반적으로 인정된 회계원칙(GAAP)'인 기업회계기준에 따라 회계감사가 이루어진다고 볼 수 있다.

2. 공인회계사의 역할과 감사보고서

(1) 공인회계사의 역할

회계 분야 전문가인 공인회계사(CPA: certified public accountant)의 주된 역할은 자신의 전문적인 지식을 이용하여 독립적인 입장에서 기업이 제시하는 재무제표가 일정한 기준에 따라 작성되었는가에 대한 회계감사를 수행하고, 그 결과 발견된 잘못된 회계처리는 수정하도록 회사 경영자에게 권고하는 것이다. 회사경영자가 잘못된 회계처리 중 일부를 반영하고 일부는 반영하지 않거나 전혀 반영하지 않은 재무제표를 공표하고자 한다면, 공인회계사는 감사받은 공표용 재무제표에 대하여 적정하지 않다는 감사의견을 표명한다.

결국 공인회계사는 의사결정자들이 이용하는 다양한 정보 중 재무제표에 대하여 검증과정을 거쳐 이 재무제표가 K-IFRS나 GAAP과 같은 회계기준에 따라 작성되었는가에 대한 의견을 표명함으로써 회사가 제시하는 재무제표의 신뢰성을 부여하는 역할을 수행하는 것이다. 신뢰성을 부여한다는 의미는 정보를 믿을 수 있게 한다는 것을 의미하며, 감사받은 재무제표는 주주, 채권자, 정부 등과 같은 기업 이해관계자들의 경제적 의사결정에 이용된다.

과거 국민의 정부 초기에 이루어진 기아자동차 관련 국회 경제청문회(1999년 1월)에서 우리는 실로 실망스럽고 분노할 수밖에 없는 사실을 본 바 있다. 그때까지만 해도 국민에게 큰 지지를 받던 기업의 최고경영층이 재무제표를 조작해 국민을 속인 사실 그리고 그 재무제표를 감사한 회계법인 또한 이를 발견하지 못한 점 등은 우리에게 재무제표의 신뢰성과 공인회계사 감사의 중요성을 다시 한 번 일깨워 주었다.

사실 공인회계사의 회계감사는 해당 기업의 재무상태나 경영성과의 건전성을 담보하는 것이 아니라, 공시된 재무제표 정보의 신뢰성을 보장하는 장치다. 그러나 공인회계사의 감사가 무사히 끝났다는 사실만으로 마치 그 회사가 건전한 회사인 것으로 오해하는 경우가 종종 있다. 즉, 공인회계사의 감사를 잘 받은 회사는 부도가 날 가능성이 없다고 생각하는 것이다. 그러나 공인회계사가 하는 일은 그 회사가 얼마나 건전한지를 보는 것이 아니라, 그 회사가 작성한 재무제표가 회계기준에 따라 제대로 작성되었는지를 보는 것이다. 즉, 이익이 나고 재무상태가 좋으면 좋은 대로 손실이 나고 재무상태가 나쁘면 나쁜 대로 진실하게 표현하고 있는지를 보는 것이다. 적어도 청문회에서 밝혀졌던 기아자동차의 경우처럼 고의적으로 조작된 재무제표는 아니라는 점을 밝히는 것이다.

그럼에도 불구하고 기아자동차의 경우처럼 회계법인이 이를 밝혀내지 못했다는 것은 회계감사도 사람이 하는 일이라 한계가 있고, 회사의 최고경영자들이 공모해 악의적으로 재무제표를 조작하려 들면 공인회계사가 이를 밝힌다는 것이 얼마나 어려운지를 보여준다. 사실 회계감사보다 더욱 중요한 것은 경영자의 윤리이다.

(2) 감사보고서의 이해

회계감사인은 감사업무를 완료하면 이를 정리하여 감사결과에 대한 전문가로서의 의견을 의뢰인에게 문서로서 표명하여야 하는데, 이를 감사보고서(auditor's report)라고 한다.

감사보고서는 감사인이 감사증거를 수집하고 평가한 결과를 재무제표 이용자에게 전달하는 수단이 된다. 따라서 감사인은 감사보고서 작성에 있어서 재무제표에 대한 결론과 그 결론을 도출한 논거를 분명히 하여야 하며, 경영자가 작성한 재무제표가 일반적으로 인정된 회계원칙을 계속적으로 준거하지 않았다고 판단될 때는 피감사회사에 대해 재무제표의 수정을 요구하여야 한다. 이때 회사 측이 수정을 거부한다면, 감사인은 감사보고서에서 재무제표 이용자에게 당해 재무제표가 적정하게 표시되어 있지 않음을 전달하여야 한다. 또한 재무제표의 적정성 판단을 위하여 충분한 증거를 얻지 못한 경우에도 재무제표 이용자에게 적당한 방법으로 전달하여야 한다.

다음의 [표 2-1]은 우리나라에서 현재 공통적으로 사용되고 있는 적정의견 감사보고서의 형식을 예시한 것이다. 감사보고서 양식에서 알 수 있듯이 감사보고서에는 감사인이 수행한 감사의 범위, 재무제표에 대한 감사의견과 특기사항을 간결·명료하게 기술하고, 감사보고서 일자, 수신인, 감사인의 명칭과 주소 등을 기재하고 기명·날인한다.

표 2-1 **㈜공학 감사보고서의 예시**

외부감사인의 감사보고서

공학주식회사

주주 및 이사회 귀중

본 감사인은 첨부된 공학주식회사(이하 "회사")의 20X2년 12월 31일과 20X1년 12월 31일 및 20X1년 1월 1일 현재의 재무상태표와 20X2년 12월 31일과 20X1년 12월 31일로 종료되는 양 회계연도의 손익계산서, 포괄손익계산서, 자본변동표 및 현금흐름표를 감사하였습니다. 이 재무제표를 작성할 책임은 회사 경영자에게 있으며 본 감사인의 책임은 동 재무제표에 대하여 감사를 실시하고 이를 근거로 이 재무제표에 대하여 의견을 표명하는 데 있습니다.

본 감사인은 대한민국의 회계감사기준에 따라 감사를 실시하였습니다. 이 기준은 본 감사인이 재무제표가 중요하게 왜곡 표시되지 아니하였다는 것을 합리적으로 확신하도록 감사를 계획하고 실시할 것을 요구하고 있습니다. 감사는 재무제표의 금액과 공시 내용을 뒷받침하는 감사증거에 대하여 시사의 방법을 적용하여 검증하는 것을 포함하고 있습니다. 또한 감사는 재무제표의 전반적인 표시내용에 대한 평가뿐만 아니라 재무제표 작성을 위해 경영자가 적용한 회계원칙과 유의적 회계추정에 대한 평가를 포함하고 있습니다. 본 감사인이 실시한 감사가 감사의견 표명을 위한 합리적인 근거를 제공하고 있다고 본 감사인은 믿습니다.

본 감사인의 의견으로는 상기 재무제표는 공학주식회사의 20X2년 12월 31일과 20X1년 12월 31일 및 20X1년 1월 1일 현재의 재무상태와 20X2년 12월 31일과 20X1년 12월 31일로 종료되는 양 회계연도의 재무성과 및 현금흐름의 내용을 한국채택국제회계기준에 따라 중요성의 관점에서 적정하게 표시하고 있습니다.

서울특별시 용산구 한강로2가 191번지
삼 일 회 계 법 인
대 표 이 사 X X X

3. 회계감사의견서의 종류와 의미

감사인은 감사가 완료되면 지금까지 수집한 감사증거를 기초로 하여 이에 합당한 감사의견을 감사보고서에 표명한다. 감사의견은 재무제표에 대한 감사인의 판단이나 확신의 표명으로서, 비교적 규모가 큰 회사의 경우 많은 지면을 할애하여 재무제표를 보다 상세히 공시하면서 재무제표 아래에 공인회계사의 '감사의견'을 덧붙이는 것을 볼 수 있다.

공인회계사의 감사의견이 첨부된 회사는 모두 상장회사로서, 이들 회사는 많은 사람들이 주주로 참여하고 그 규모가 커서 사회적인 영향 또한 매우 크다. 따라서 재무상태를 공개할 때 더욱 신뢰성 있는 정보를 제공할 의무가 있다. 이를 위해 '주식회사 등의 외부감사에 관한 법률'에서는 상장법인과 일정 규모 이상의 주식회사는 반드시 공인회계사의 감사를 받도록 규정하고 있다.

여기서 잠깐!

외부 회계감사 대상 기업

재무제표는 회계기준에 따라 작성한다. 주식회사 등의 외부감사에 관한 법률(이하 '외감법'이라 한다)에 의해 회사가 다음과 같은 요건을 충족시키는 경우 외부 회계감사를 필히 받아야 한다. 첫째, 직전 사업연도 말의 자산총액이 120억원 이상인 주식회사, 둘째 직전 사업연도 말의 자산총액이 70억원 이상이고 부채총액이 70억원 이상인 주식회사, 셋째 직전 사업연도 말의 자산총액이 70억원 이상이고 종업원수가 300명 이상인 주식회사, 넷째 쉬운 표현으로 코스피 또는 코스닥에 상장되어 있는 회사 또는 상장하려는 회사가 해당된다.

한편, 회계감사를 받을 필요가 없는 기업은 K-IFRS나 GAAP과 같은 회계기준을 따르지 않아도 된다고 생각하기 쉬운데, 투자자·은행·세무서 등이 모두 회계기준에 기초한 재무제표를 원하므로 기준을 따르는 것이 유리하다.

일반적으로 공인회계사는 정해진 절차인 회계감사기준에 따라서 감사를 하고 그 결과를 다음 네 가지 가운데 한 가지 의견으로 나타낸다.

(1) 적정의견(unqualified opinion)

적정의견은 회사가 작성한 재무제표가 한국채택국제회계기준 혹은 기업회계기준에 따라서 잘 작성되어 회사의 경영성과와 재무상태를 적정하게 표현하고 있다는 의견이다. 공인회계사의 감사목적은 재무제표 정보의 신뢰성을 높이는 것으로, 바꾸어 말하면 적정의견을 얻는 것이라고 할 수 있다. 따라서 재무제표가 잘못 작성되었을 경우에는 회사에 수정을 권고하고 수정이 이루어지면 적정의견을 표명한다. 어떤 사람들은 감사의견의 대부분이 '적정의견'인 것을 불신하는 경향이 있는데, 이는 공인회계사의 감사목적을 잘못 이해한데서 비롯된 것이다. 적정의견의 정확한 의미를 이해하기 위해서 다음과 같은 몇 가지 주의가 필요하다.

첫째, 적정의견이라는 의미는 기업의 경영성과나 재무상태가 양호하다는 의미가 아님을 알아야 한다. 경영성과는 나쁘더라도 그러한 회계정보가 기업회계기준에 따라 재무제표에 사실대로 표현되어 있으면 그 재무제표는 적정하다는 평가를 받을 수 있다. 즉, 기업이 적정의견을 받았다고 해서 기업의 재무구조가 건전하다거나 경영성과가 양호하다고 판단할 수 없으며, 또한 다음 연도에 부도가 날 염려가 없다는 사실을 시사해 주는 것도 아니다. 따라서 적정의견은 기업의 거래 내용이 기업회계기준에서 정한 방법에 따라 회계처리되었다는 것 이상도 이하도 아닌 제한적인 의미만을 부여해 준다는 사실을 이해해야 한다.

둘째, 재무제표 감사의 목적은 경영자가 저지른 부정이나 오류를 발견하는 데 있는 것이 아니며, 회계감사에 있어서 정밀 감사기법이 적용되는 것이 아니라 표본 감사기법을 행하고 있어 표본감사가 갖는 한계점 때문에 적정의견을 받은 재무제표에도 부정이나 오류가 발견되지 않고 그대로 남아 있을 가능성이 존재한다.

(2) 한정의견(qualified opinion)

한정의견은 어떤 특정 사실이나 특정 부분을 제외하고는 재무제표가 한국채택국제회계기준 혹은 기업회계기준에 따라 적정하게 표시되어 있음을 나타내는 의견이다. 즉, 회계처리 방법이나 재무제표 표시방법 중의 일부가 기업회계기준을 위반하였거나 감사범위 중의 중요한 부분이 제한된 경우에 표명되는 의견으로, 회사가 작성한 재무제표가 기업회계기준을 약간 벗어나므로 회사의 경영성과와 재무상태를 다소 왜곡되게 전달할 우려가 있음을 나타내는 의견이다.

한정의견은 감사보고서의 중간문단에서 특정 사실들의 위반을 설명한 후, 의견문단에서 "~을 제외하고는 적정하게 표시하고 있습니다."라는 의견을 표명하게 되므로, 재무제표 이용자는 한정사항을 참고해 재무제표를 활용하는 것이 바람직하다. 기업이 한정의견을 받을 때도 금융감독원으로부터 이에 대한 규제를 받게 된다.

(3) 부적정의견(adverse opinion)

부적정의견은 회사가 작성한 재무제표가 한국채택국제회계기준 혹은 기업회계기준에서 크게 벗어나 회사의 경영성과와 재무상태를 잘 표현하지 못하고 있다는 의견이다. 이는 재무제표에서 발견된 기업회계기준 위반사항이 극히 중대하기 때문에, 그 위반사항으로 인하여 재무제표가 전체적으로 잘못 작성되어 있다고 판단될 경우에 표명된다. 예를 들어, 기업회계기준의 위배사항으로 인하여 당기순이익이 70% 정도 과소 또는 과대 계상되는 결과를 초래하였을 경우에는 손익계산서 자체가 의미를 상실하게 되므로 부적정의견이 표명된다.

부적정의견도 중간문단에 위반사항의 내용과 손익에 미치는 영향을 기술하고, 의견문단에 "위의 문단에서 설명한 사항이 재무제표에 미치는 영향이 특히 중대하므로 재무상태와 경영성과를 적정하게 표시하고 있지 않습니다."라는 의견을 표명하게 된다. 부적정의견이 표명된 기업은 증권거래소에서 특별관리종목으로 지정되어 증자나 사채발행 등과 같은 유가

증권 발행이 제한되고 금융기관으로부터 자금을 차입할 수 있는 길도 봉쇄되는 등 기업운영에 막대한 손실을 입힐 수 있다.

(4) 의견거절(disclaimer of opinion)

의견거절은 감사의견을 형성하는 데 필요한 합리적인 증거를 입수하지 못하여 재무제표 전체에 대한 의견표명이 불가능한 경우, 기업의 존립에 의문을 제기할 만한 객관적인 사항이 중요한 경우 또는 감사인이 감사를 수행함에 있어서 독립성이 결여되어 있는 등 재무제표의 적정성에 대하여 의견표명을 하지 못하는 경우에 제시된다. 예컨대 당해 회사가 현재 소송 중이고 그 재판의 결과에 따라 재무상태에 큰 영향을 받을 때가 있다. 이렇게 회사의 재무상태에 막대한 영향을 미칠 수 있는 사건이 전개되고 있거나, 회사가 어떤 중요한 부분에 대한 감사를 제한해 감사내용만으로는 그 회사의 전체적인 경영성과나 재무상태를 평가하기 매우 어려운 상황일 경우 감사인은 의견제시를 유보하는 의견거절을 표시한다('무의견'이라고도 한다).

감사보고서에 의견을 표명하는 방법은, 감사범위의 중대한 제한으로 의견거절을 하는 경우에는 중간문단에 이 사실을 기재하고 "~위에서 설명한 사항이 지극히 중대하므로 재무제표에 대하여 의견을 표명하지 아니합니다."라는 감사의견을 기술하게 된다.

한편, 의견거절이 부적정의견과 다른 점은 부적정의견은 충분한 감사증거를 입수해 본 결과 재무제표가 무의미하다는 사실을 확인한 것이고, 의견거절은 감사범위가 원천적으로 제한됨으로 인하여 재무제표를 판단하기에 충분한 증거자료를 수집할 수 없었다는 데에 차이가 있다. 의견거절도 감사의견의 일종이지 감사인의 의견이 없다는 사실을 나타내는 것은 아니다.

4. 분식회계란 무엇일까?

(1) 분식회계와 재무제표의 투명성

재무제표가 투명하다는 말은 재무제표에 오류가 하나도 없다는 말일까? 일반적으로 재무제표가 투명하다는 것은 재무제표를 작성하는 담당자나 이를 승인하는 경영자 모두가 어떤 의도도 가지지 않고 모든 거래를 있는 그대로 증빙을 통해 재무제표에 반영한다는 의미다. 따라서 재무제표에는 오류가 없다.

많은 사람들은 기업이 회계감사에서 적정의견을 받으면 그 기업은 100% 투명하고 우량한 기업이라고 생각한다. 그러나 적정의견은 회계감사인이 회계감사기준과 절차에 따라 기업의 재무제표를 감사하고 재무제표를 왜곡할 만한 기업회계기준 위배사항이 없는 경우에 내리는 결론이지, 재무제표가 100% 투명하거나 기업이 우량하다고 해서 내리는 결론이 아님에 주의해야 한다.

최근 사회적으로 문제가 되고 있는 분식회계는 회계감사 당시에는 기업이 적정의견을 받았는데 나중에 분식사실이 발견된 경우이다. 주원인은 기업이 객관적인 사실을 속이고 회계감사인이 이런 사실을 제대로 확인하지 않은 데 있다. 만일 회계감사인이 회계감사기준과 절차에 따라 회계감사를 하고 의견을 낸다면 재무제표의 투명성은 높아질 것이다.

분식회계 개념에 대해 좀 더 자세히 살펴보자. 누구나 알고 있는 것처럼 기업은 이윤을 창출하기 위해 존재한다. 이를 위해 기업은 기업의 내·외부에서 자금을 조달하여 투자를 해야 한다. 만일 현재의 재무상태와 경영성과로는 내·외부에서 자금을 조달하기가 힘들고 기존의 대출금마저 만기가 연장되지 않는다면, 기업은 자금조달 목적으로 재무상태와 경영성과를 좋게 보이게끔 분식회계를 할 것이다.

이와 같은 분식회계(window dressing)는 기업이 실적을 좋게 보이려고 고의적으로 장부를 조작하여 자산이나 이익을 부풀리는 것을 말한다.

즉, 재무상태표에서는 자산을 과대계상하거나 채무를 과소계상하는 경우, 손익계산서에서는 매출을 허위로 계상하거나 비용을 적게 계상하는 경우 등이 이에 해당한다.

분식회계를 함으로써 기업은 은행 등의 금융기관과 주식시장에서 자금조달을 원활하게 할 수 있고, 신용평가기관에서 높은 등급을 받아 사채를 쉽게 발행할 수 있으며, 세무서에서도 성실한 납세자로 인정받을 수 있다. 또한 이러한 일련의 행위를 함으로써 기업의 경영자와 회계담당자는 그 지위가 보장될 수 있다. 그러나 분식회계는 기업의 재무상태와 경영성과를 사실과 다르게 조작하는 행위이다. 한번 분식결산을 하면 그 영향은 다음해에 나타나는데, 이를 감추기 위해 기업은 또다시 분식결산을 한다. 이것이 수년간 반복되면 결국 기업은 파산하여 자금을 빌려준 금융기관이나 수많은 투자자에게 엄청난 재산상의 피해를 입히게 된다. 이러한 분식회계의 폐단은 또 자원의 합리적 배분을 막아, 우수한 기업에 투자되어야 할 자원이 투자되지 못하는 자원배분의 왜곡을 초래한다.

(2) 분식회계의 예

분식회계는 실제보다 자산을 과대계상하거나 채무를 과소계상하고, 매출을 허위로 계상하고 비용을 적게 계상하는 방법으로 기업의 자산이나 이익을 부풀리는 행위이다. 이를 구체적으로 살펴보자.

첫째, 재고자산 부풀리기와 매출원가 낮추기가 있다. 기업의 예금이나 매출채권, 유형자산은 상대방이 있는 거래이므로 외부에서 확인이 가능하지만, 재고자산 평가는 외부인과 무관하게 내부에서 처리할 수 있으므로 손쉽게 분식할 수 있다. 재고자산 금액이 증가하면 매출원가가 감소하여 이익이 증가한다. 재고자산 금액은 재고자산의 수량과 단가로 구성되므로, 수량이나 단가 중 하나 또는 동시에 둘을 조정한다. 극단적인 경우로 재고자산에 대한 회계감사를 실시할 때 여러 현장 중 한 현장만 재고실사에 입회하고 다른 현장은 확인서로 대체한다고 가정해보자. 이때 재고자산의 수량이나 단가를 부풀릴 수 있는 여지가 발생한다.

둘째, 매출과 매출채권 부풀리기가 있다. 매출과 매출채권을 부풀리는 예로는 평소 친분이 있는 거래처나 대리점에 밀어내기 식으로 매출을 발생시키고 그 다음해 반품으로 돌려받는 경우가 있다. 이때 이익과 매출채권이 부풀려진다. 과거 일부 코스닥 등록 예정기업이나 자금을 대출받으려는 일부 기업이 매출 수준과 이익 수준을 맞추기 위해 이 방법을 사용했다. 또 다른 예를 들면, 형식적으로는 별개의 기업이지만 실질적으로는 지배관계가 형성된 기업의 경우에도 매출과 매출채권을 조정하기가 쉽다. 매출채권은 장기간 미회수 상태이거나 부도가 나서 회수가 불가능한 것을 제대로 평가하여 대손을 설정해놓지 않으면 이익이 과대계상된다.

셋째, 차입금 줄이기와 은행예금 잔액 부풀리기가 있다. 기업이 은행에서 추가로 자금을 조달해야 하는 경우 기존의 재무상태와 경영성과로는 불가능하다고 하자. 이때 타 은행의 차입금을 없애고 지급이자를 표시하지 않을 수 있다. 또 은행예금의 잔액을 부풀리고 수입이자도 늘릴 수 있다. 만일 이 경우까지 가는 회사가 있다면 이 회사는 이미 죽은 회사나 다름없다.

넷째, 유형자산 과대계상하기가 있다. 기계 등 유형자산을 구입하는 거래처에서 실제 가격보다 높은 금액으로 계약서와 증빙을 처리하여 비자금을 마련하기도 한다. 이 경우에는 유형자산의 과대계상과 동시에 감가상각비도 실제보다 크게 나타난다.

다섯째, 감가상각 안 하기와 퇴직급여충당금 안 쌓기가 있다. 회계감사를 받지 않는 기업은 기업회계기준을 반드시 따를 필요가 없고, 세법에 따라서 회사가 이익이 났을 때만 감가상각이나 퇴직급여충당금 전입을 해도 된다. 이 경우 회계감사를 받는 기업보다는 재무제표의 신뢰성이 떨어지는 것은 사실이지만 분식회계는 아니다.

반면에 회계감사를 받는 기업들은 반드시 감가상각을 해야 하고 퇴직급여충당금을 쌓아야 한다. 극소수이긴 하지만 고정자산 목록이 많거나 인원이 많은 기업은 제대로 계상해야 할 금액보다 적은 금액을 계상할 수 있다.

이상과 같은 유형의 분식회계는 당사자뿐만 아니라 사회 전반적으로 막대한 피해를 입힌다. 기업의 경영자는 분식회계를 하면 그 피해가 가족, 친척, 동료들에게 영향을 미친다는 인식을 가져야 하고, 또 기업의 사회적 책임에 대한 의식을 높여야 한다. 또한 기업의 회계담당자와 회계감사인의 독립성을 확보하고 전문성과 도덕성을 지속적으로 키워야 한다. 사후적으로는 국가적인 차원에서 회계감사를 받아야 하는 기업의 범위를 넓히고, 기업이 자청해서 회계감사를 받는 환경을 만들어가야 한다. 은행, 투자자 등 이해관계자는 재무제표에 대해 올바르게 이해하고 활용해야 하며, 회계감사인을 감독하는 금융감독원과 한국공인회계사회는 회계감사인이 회계감사절차에 따라 제대로 감사를 하고 의견을 표명하는지 철저하게 감독해야 한다. 또한 기업이 분식회계를 하여 파산한 경우 분식된 재무제표와 감사보고서를 토대로 대출을 해주거나 투자한 이해관계자가 소송을 내는 것도 활성화되어야 분식회계를 방지할 수 있을 것이다.

참고

회계에 사용되는 각종 약자 및 기호

• A(assets) : 자산	• L(liabilities) : 부채
• C(capital) : 자본	• R(revenue) : 수익
• E(expense) : 비용	• 원면 : 원장면수
• I/S(income statement) : 포괄손익계산서	• @(at) : 단가
• Cr(creditor) : 대변	• Dr(debtor) : 차변
• a/c(account) : 계정	• #(number) : 번호
• W/S(working sheet) : 정산표	• T/B(trial balance) : 시산표
• F/S(financial statement) : 재무제표	• \(won) : 원
• ,(comma)	• ″(ditto mark) : 위와 같음
• (check mark) : 대조완료	• 분면 : 분개장면수

회계쉼터

재무제표 핵심은 '신뢰성'…면밀히 살펴 '비적정' 피해야

2023 사업연도의 재무제표와 관련하여 감사의견 미달로 상장폐지 사유가 발생한 기업이 55곳에 달한다고 한다. 회계감사에서 적정의견을 받지 못했다는 것인데 이는 2022년의 39곳 대비 40%나 넘게 증가한 수치이다.
기업은 수많은 이해관계자들에게 둘러싸여 있다. 주주, 은행, 채권투자자들로부터 자본을 조달받고 수많은 회사들과 외상거래를 한다. 이런 행위들을 하기 위해서는 해당 기업이 이해관계자들에게 신뢰를 보여야 한다. 그 신뢰성을 객관적으로 보여줄 수 있는 것이 바로 재무제표이다.
재무상태, 경영성과 등을 기업 입맛대로 작성하면 신뢰성이 떨어지기 때문에 독립적인 3자의 검증을 받아야 한다. 그래서 공인회계사들이 회사의 재무제표에 대하여 외부감사를 수행한다. 회사의 내부통제와 숫자 관련 증빙들을 검토하면서 재무제표가 회계기준에 따라 제대로 작성되었는지 확인한다. 상장기업과 일정규모 이상의 외형을 갖춘 비상장기업들은 이런 외부감사를 반드시 받아야 한다.
외부감사 결과 재무제표가 회계기준에 따라 제대로 작성되었다고 판단되면 감사인은 적정의견을 표명한다. 회사의 이해관계자 입장에서는 당연히 재무제표가 적절할 것이라고 기대할 텐데 만약에 그렇지 않다면 어떻게 될까? 신뢰할 수 없는 회사가 될 것이므로 해당 기업의 주식거래는 당연히 정지될 것이고 은행은 대출 원금에 대한 조기 상환을 서두르려 할 것이다. 거래처들도 물품을 판매하면서 외상이 아닌 현찰만 요구할 것이다. 적정의견을 받지 못하면 자금 조달이 어려워지는 것뿐만 아니라 정상적인 상거래도 불가능해지기 때문에 기업이 제대로 존속하기 힘들어진다.
적정의견을 받지 못하게 되는 가장 큰 이유는 회사가 회계기준에 따라 재무제표를 작성하지 않거나 계속기업의 불확실성이 발생했기 때문이다. 재무제표 전반적으로 왜곡표시가 심각할 정도로 엉망이면 감사인은 부적정의견을 표명한다. 만약 수많은 자산, 부채 계정 등에서 일부 계정과목의 숫자가 잘못되었지만 회사 전체 숫자가 다 엉망이라고 볼 정도로 심각하지 않다면 한정의견을 제시한다. 이런 한정의견은 부적정의견보다는 강도가 약하지만 이해관계자 입장에서 신뢰성이 떨어지는 것은 매한가지일 것이다. 만약 회사가 중요한 숫자에 대한 근거 자료를 제시하지 않으면 감사인은 주로 의견거절을 표명한다. 즉 재무제표의 중요한 숫자가 적절하다는 입증을 하지 못했기 때문에 제대로 만들어진 재무제표인지 여부조차 판단하기 어렵다는 의미이다. 이러한 비적정의견들을 받는 상장기업은 한국거래소의 규정에 따라 상장폐지 대상이 될 수 있다.
회사의 이해관계자들이 이런 비적정의견 위험을 회피하기 위해서는 직전 재무제표를 면밀히 살펴보는 것이 좋다. 회계지식이 충분히 쌓인다면 숫자상 이상 징후가 대번에 파악될 것이다. 만약 그렇지 않다면 최소한 재무구조의 안정성, 이익 실현 여부와 현금흐름이 원활한지 정도는 살펴봐야 한다. 왜냐하면 돈 많고 돈 잘 버는 기업들은 분식회계 유인이 없기 때문이다.
재무구조가 불안하거나 적자가 지속되는 기업들이 분식회계에 대한 유혹을 받는다. 이익이 잘 나고 재무구조가 좋은 것처럼 꾸며서 투자나 대출을 받으려 할 것이기 때문이다. 정말 악질적인 기업의 경영자는 이렇게 유입된 자금을 횡령까지 한다. 단 이런 행위는 재무제표에 흔적을 남긴다. 주주는 상장폐지당하면 안 되고 은행이나 채권자들은 돈을 떼이면 안 될 테니 재무상태표, 손익계산서, 현금흐름표 등을 보는 법을 충분히 익혀서 사전에 위험을 피해야 할 것이다.

(자료원: 경향신문 2024. 04. 16)

회계쉼터

작년 감사의견 '비적정' 상장사 66곳…전년 대비 1곳 증가

지난해 감사보고서 의견거절 58곳·한정의견 8곳
적정 받아도 계속기업 불확실성 명시 84곳

지난해 감사보고서에서 '비적정' 감사의견을 받은 상장기업 수가 66개사로 집계됐다. 18일 금융감독원이 전체 상장법인 2537사의 2024년 회계연도 감사보고서를 분석한 결과 비적정 의견을 받은 기업은 66개사로 전년(65개사)과 비슷한 수준을 보였다.
이 가운데 58개사는 '의견거절', 8개사는 '한정의견'으로 분류됐다. 비적정 의견의 주된 사유로는 계속기업 불확실성, 기초재무제표 잔액 관련 감사범위 제한, 종속·관계기업투자 문제 등이 꼽혔다.
재무제표 감사에서 '적정' 의견을 받은 기업 비율이 전체의 97.5%(2615개사)로 전년도와 동일한 수준을 유지했다.
감사인이 재무제표가 적절하다고 평가하면서도 '계속기업 관련 중요한 불확실성'을 함께 명시한 기업은 전체의 3.2%(84개사)였다.
금감원은 해당 불확실성이 기재된 기업의 일부는 차기 회계연도에 상장폐지 또는 비적정 의견으로 전환된 사례가 있어, 정보이용자들이 이를 주의 깊게 살펴야 한다고 강조했다.
내부회계관리제도 감사에서도 적정의견 비율은 98.0%(1582개사)로 전년 대비 0.7%포인트(p) 상승했다. 내부회계 '비적정' 의견을 받은 기업은 33개사로, 전년보다 10개사(23.3%) 감소했다.
금감원은 내부회계 관련 감독 강화와 기업의 제도 개선 노력 등이 이 같은 개선에 영향을 준 것으로 분석했다.
내부회계 감사의견이 '비적정'인 33개사 중 23개사(69.7%)는 재무제표 감사의견도 비적정으로 양 의견 간 상관관계가 높은 수준이었다.
비적정 사유가 개선되지 않으면 비적정 의견이 반복되거나 재무제표가 왜곡표시될 우려가 있어 회사는 근본적 개선 방안을 마련해야 한다고 금감원은 덧붙였다.
금감원은 오는 2025년부터 의무화되는 '내부회계관리제도 평가 및 보고 기준'을 충실히 준수할 것을 회사에 요청했다. 외부감사인도 내부회계의 취약점 기재를 확인하고 그렇지 않으면 감사보고서에 기재해야 한다고 당부했다. 정보 이용자에 대해서는 촘촘한 회계를 요구했다.

(자료원: 뉴스 1, 2025. 06. 18)

회계쉼터

챗GPT는 신입 회계사를 대체할까

공인회계사회 세미나 열려…"보고서 요약 및 보고서 초안 작성에 활용…기술 검증 및 부담 줄여야"

방대한 숫자와 싸워왔던 회계업계에도 새로운 기술 바람이 불고 있다. 챗GPT 등 생성형 인공지능(AI)을 차츰 도입하고 자동화 프로그램을 직접 개발하는 등 인간 실수(Human error)를 줄여 감사 품질을 높이겠다는 복안이다.
20일 서울 여의도 켄싱턴호텔에서 한국공인회계사회가 연 '빅데이터와 AI시대의 회계감사' 세미나에 참석한 국내 빅4 회계법인(삼일 · 삼정 · 안진 · 한영회계법인)은 필요한 프로그램을 직접 개발하고 고도화하면서 회계 업무를 수행하고 있다고 발표했다.
다양한 기술 중 회계법인도 생성형 AI의 접목을 염두에 두고 있다. 회계법인이 눈여겨보는 것은 읽어봐야 하는 보고서의 요약과 의문이 나는 내용을 묻고 답하는 업무다.
삼일회계법인 김재동 파트너는 "글로벌 법인서 1조원 투자 계획을 발표했었고, 국내도 하반기부터 프라이빗 엔진을 가지고 업무에 적용하고자 한다"며 "계약서나 보고서를 AI에 학습시킨 후 질문을 통해 원하는 답변을 얻거나 정보를 요약하고 추출하는 등의 업무를 도와줄 것으로 보고 있다"고 설명했다. 이어 그는 "AI의 학습은 신입 회계사가 발전하는 것과 같이 더 발전하리라고 본다"고 덧붙였다.
삼정회계법인도 기술 검증 중이다. 박원일 상무는 "아직 활성화해서 쓰는 것은 아니고 기술 검증 단계"라며 "회계 감사에 코파일럿(Copilot)을 적용해 회계감사관련 자료 요약 및 근거 자료를 제공하고 회의록 작성, 감사 조서 초안 작성이 가능할 것으로 예측한다"고 말했다.
그렇지만 챗GTP가 실제 회계감사에 도입되는 데는 시일이 걸릴 것으로 관측된다. 안진회계법인 이승영 수석위원은 "감사에서는 감사가 어떻게 됐는지에 대한 논리적 구조가 중요한데 챗GTP의 로직을 검증할 수 있는가는 아직 해결되지 않았다"며 "또 법상 회계사가 아니면 감사를 할 수 없는데 챗GPT를 활용한 감사가 규제 안에 들어오는지도 논의된 것이 없다"고 지적했다. 박원일 상무 역시 "검증에 대한 단계가 남은 상태"라며 "챗GPT가 착각해 내놓는 답변들이 있기 때문에 챗GPT의 활용을 일정 수준으로만 할 것"이라고 부연했다.
생성형 AI 외에 감사보고서 특징상 회사와 회계법인 간 수많은 숫자가 오가고 검토돼야 하는데, 이를 자동화하는 쪽으로 회계법인이 변하고 있다. 데이터를 프로그램에 불러오고 단축키나 클릭 한 번으로 숫자 간 합계가 일치하는지 또 어떤 부분이 수정되었는지를 한눈에 비교할 수 있도록 만들고 있는 것이다. 삼일회계법인 김재동 파트너는 "어린 연차에서 계산기를 붙들고 숫자 간 덧셈이 맞는지 확인해야 했던 일이 단축된 것"이라고 귀띔했다.
새로운 기술들이 나오고 있지만 이를 100% 회계법인에 적용하기 위해선 선해결돼야 할 과제가 있다는 제언도 나왔다.
박 상무는 "회계사는 감사기준에 언급되지 않은 새로운 툴 활용이 부담되고 기술에 대한 이해 부족으로 툴의 적정성 검증도 어렵다"며 "부담을 덜어줄 수 있는 가이던스 발행이나 장기적으로는 회계감사기준 관련 법령 개정 검토가 필요하다"고 언급했다.
한국공인회계사회 김영식 회장 역시 "유용한 기술의 활용을 위해서 풀어야 할 여러 숙제가 있는 것이 현실"이라며 "기업, 투자자, 감독당국 등 이해관계자 모두가 새로운 기술에 대한 인식을 전환해야 하며 이를 위해 공인회계사회가 적극적으로 나설 것"이라고 강조했다.

(자료원: zdnet, 2023. 06)

진위 문제

01 재무제표는 기업의 외부정보이용자에게만 정보를 제공한다.

02 자본변동표는 재무제표 종류에 포함되지 않는다.

03 재무상태표는 기업의 재무상태를 나타낸 것이다.

04 기업의 경영성과를 나타낸 것이 현금흐름표이다.

05 기업의 이익 발생 시 가장 대표적인 사용 용도는 주주들에게 배당을 주는 것이다.

06 재무상태표에 표시된 자본의 변동내용을 설명한 재무보고서가 이익잉여금처분계산서이다.

07 재무제표는 양적인 정보는 물론 질적인 정보까지 제공한다.

08 경영자가 회사 운영을 잘하는지의 여부를 조사하는 것이 회계감사이다.

09 회계감사 분야의 전문가를 공인회계사라고 한다.

10 기업회계기준을 잘 준수하여 재무제표를 작성하면 적정의견을 받을 수 있다.

11 적정의견을 포함한 한정의견까지는 금융감독원으로부터 규제를 받지 않는다.

12 차입금을 줄이거나 유형자산을 과대계상하는 것이 분식회계의 예라고 할 수 있다.

13 경쟁기업의 약점 찾기에 재무제표를 활용하는 것이 올바른 재무제표 활용이다.

14 제조원가명세서는 기본 재무제표에 속한다

15 상장기업의 재무제표 감사 결과 표명되는 감사의견으로 보통의견이 있다.

정답 **01** F **02** F **03** T **04** F **05** T **06** F **07** F **08** F **09** T **10** T
11 F **12** T **13** F **14** F **15** F

해 설

01 F 회계를 통해 장부가 만들어지고 이 장부를 토대로 결산을 하여 재무제표라는 것을 만들게 되는데 이 재무제표가 바로 정보를 제공하는 수단이 된다. 재무제표는 기업경영에 관심을 가지고 있는 투자자, 채권자, 국가기관, 경영자, 종업원, 소비자 등 기업의 이해관계자에게 재무적인 정보를 제공한다. 재무제표가 기업의 외부정보이용자에게만 정보를 제공하는 것은 아니다.

02 F 재무제표는 재무상태표, 포괄손익계산서, 현금흐름표, 자본변동표, 주석을 말한다.

03 T

04 F 기업의 경영성과를 나타낸 것은 포괄손익계산서이다. 현금흐름표는 기업 현금흐름의 증가와 감소, 이것의 발생 원인을 표시한다.

05 T

06 F 재무상태표에 표시된 자본의 변동내용을 설명한 재무보고서가 자본변동표이다.

07 F 재무제표는 질적인 정보를 제공해 주지 못한다.

08 F 회계감사는 회계업무에 대한 기록이나 재무제표의 내용이 올바른지의 여부를 정확하게 판단하고 가리는 작업을 말하는 것으로 경영자가 회사 운영을 잘하는지의 여부를 조사하는 것을 의미하는 것이 아니다.

09 T

10 T

11 F 한정의견을 받을 때도 금융감독원으로부터 이에 대한 규제를 받게 된다.

12 T

13 F 올바른 재무제표의 활용은 성공적인 주식투자, 유능한 경영자의 조건, 은행의 기업대출 등을 위해 활용하는 것이다.

14 F 기본 재무제표는 재무상태표, 포괄손익계산서, 현금흐름표, 자본변동표, 주석이다.

15 F 적정의견, 한정의견, 부적정의견, 의견거절 4가지가 있다.

객관식 문제

01 다음 중 재무제표에 해당하지 않는 것은? (FAT 2급)

① 재무상태표 ② 총계정원장
③ 현금흐름표 ④ 손익계산서

02 특정시점의 재무상태를 나타내기 위해 작성되는 재무보고서는?

① 손익계산서 ② 재무상태표
③ 현금흐름표 ④ 자본변동표

03 다음은 재무제표의 종류에 대한 설명이다. 아래 보기 중 (가), (나)에 각각 설명하는 재무제표의 종류로 모두 옳은 것은?

> (가) : 일정 시점 현재 기업이 보유하고 있는 자산, 부채, 자본에 대한 정보를 제공하는 재무보고서
> (나) : 일정 기간 동안 기업의 경영성과에 대한 정보를 제공하는 재무보고서

	(가)	(나)
①	재무상태표	손익계산서
②	잔액시산표	손익계산서
③	재무상태표	현금흐름표
④	잔액시산표	현금흐름표

04 다음 중 기업의 재무보고수단에 대한 설명으로 가장 적합한 것은?

① 기본재무제표 ② 주기, 주석, 부속명세서
③ 경영자의 설명적 정보 ④ 이상의 모두

05 **다음 중 일반기업회계기준상 재무제표에 해당하는 것으로만 구성된 것은?** (FAT 2급)

① 재무상태표, 시산표 ② 손익계산서, 시산표
③ 현금흐름표, 자본변동표 ④ 주석, 분개장

06 **손익계산서를 통해 파악할 수 있는 정보가 아닌 것은?**

① 당기순이익의 규모 ② 효율적인 비용관리
③ 과거 이익의 누적금액 ④ 회사의 영업활동 성과

07 **다음에 해당하는 재무제표는?** (FAT 1급)

· 영업활동, 투자활동, 재무활동에 대한 정보를 제공한다.
· 일정기간 기업의 현금흐름과 현금유출에 대한 정보를 제공한다.

① 재무상태표 ② 손익계산서
③ 현금흐름표 ④ 자본변동표

08 **다음 중 일반기업회계기준에서 규정하고 있는 재무제표의 종류로 올바르지 않은 것은?** (전산회계 2급)

① 시산표 ② 손익계산서
③ 자본변동표 ④ 현금흐름표

09 **회계기준의 국제적 적합성 제고를 위해 새로이 도입된 재무제표로, 자본구성 항목 모두의 변동내용을 제공하는 것은?**

① 자본변동표 ② 현금흐름표
③ 재무상태표 ④ 주석과 주기

10 다음 중 자본변동표에 대한 설명으로 옳은 것은?

① 기업실체에 대한 자본의 크기와 그 변동에 관한 정보를 제공하는 재무보고서이다.
② 일정시점 현재 기업실체가 보유하고 있는 경제적 자원인 자산과 경제적 의무인 부채, 그리고 자본에 대한 정보를 제공하는 재무보고서이다.
③ 일정 기간 동안 기업실체의 경영성과에 대한 정보를 제공하는 재무보고서이다.
④ 일정 기간 동안 기업실체에 대한 현금유입과 현금유출에 대한 정보를 제공하는 재무보고서이다.

11 다음 중 올바른 재무제표 활용이 아닌 것은?

① 성공적인 주식투자 ② 유능한 경영자의 조건
③ 은행의 기업 대출 시 ④ 경쟁기업의 약점 찾기

12 다음에서 설명하고 있는 재무제표는 무엇인가? (TAT 2급)

가. 일정 시점 현재 기업이 보유하고 있는 경제적 자원인 자산과 경제적 의무인 부채, 그리고 자본에 대한 정보를 제공하는 재무보고서이다.
나. 정보이용자들이 기업의 유동성, 재무적 탄력성, 수익성과 위험 등을 평가하는 데 유용한 정보를 제공한다.

① 손익계산서 ② 현금흐름표
③ 자본변동표 ④ 재무상태표

13 기업의 외부감사를 담당하는 사람은 누구인가?

① 공인중개사 ② 공인회계사
③ 세무사 ④ 감정평가사

14 **감사의견 중 적정의견의 의미는 무엇인가?**

① 기업의 경영성과가 아주 양호하다는 의미이다.
② 기업의 재무상태가 좋다는 의미이다.
③ 기업의 재무제표가 기업회계기준을 잘 준수했다는 의미이다.
④ 기업이 부도가 날 위험성이 거의 없다는 의미이다.

15 **다음 중 공인회계사가 외부감사를 실시하는 목적은 무엇인가?**

① 재무제표의 신뢰성 증가
② 회계원칙 제정을 위한 자료수집
③ 세무당국의 과세자료 확보
④ 각종 경제정책의 수립을 위한 자료수집

16 **공인회계사의 외부감사 시 지침이 되는 기준은 무엇인가?**

① 세법 ② 상법
③ 기업회계기준 ④ 민법

17 **공인회계사의 외부감사 후 제시하는 감사의견이 아닌 것은?**

① 적정의견 ② 한정의견
③ 재심의견 ④ 의견거절

18 **회사가 작성한 재무제표가 기업회계기준을 크게 벗어나 회사의 경영성과 및 재무상태를 잘 표현하지 못하고 있다는 의견은 무엇인가?**

① 적정의견 ② 한정의견
③ 부적정의견 ④ 의견거절

19 **기업의 실적이나 장부를 조작하여 자산이나 이익을 부풀리는 행위를 무엇이라고 하나?**

① 분식회계　② 부실감사
③ 부적정감사　④ 사회회계

20 **다음 중 분식회계의 행위가 아닌 것은?**

① 매출원가 낮추기　② 매출채권 부풀리기
③ 차입금 줄이기　④ 유형자산 과소계상

21 **재무상태표를 통해 파악할 수 있는 정보가 아닌 것은?**

① 회사의 총자산 규모　② 회사의 계속 성장성
③ 적절한 유동성 확보비율　④ 회사의 순자산가치

정답 01 ② 02 ② 03 ① 04 ④ 05 ③ 06 ③ 07 ③ 08 ① 09 ① 10 ① 11 ④ 12 ④ 13 ② 14 ③ 15 ① 16 ③ 17 ③ 18 ③ 19 ① 20 ④ 21 ②

해 설

01 ② 총계정원장은 재무제표에 해당하지 않는다.

02 ② 재무상태표는 일정 시점의 기업의 재무상태를 나타내는 재무제표이다.

03 ① (가) 재무상태표, (나) 손익계산서에 대한 설명이다.

04 ④

05 ③ 재무제표는 재무상태표, 손익계산서, 현금흐름표, 자본변동표로 구성되며, 주석을 포함한다.

06 ③ 손익계산서는 기업의 일정기간 동안의 경영성과를 명확히 보고하기 위한 재무제표이다. 즉, 한 회계기간 동안의 기업의 활동을 요약, 보고하는 재무보고서이다. 손익계산서를 통해서 과거 이익의 누적금액은 알 수 없다.

07 ③ 현금흐름표는 일정기간 기업의 현금흐름과 현금유출에 대한 정보를 제공하며, 영업활동, 투자활동, 재무활동에 대한 정보를 제공한다.

08 ① 시산표는 결산을 확정하기 전에 분개장으로부터 총계정원장의 각 계정으로 정확하게 전기되었는지를 확인하기 위해서 대차평균의 원리를 이용하여 작성하는 집계표이다.

09 ① 자본변동표는 자본의 규모와 변동에 관한 정보를 한눈에 알아볼 수 있도록 작성하는 재무제표이다. 구체적으로 재무상태표에 표시되어 있는 자본의 변동내용을 설명하는 재무보고서로서, 자본을 구성하고 있는 모든 항목의 변동내용에 대한 정보를 제공하게 된다.

10 ①
② 재무상태표에 대한 설명이다.
③ 손익계산서에 대한 설명이다.
④ 현금흐름표에 대한 설명이다.

11 ④ 유능한 경영자의 조건을 갖추기 위함, 성공적인 주식투자를 위해 활용, 은행의 기업대출 시 활용, 회사의 인수 및 합병시 활용하는 것과 같은 경우에 재무제표를 활용한다.

12 ④ 재무상태표에 대한 설명이다.

13 ②

14 ③ 적정의견은 회사가 작성한 재무제표가 기업회계기준에 따라서 잘 작성되어 회사의 경영성과와 재무상태를 적정하게 표현하고 있다는 의견이다. 적정의견의 의미를 이해할 때 적정의견은 기업의 경영성과나 재무상태가 양호하다는 의미가 아니라는 것을 알아야 한다. 또한, 재무제표 감사의 목적은 경영자가 저지른 부정이나 오류를 발견하는

데 있는 것이 아니며 회계감사에 있어 적용되는 표본감사기법의 한계점으로 인하여 적정의견을 받은 재무제표에도 부정이나 오류가 그대로 남아 있을 가능성이 존재할 수도 있다는 점을 주의해야 한다.

15 ① 공인회계사의 역할은 기업이 준비한 재무제표의 신뢰성을 높이기 위해서이다.

16 ③

17 ③ 공인회계사의 외부감사 후 제시하는 감사의견에는 적정의견, 한정의견, 부적정의견, 의견거절이 있다.

18 ③

19 ①

20 ④ 유형자산 과대계상이 분식회계의 행위이다.

21 ② 재무상태표란 특정일 현재 기업의 재무상태를 명백하게 표시하기 위한 회계보고서로서 기업의 자산·부채·자본의 상호관계를 표시한 재무제표를 말한다. 재무상태표를 통해 회사의 계속 성장성은 알 수 없다.

03

회사의 재정이 튼튼하고 안전한지는 무엇으로 알 수 있나요?

제1절 재무상태표란?

제2절 자산, 부채, 자본이란?

제3장 회사의 재정이 튼튼하고 안전한지는 무엇으로 알 수 있나요?

제1절 재무상태표란?

재무상태표(statement of financial position)란 특정일 현재 기업의 재무상태를 명백하게 표시하기 위한 회계보고서로서 기업의 자산·부채·자본의 상호관계를 표시한 재무제표를 말한다. 여기서 재무상태란 자산, 부채, 자본의 구성 내역과 크기를 의미하는 것이다. 따라서 재정적으로 튼튼한가? 부도 징후가 있는가? 등을 알 수 있으며, 회사의 자금이 어떻게 조달되었고 현재 어디에 사용되고 있는지를 나타내준다.

재무상태표

(차 변)	(20××년 ××월 ××일 현재)		(대 변)
자 산	×××	부 채 (남의돈)	×××
		자 본 (자기돈)	×××
합 계	×××	합 계	×××
(자금의 운용)			(자금의 원천)

그림 3-1 재무상태표 예시

재무상태표에서 오른쪽(대변)은 회사운영에 필요한 자금이 어떻게 조달되었는지를 나타내게 되는데, 은행 등 외부에서 빌린 돈이나 갚지 않은 돈은 부채로 표시하고, 주주들로부터 거둔 자금은 자본으로 표시한다. 재무상태표의 왼쪽(차변)에는 이렇게 조달된 자금이 현재 어떤 형태의 자산에 운용되고 있는지를 보여준다. 그러므로 재무상태표는 항상 다음과 같은 등식이 성립한다.

자 산 = 부 채(남의 돈) + 자 본(자기 돈)

여기서 잠깐!

차변과 대변의 의미

회계에서는 어떤 형태의 계정계좌이든 왼편을 차변(debit)이라 하여 (차) 또는 Dr이란 약자로 표시하고, 오른편을 대변(credit)이라 하여 (대) 또는 Cr이란 약자로 표시한다. 그리고 계정계좌의 왼편에 금액을 기입하는 것을 '차기한다'라고 하며, 오른편에 기입하는 것을 '대기한다'라고 한다. 차변합계액과 대변합계액과의 차액을 계정잔액(account balance)이라 하며, 차변합계액이 대변합계액보다 크면 차변잔액(debit balance), 반대의 경우는 대변잔액(credit balance)이라 한다.

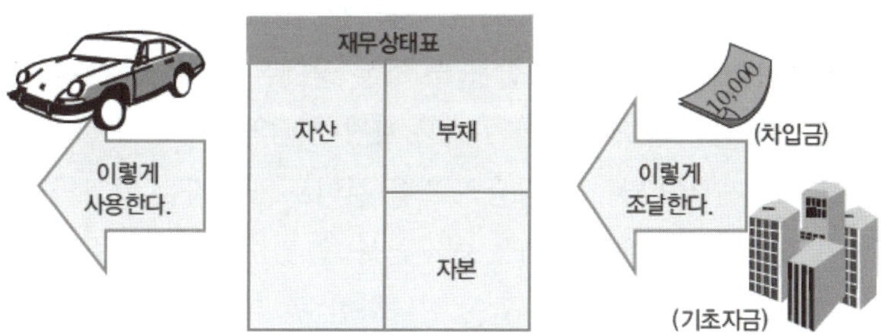

그림 3-2 재무상태표의 구성

부채와 자본에 대해 좀 더 구체적으로 설명하면, 기업은 사업에 사용하기 위한 자산을 취득하거나 영업활동에 필요한 비용을 지출하기 위해 지속적으로 필요한 자금을 조달해야 한다. 기업이 현금을 조달하기 위한 가장 바람직한 방법은 영업에서 이익을 많이 남기는 것이지만, 영업이 원활하지 않거나 대규모의 투자를 계획하는 경우에는 모자라는 현금을 조달하기 위해 크게 두 가지 방법을 이용할 수 있다.

항 목	투자자	특 징
부 채	채권자(은행, 채권소지인 등)	• 주주보다 우선변제권 • 만기 존재, 이자 지급
자 본	주주	• 투자금액 변제 없음 • 만기 없음, 배당 지급

채권자와 주주는 기업의 사업을 위해 현금을 투자한 투자자임에는 분명하지만 투자조건과 투자기간에는 큰 차이점이 있다.

먼저, 채권자는 기업에 현금을 대여하는 방식으로 투자하고 만기와 이자율의 조건이 대여시점에 정해지는데 그에 따라 기업은 대여기간 중에 이자를 지급하고 만기에는 원금도 지급할 의무를 가진다. 또한 채권자는 투자한 원금과 이자를 주주보다 우선하여 변제받을 권리를 가진다. 채권자는 주주와 같이 기업의 주인으로서 경영에 참여할 수 없고, 단지 현금을 빌려주고 원금과 이자를 변제받을 권리만을 가지기 때문이다. 따라서 기업의 이익이 크게 남더라도 받을 수 있는 금액은 원리금으로 한정되고 기업이 손실을 내더라도 원금과 이자는 보장받는다.

극단적으로 기업이 망하여 청산의 길을 걸어도 채권자는 기업의 자산을 처분하여 우선적으로 투자금액을 변제받을 수 있다. 이때 주주는 기업이 청산할 때 기업의 자산을 모두 팔아 현금화한 후 부채를 모두 상환하고도 남은 잔액이 있다면 이제야 지분율에 따라 비례해서 배분받게 된다. 그런데 만약 자산을 모두 처분하였지만 부채를 모두 갚을 수 없다고 하더라도 주주는 채권자를 위한 추가적인 의무를 부담하지는 않는다. 즉, 채권자는 모자라는 금액만큼 손실을 보는 것이고, 주주는 잔여재산이 없기 때문에 이미 투자한 금액을 회수하지 못할 뿐이다. 이와 같이 기업의 주인인 주주에게 제한적인 의무를 부담하게 하는 이유는 기업의 원활한 자본조달을 위해 주식시장을 활성화할 필요가 있고, 그러기 위해서는 주주의 추가적인 의무를 제한하여 주식투자의 위험을 낮출 필요가 있기 때문이다.

한편, 정보이용자는 재무상태표를 통해서 구체적으로 다음과 같은 재무상태에 관한 정보를 얻을 수 있다.

① 회사의 총자산 규모가 얼마나 되는가?

② 자기 돈(자본)에 비해 남의 돈(부채)이 너무 많지 않은가?

③ 재무구조가 양호한가?

④ 과거의 이익(이익잉여금)이 많이 누적되어 있는가?

⑤ 적절한 유동성(유동자산 대 유동부채의 비율)을 확보하고 있는가?

⑥ 회사의 순자산가치(자산 - 부채)는 얼마인가? 등의 정보를 재무상태표는 제공한다. 즉, 기업의 이해관계자들은 재무상태표를 통하여 기업의 유동성, 지급능력 및 재무구조의 안정성에 관한 정보를 얻을 수 있다. 유동성은 자금의 보유상태 또는 동원능력을 표시하므로 예기치 않은 경영위험에 대처하거나 경영기회를 활용할 수 있는 능력을 말한다.

이와 같이 일정 시점의 기업의 재무상태를 나타내는 재무제표인 재무상태표는 기업이 소유하고 있는 경제적 자원인 자산과 경제적 자원에 대한 의무인 부채, 그리고 자본에 관한 정보를 제공한다. 따라서 재무상태표를 제대로 이해하기 위해서는 자산, 부채, 자본의 개념과 그 구성내역을 명확하게 파악해야 한다. 다음의 [표 3-1]은 기업회계기준서 제21호 재무제표의 양식에서 제시한 재무상태표를 나타낸 것이다.

표 3-1 재무상태표의 표준 양식

(주)공학 재무상태표 20x1년 xx월 xx일 현재

(차 변)		(대 변)	
자 산		부 채	
Ⅰ. 유동자산	×××	Ⅰ. 유동부채	×××
(1) 당좌자산		Ⅱ. 비유동부채	×××
(2) 재고자산		자 본	
Ⅱ. 비유동자산	×××	Ⅰ. 자본금	×××
(1) 투자자산		Ⅱ. 자본잉여금	×××
(2) 유형자산		Ⅲ. 자본조정	×××
(3) 무형자산		Ⅳ. 기타포괄손익누계액	×××
(4) 기타비유동자산		Ⅴ. 이익잉여금	×××
자산총계	×××	부채와 자본총계	×××

제2절 자산, 부채, 자본이란?

1. 자산의 정의와 분류

(1) 자산의 의의

자산은 흔히 말하는 재산이라는 것과 유사한 의미인데, 과거의 거래나 사건의 결과로 발생하여 미래에 현금유입을 창출할 것으로 기대되는 자원을 말한다. 즉, 기업이 보유 중인 동산, 부동산, 권리 등 재산적 가치가 있는 모든 것을 자산이라고 한다.

구체적으로 기업은 경영활동을 하기 위하여 현금뿐만 아니라 은행예금·건물·비품 등 재화를 소유하여야 하며, 경영활동을 하는 과정에서는 상품을 외상으로 판매한다든가 현금을 대여한다든가 하는 등의 채권이 발생하기도 한다. 이상과 같이 기업이 소유하고 있는 기업경영에 유용한 경제적 자원(economic resources), 즉 재화 및 채권 등을 화폐액으로 표시한 것을 자산(assets)이라고 한다. 자산은 과거 거래나 사건의 결과로서 현재 기업이 보유하고 있고 미래에 경제적 효익을 창출할 것으로 기대되는 자원이다.

회계학상의 자산이 되기 위해서는 첫째, 경제적 자원이어야 하고, 둘째, 경제적 자원은 기업이 소유하고 있어야 하며, 셋째, 자원의 가치는 반드시 객관적, 즉 화폐액으로 측정·표시가 가능하여야만 한다.

(2) 자산의 분류

한국채택국제회계기준(K-IFRS)에서는 자산을 1년 이내에 현금화가 가능한 정도 즉, 유동성(환금성)의 정도에 따라 1년 이내에 현금화가 가능한 자산을 유동자산, 그리고 1년 이후에 현금화가 가능한 자산을 비유동자산으로 분류된다.

유동자산(current assets)은 현금및현금성자산, 상품, 매출채권, 대여금 등과 같이 단기간 내(보통 1년 기준)에 현금화가 가능한 자산을 말하며, 통상 실무에서는 당좌자산과 재고자산으로 분류하기도 한다.

비유동자산(non-current assets)은 건물, 토지, 기계장치 등과 같이 경영활동의 기초가 되며 장기간에 걸쳐 사용할 목적의 자산을 말한다. 비유동자산은 다시 목적에 따라 여러 가지 내용으로 분류할 수 있다. 형태의 유무에 따라 외형적으로 형태가 있는 유형자산과 형태는 없으나 법률상의 권리나 가치가 있는 무형자산, 그리고 장기적인 투자목적으로 취득한 투자자산으로 분류된다.

마지막으로 물가변동에 따른 영향 여부를 기준으로 화폐성자산과 비화폐성자산으로 분류할 수 있다. 화폐성자산(monetary assets)은 자산의 가치가 항상 일정화폐액으로 고정되어 있어 자산가액이 물가변동에 따라 변동되지 않는 자산으로, 현금및현금성자산, 매출채권, 대여금이 이에 속하며, 비화폐성자산(non-monetary assets)은 자산의 가치가 물가수준에 따라 평가되어 자산가액이 물가변동에 따라 변동하는 자산으로서, 재고자산, 토지 및 건물 등이 이에 속하는 자산이다.

1) 유동자산

유동자산은 현금과 그 밖의 재산 중에서 1년 또는 정상적인 영업주기 이내에 현금화되거나 또는 그 효익이 소멸될 것으로 기대할 수 있는 자산을 말한다. 유동자산은 다시 당좌자산과 재고자산으로 분류한다.

① 당좌자산(quick assets)

유동자산 중 재고자산은 1년 이내에 판매가 불확실하므로 이를 따로 떼어내고 나머지 항목만을 당좌자산(quick assets)이라고 부른다. 당좌자산은 쉽게 현금화되거나 소멸하는 자산으로 재고자산을 제외한 모든 유동자산을 말하며, 다음과 같은 항목들로 구성되어 있다.

ⅰ) 현금 및 현금성자산: 통화 및 통화대용증권(은행에서 발행한 자기앞 수표, 타 은행이 발행한 당좌수표, 취득 당시 만기가 3개월 이내에 도래하는 금융상품 등)이 해당된다. 본래 당좌예금이나 보통예금은 이자수익을 목적으로 하는 예금이 아니므로 금융상품으로 볼 수가 없으며 단지 현금을 은행에 보관해 놓은 것에 지나지 않는다고 보아 현금으로 분류한다. 또한 현금성자산은 현금은 아니지만 현금과 마찬가지인 항목을 말한다. 예를 들어 취득 당시 만기가 3개월 이내인 금융상품도 불과 몇 달 뒤 현금화가 예정된 것이므로 현금성자산으로 분류한다.

여기서 잠깐!

기업이 현금을 많이 보유하면 좋은 일인가?

기업이 보유한 현금이 많을수록 기업과 이해관계자들의 입장에서 보면, 일단 안정성 측면에서는 높다고 볼 수도 있지만, 기업의 궁극적인 목표인 이익의 극대화 측면에서는 높은 평가를 받기가 어렵다. 기업은 남는 현금을 효율적으로 투자하여야 수익성이 높아지기 때문이다. 따라서 현금은 사업운영을 위해 필요한 정도로만 보유하고 나머지는 사업이나 투자자산에 투자하는 것이 보통이고, 현금의 이러한 투자가능성에 의해 '현금성자산'이라는 계정과목이 생기게 되었다. 현금성자산은 현금은 아니지만 매우 단기간 투자하여 회수될 것으로 예상되는 자산이라고 할 수 있다.

ⅱ) 매출채권: 매출채권에는 외상매출금과 받을어음이 있다. 회사가 제품이나 상품을 팔 경우 그 대금을 현금으로 받는 경우도 있겠지만 일반적으로는 외상으로 하는 경우가 더 많다. 이런 경우 판매한 물건 값을 외상으로 두게 되었을 때, 즉 상품과 같은 영업목적물(상기업의 주된 영업활동에 대한 결과물)을 외상으로 판매하여 받을 권리가 있을 때 외상매출금이라는 자산이 생기는 것이다. 외상매출금은 회사가 고객에게 무이자로 제공한 단기간의 신용공여라고 할 수 있다. 또한 받지 못한 물건 값을 담보하기 위하여 어음을 받게 되었을 때, 즉 상품과 같은 영업목적물을 판매하고 그 대가

를 어음으로 수취한 경우에는 받을어음이라는 자산이 발생한다. 받을어음은 일정 금액을 특정일에 지급하겠다는 서면 약속이라고 할 수 있다. 이 두 계정을 모두 매출채권이라고 부른다.

한편, 매출채권의 경우도 그 회수기간에 따라 결산일로부터 1년 이내에 회수가 가능한 것은 유동자산으로 분류하지만, 1년 이후에 회수가 되는 것은 장기성 매출채권이라 하여 비유동자산으로 분류해야 한다.

한편 매출채권은 나중에 물건대금이 회수되면 없어지는 것이 당연한데, 문제는 못 받을 가능성이 있다는 점이다. 즉, 거래처가 망한다든지 아니면 고의적으로 갚지 않는다든지 하는 경우 낭패를 볼 수밖에 없다. 따라서 매출채권은 100% 전액이 회수된다고 볼 수 없으니 미리 미리 준비하고 각오를 해야 하는데, 마음의 준비만으로는 부족하고 실제 행동으로 이를 보여 주어야 한다. 즉, 거래처의 신용상태를 정기적으로 따져보아 장래에 회수가 어려울 것으로 예상되는 금액은 과감하게 미련 없이 장부에서 제거하여야 하는데 이를 '대손처리한다'라고 한다.

iii) 단기대여금: 회사의 여유자금을 거래처나 금융기관에 빌려주는 경우 1년 이내에서 일시적으로 빌려주는 것을 단기대여금이라 하고 1년 이상 장기간 빌려주는 것을 장기대여금이라고 한다. 대여금도 그 성격상 매출채권과 마찬가지로 장래에 받을 돈이므로 회수 불가능한 예상액에 대해서 대손충당금을 쌓게 되는 것은 마찬가지이다.

iv) 미수금: 일반적인 상거래(상기업의 주된 영업활동에 대한 결과물), 즉 제품이나 상품의 판매 이외에, 투자나 재무활동의 거래에서 발생된 채권을 말한다. 즉, 영업목적물 이외의 물건을 외상으로 판매한 금액으로 받을 권리를 말한다.

예를 들어 회사에서 사용하던 비품이나 부동산 등을 매각하고 대금을 아직 받지 않은 경우, 이는 일반적인 상거래에서 발생한 것이 아니므로 매출채권이 아니라 미수금이라는 계정으로 처리하는 것이다. 즉, 기업의 주요 영업활동 이외의 사업에서 발생되는 미수채권을 말한다(기업의 주요영업활동에서 발생하는 미수채권은 매출채권으로 처리한다).

v) 미수수익: 수익은 발생했으나 아직 입금되지 않은 것을 말하는 것으로서 주로 시간이 경과함에 따라 수익이 발생하는 이자수익이나 임대료수익 등에서 발생된다. 즉, 기업이 외부에 용역을 제공하고 그 대가로서 당기에 이루어져야 하는 수익 중 수취하지 못한 수익을 말한다.

여기서 잠깐!

미수금과 미수수익의 차이

예를 들어 회사에서 예치한 정기예금이 10억 원, 금리가 연 6%, 매년 5월말과 11월말에 이자를 지급하는 조건이라면 12월 한 달 동안의 이자 500만원은 결산일 현재 받지 못했더라도 당기에 이미 발생된 것이므로 손익계산서의 이자수익에는 포함되어야 하며 이때 처리되는 차변계정이 미수수익이라는 자산이다. 이와 같이 회계에서 중시하는 것은 실제 현금이 들어오고 나가는 것이 아니라 발생 그 자체를 중시하고, 수익과 비용을 발생기준에 따라 인식하게 되는데 이를 발생주의라고 한다.

실무에서는 미수금과 미수수익을 혼동하는 경우가 많다. 미수수익은 시간의 경과에 따라 발생하는 경과계장으로 발생주의의 한 예라고 할 수 있지만, 미수금은 물건이나 용역을 제공하고 그 대가로 발생한 확정채권을 의미한다.

vi) 단기금융상품: 단기금융상품은 기업이 여유자금을 보통예금으로 적립해두기보다는 더 높은 수익을 올리기 위해 만기가 1년 이내인 예금 등 금융상품에 투자한 것이다. 즉, 금융기관이 취급하는 정형화된 상품으로 단기적 자금운용목적의 상품이다. 이에는 1

년 이내에 도래하는 정기예금, 정기적금, 양도성예금증서(CD: certificate of deposits) 등이 있다.

금융상품은 만기에 따라 현금으로 바뀌는 시기가 다른데, 결산일로부터 1년 이내에 만기가 돌아오는 것은 단기금융상품으로, 1년 이후에 만기가 돌아오는 것은 장기금융상품으로 분류된다. 물론 장기금융상품은 유동자산이 아니라 비유동자산이 된다.

이렇게 자산을 1년을 기준으로 분류하는 이유는 무엇일까? 이 역시 회계정보를 이용하는 사람들을 위한 배려인데, 재무제표를 작성할 때는 항상 유동성이 높은 항목의 순서대로 배열토록 함으로써 회사의 유동성, 즉 지급불능의 위험도를 한눈에 파악할 수 있도록 하고 있다.

여기서 잠깐!

양도성예금증서와 어음관리계좌

양도성예금증서(CD)란 은행이 정기예금의 예금자에게 무기명으로 발행하는 예금증서를 말한다. 예금자는 원금 및 확정이자를 받거나, 중도에 자유롭게 제3자에게 양도할 수 있다.

어음관리계좌(CMA)란 금융기관이 직접투자가 어려운 소액투자자를 대신해 맡긴 돈을 국공채나 기업어음, 양도성예금증서에 투자한 후 이를 통해 얻은 수익을 이자형태로 고객에게 지급해주는 것을 말한다. 인별 최저한도가 있으며, 기간은 보통 6개월이다.

vii) 선급금: 상품 등을 매입하기 위해 선금이나 계약금으로 지불한 금액을 말한다. 회사에서 원재료나 상품을 매입하는 경우에는 그 대금의 일부를 미리 지급하는 것이 일반적이다. 어디 회사뿐이랴! 학생들이 MT를 가기 위해 숙소를 미리 정하면 항상 선금인 계약금을 숙박업소에서 요구하지 않던가? 이와 같이 거래의 이행을 확실하게 하기 위하여 매매대금의 일부를 계약금으로 지불했을 때 이를 선급금이라는 계정으로 처리한다. 이는 돈을 미리 준 만큼 후일에 그만큼의 누릴 수 있는 권리를 가지게 되므로 자산으로 취급한다.

viii) 선급비용: 선급비용은 아직 제공되지 않은 용역에 대하여 지급된 대가로서 일정 기간 동안 특정서비스를 받을 수 있는 권리 또는 청구권을 말한다. 예를 들어 보험회사에 보험을 드는 이유는 보험료를 내고 일정 기간 동안 서비스(재난보장)를 받기 위한 것인데, 만약 10월 1일에 1년치의 보험료를 120만원 납입했다면 내년도 9개월분은 아직 서비스의 제공을 받지 않은 부분이므로 당기의 비용이 될 수 없다. 따라서 미리 지급한 90만원은 선급비용이라는 자산계정으로 처리해야 한다. 결국 손익계산서에 당기의 보험료는 당해 기간 경과분 30만원만 포함되는 셈이다.

한편, 선급금과 선급비용의 차이점은 선급금은 회사에서 재화나 용역을 구입하기 위해 미리 대금을 선지급한 금액이지만, 선급비용은 지급한 비용의 기간이 미경과되어 기간 계산한 금액을 의미한다.

② **재고자산**

재고자산은 정상적인 영업활동 과정에서 판매를 목적으로 보유하거나 판매될 제품의 제조과정에서 사용되거나 소비되는 재화를 말하며, 다음과 같은 항목들로 구성되어 있다.

i) 상품: 판매를 목적으로 타사가 제조한 물건을 매입하여 보유하는 것을 말한다.

ii) 제품: 판매를 목적으로 원재료 등을 투입하여 제조 완성한 생산품, 부산물 등의 완성품을 말한다.

여기서 잠깐!

상기업과 제조기업의 차이

상기업은 도·소매하는 회사로서 직접 자체에서 제조(생산)하지 않고 외부에서 물건을 매입해서 이윤을 붙여 파는 것을 주된 영업활동으로 하는 매매회사라고 할 수 있다. 따라서 상기업에서는 상품(goods)만이 재고자산으로 존재한다.
제조기업은 물건을 만들기 위해 직접 원재료를 구입해서 이를 공장에서 제조(가공)하여 완제품을 생산해 내고, 이를 직접 판매까지도 할 수 있는 회사이다. 따라서 제조기업에서는 상품이라는 용어 대신 제품(products)이라는 계정이 재고자산으로 존재한다.

ⅲ) 반제품: 반제품은 그 자체로 팔수도 있고 추가 가공을 해서 팔수도 있는 물건을 말하며, 자가 제조한 중간제품과 부분품 등으로 한다.

ⅳ) 재공품: 제품 또는 반제품의 제조를 위하여 제조과정에 있는 것을 말한다. 즉, 재공품(在工品)이란 문자 그대로 '공정 중에 있는 물건'이란 뜻이다. 공정(工程)이란 'process'로서 생산라인을 의미하는 것이니 재공품은 현재 생산라인에 걸쳐 있어서 미완성인 상태로 작업 중인 물건을 가리키는 말이다.

ⅴ) 원재료: 제품을 만들기 위하여 소요되는 원료, 재료 등을 말한다.

ⅵ) 저장품: 소모품, 소모공구기구비품, 수선용부분품 및 기타 저장품으로 한다.

여기서 잠깐!

재고자산은 안 좋은 자산인가?

사업자에게 재고자산이 중요한 이유는 이 재고자산을 통해 현금을 창출할 수 있기 때문이다. 외부로부터 상품을 매입하여 판매하는 유통업체의 경우는 상품이 판매될 때까지 재고로 쌓이게 된다. 유통업체는 재고를 보관하는 창고비용과 함께 상품 가격의 하락까지 모든 위험을 부담한다. 이러한 위험은 유통업체만의 고민은 아니다. 요식업을 운영하는 사업자도 원료의 매입단가를 낮추기 위해 원료를 대량으로 구매하는 경우가 많다. 대량 구매한 원료가 장기간 판매되지 않는다면 재고의 가치가 계속 하락하면서 악성 재고자산이 될 수도 있다.

이런 위험에도 불구하고 재고자산을 나쁘게만 볼 수는 없다. 사업자는 고객이 요구하는 수량에 즉시 대응할 수 있어야 한다. 음식점에 손님이 들어왔는데, 판매할 재고자산이 없으면 손님을 그냥 돌려보내야 한다. 재료가 없어서 찾아온 손님을 되돌려 보내는 것만큼 속상할 일이 어디 있겠는가? 재고자산은 사업자에게 매출의 원천이기 때문에 필수적인 자산이지만, 악성 재고자산이 될 위험이 있는 양면성을 가진 자산이다. 따라서 사업자는 적정한 수준의 재고자산을 유지하는 것이 중요하다.

2) 비유동자산

① 투자자산

회사가 돈을 버는 일차적인 수단은 영업활동을 통해서이다. 즉, 제품이나 상품의 판매를 통해 이익을 벌어들인다. 회사가 돈을 많이 벌어 자금사정이 좋아지면 그 여유자금을 잘 운용해야 하는데, 이와 같은 여유자금을 장기간 운용하는 것이 투자자산이다. 투자자산은 기업의 정상적 영업활동에 사용되지 않으면서 1년 또는 정상적인 영업주기 이내에 현금화시킬 계획이 없는 장기투자의 성격을 가진 자산을 말하며, 다음과 같은 항목들로 구성되어 있다.

ⅰ) 장기금융상품: 유동자산에 속하지 아니하는 금융상품으로 금융상품 중 만기가 1년 이후에 돌아오는 것을 말한다. 이는 장기정기예금, 장기정기적금, 장기양도성예금증서 등이 있고, 만기 때 원금과 확정된 이자를 받는다는 특징이 있다.

ⅱ) 만기보유금융자산: 만기가 고정되어 있고 지급금액이 확정되어 있는 채무증권을 기업이 만기까지 보유할 적극적인 의도와 능력이 있

는 경우의 채무증권을 의미한다. 이는 약정에 의해 일정 현금을 수취할 권리가 부여된 채무증권에 대한 투자에만 해당된다. 즉, 회사가 회사채나 국공채 등의 채무증권에 투자하여 만기일까지 원금과 이자를 수취할 목적으로 보유하는 사업모형을 갖고 있는 경우의 채무증권을 의미한다.

ⅲ) 매도가능금융자산: 당기손익인식금융자산이나 만기보유금융자산으로 분류되지 않는 금융자산으로 한다.

여기서 잠깐!

유가증권의 의미

기업은 기업활동에서 필요한 것보다 더 많은 현금을 일시적으로 보유하고 있는 경우가 생긴다. 이런 초과보유현금을 그대로 두는 것은 현명한 일이 아니므로 기업은 여유현금을 주식, 국채, 공채, 사채 등의 유가증권에 투자하여 수익을 올리고자 한다.

유가증권은 주식(지분증권)과 채권(채무증권)으로 나누어지는데, 보유목적에 따라 만기보유금융자산, 당기손익인식금융자산, 그리고 매도가능금융자산 중의 하나로 분류한다. 만기보유금융자산은 만기가 확정된 채무증권으로서 만기까지 보유할 의사가 있는 것을 말하며, 당기손익인식금융자산은 주로 단기간 내의 매매차익을 목적으로 취득한 것으로서 시장성이 있는 것을 말한다. 한편 만기보유금융자산과 당기손익인식금융자산 이외의 유가증권은 모두 매도가능금융자산으로 분류된다. 이들 유가증권 중 만기가 1년 이내에 도래하는 것과 1년 내에 처분할 의사가 있는 것은 유동자산(대부분이 당기손익인식금융자산을 의미)으로, 그렇지 않은 것은 투자자산으로 분류된다.[1)]

ⅳ) 관계기업투자: 타 기업의 경영의사결정에 중대한 영향력을 행사할 수 있을 정도로 그 기업에 거액을 투자(그 기업의 주식을 대량 취득)한 경우의 투자자산을 의미한다.

1) 기업회계기준서 제21호 재무제표 양식 중 재무상태표에서는 유가증권의 세 가지로 분류된 증권 중에 매도가능금융자산과 만기보유금융자산은 매도예정일(혹은 만기일)이 1년 이내일 경우 당기손익인식금융자산과 함께 단기투자자산(유동자산)으로 분류하고, 1년 이상일 경우에는 장기투자금융자산(투자자산)이라는 통합계정으로 분류하고 있다. 따라서 현재는 유가증권이라는 계정과목은 사용하지 않고 있다.

v) 투자부동산: 회사에서 1년 이상 장기적인 재테크를 하는 수단도 개인의 경우와 다르지 않아, 그 대상은 주식과 채권 그리고 부동산이 될 텐데 주식은 매도가능증권으로, 채권은 만기보유증권으로 분류하고, 부동산은 투자부동산으로 나타내게 된다. 물론 이는 투자 목적의 비업무용 부동산을 말하는 것이며 회사의 영업에 이용할 목적으로 취득한 것이라면 당연히 유형자산으로 분류되어야 할 것이다.
따라서 부동산을 취득하여 영업활동에 사용하는 것이 아니라 부동산의 가격이 상승하면 처분할 목적으로 보유하는 것을 말한다. 즉, 임대수익이나 시세차익 또는 두 가지 모두를 얻기 위하여 소유자나 금융리스의 이용자가 보유하고 있는 부동산을 말한다.

vi) 장기대여금: 기업의 여유자금을 타인에게 대여하는 경우에 그 회수기간이 재무상태표 작성일로부터 1년 이내에 도래하지 않는 것을 말한다.

vii) 보증금: 보증금은 계약에 대한 일종의 예치금으로 계약 종료 후 돌려받는 금액을 말한다. 대표적인 보증금으로 전세권이 있는데, 이는 전세금을 계약 종료 후 돌려받는다.

회사가 영업활동을 하다보면 여러 가지 목적으로 거래처에 돈을 맡겨 놓는 경우가 생긴다. 예를 들면 입찰계약에 응찰할 때 맡기는 입찰보증금이나 건설회사에서 건설이 끝난 후에 발생할지도 모르는 하자를 위해 맡겨 놓는 하자보증금 등이 바로 그것이다. 또한 일반적으로 발생되는 회사건물에 대한 임차보증금 또는 전신전화가입권 등도 여기에 해당하는데, 이러한 보증금은 그 성격상 일정 기간 동안 찾아 갈 수 없는 묶인 돈이다. 따라서 유동자산이 아닌 비유동자산으로 분류된다.

② 유형자산

유형자산은 회사가 영업활동에 사용할 목적으로 보유하는 영업용 자산이며, 1년 이상의 장기에 걸쳐 보유하게 되는 장기자산이다. 물리적인 형체를 가지고 있는 실물자산인 유형자산은 회사를 운영하는 데 기본적으로 갖추어야 할 설비, 예를 들면 토지, 건물, 기계, 차량, 비품, 공구와 기구 등이 모두 유형자산에 속한다.

이러한 유형자산은 상당 기간 동안 회사가 이를 사용하고 또 사용을 통해 수익을 얻게 된다. 그러므로 유형자산의 취득에 들어간 금액은 취득 당시에 한꺼번에 비용으로 떨어버리는 것이 아니라 수익을 제공받을 수 있는 일정한 기간 동안에 걸쳐 매년도마다 조금씩 비용으로 배분하게 되는데 회계에서는 이러한 비용배분 절차를 감가상각이라고 하고 매년도마다 배분된 금액을 감가상각비라고 한다. 유형자산은 다음과 같은 항목들로 구성되어 있다.

i) 토지: 한마디로 땅이다. 즉, 영업활동에 장기적으로 사용할 목적으로 취득하여 보유하는 땅을 말하며, 대지, 임야, 전답, 잡종지 등으로 한다[2]. 그런데 땅이란 존재는 다른 유형자산과는 달리 시간이 지나도 가치가 줄어들지 않는다. 따라서 토지는 감가상각비를 계상할 수 없다. 왜냐하면 보통 토지는 사용으로 인한 가치 감소가 없고, 오히려 가치가 증가하는 것이 일반적이기 때문이다. 이때 토지는 올라간 현재의 시세를 어떻게 나타내줄 것인지가 고민거리가 된다. 그런데 회계상 유형자산은 취득원가 금액으로만 나타내게 되어 있으므로 10년이 가도, 20년이 가도 장부상의 금액은 과거의 원가로 표시될 뿐이다. 그 대신 현재의 시세(공시지가)

2) 한편 투자목적이나 비업무용으로 취득하여 보유하는 땅(혹은 건물)은 투자부동산이라는 별도의 계정으로 하여야 한다.

는 재무제표의 뒤에 나오는 주석에 별도로 기재토록 하고 있으니 현재 그 회사가 가지고 있는 땅의 실제 가치가 궁금한 사람은 주석을 들여다보면 된다.

ii) 건물: 건물은 회사가 영업활동을 위해 1년 이상 장기적으로 사용할 목적으로 취득한 생산시설이 들어 있는 공장건물, 차고, 경비실, 사무실 등이 해당된다. 또한 건물에 부속되어 있는 냉난방설비나 조명설비, 통풍장치 등도 여기에 해당된다. 따라서 결산기 때에는 소유하고 있는 건물에 대해서 사용으로 인해 가치 감소분을 기록하는 감가상각비를 장부에 기록해야 한다. 한편 건설회사가 분양할 목적으로 건물을 건설하였다면 이는 건물이 아니라 제품으로 기록하여야 한다.

iii) 구축물: 교량 · 안벽 · 부교 · 저수지 · 갱도 · 굴뚝 · 정원설비 및 기타의 토목설비 또는 공작물 등으로 한다.

iv) 기계장치: 기계장치란 공장에서 제품을 만들어내기 위해 사용되는 기계와 제반장치 및 부속설비를 말한다. 기계란 흔히 아는 공작기계 등을 말하며, 장치는 기계에 붙어 있는 설비를 의미한다. 따라서 기계의 취득은 구입 및 설치 또는 자체제작을 통해 이루어지며, 장치는 주로 공사를 통해 기계에 붙이는 것을 말한다.

v) 선박: 선박은 수상에서 자력으로 움직이는 모든 선박과 기타의 수상운반구 등으로 한다.

vi) 차량운반구: 차량운반구는 회사가 보유하고 있는 각종 운송설비, 예를 들면 자동차, 트럭, 자전거, 철도차량 등을 말하며, 육상에서 자체 구동력에 의해 움직이는 모든 차량이 해당된다. 한편, 자가용을 구입할 때는 납부한 부가가치세를 공제받지 못하고 대신 취득원가에 포함시키지만, 업무용 차량을 구입할 때는 발생한 부가가치세를 공제받을 수 있다.

vii) 건설중인 자산: 회사가 필요로 하는 유형자산은 외부에서 구입하는 것이 일반적이지만 자체에서 직접 건설하거나 제작하여 사용하는 경우도 있을 것이다. 이런 경우 유형자산의 자체 건설과 제작을 위해 들어간 원가를 처리하는 계정이 건설중인 자산계정이다. 이는 유형자산의 건설을 위한 재료비 · 노무비 및 경비로 하되, 건설을 위하여 지출한 도급금액 또는 취득한 기계 등을 포함한다.

물론 이는 일시적으로(건설 또는 제작기간 중에만) 나타나는 계정이며 건설 또는 제작이 완료되면 각각의 해당되는 계정으로 대체된다. 또한 건설 또는 제작이 완료되지 않아 당해 기업이 사용할 수 없는 상태이므로 건설중인 자산에 대해서는 감가상각비를 계상해서도 안 된다.

viii) 비품: 영업활동을 위해 사용할 목적으로 구입한 것을 말한다.

③ **무형자산**

지금까지의 유형자산이 형체가 있는 자산이라면 무형자산은 형체가 없는 자산이다. 즉 물리적인 실체는 없다 하더라도 자산의 요건을 모두 갖추었기에 이들을 자산으로 취급하는 것이다. 즉, 물리적 형체는 없지만 식별가능하고 기업이 통제하고 있으며 미래 경제적 효익이 있는 자산으로 다음과 같은 항목으로 구성되어 있다.

i) 산업재산권: 일정기간 독점적·배타적으로 이용할 수 있는 권리로서

특허권 · 실용신안권 · 디자인권 및 상표권 등으로 한다.

여기서 잠깐!

산업재산권의 의미

회사의 영업활동에 관련된 각종 재산권이 이에 해당된다. 특허권, 의장권, 실용신안권, 상표권, 상호권 등 법적으로 그 사용권한을 보장받은 권리로서 그 권리를 따내기 위해 들어간 원가금액이 모두 자산으로 처리된다. 왜 그럴까? 이는 법적인 권리의 보장으로 인하여 미래의 수익이 기대되기 때문이다. 그리고 미래의 효익이 무한정 지속될 수는 없으니 일정기간(20년을 넘을 수는 없다) 이내에 상각하여(즉, 비용화하여) 장부에서 지워나가야 한다.

특허권은 회사가 가진 제조비법 등 새로운 발명에 대해 취득한 권리이며, 실용신안권은 형태나 구조의 고안에 대해 취득한 권리를 의미한다. 의장권이란 디자인에 대해 권리를 획득한 것이며, 상표권은 자신의 상품을 다른 상품과 구별하기 위해 사용하는 기호, 도형, 문자 또는 이들이 결합된 것에 대해 권리를 획득한 것이고, 상호권이란 자기를 나타내는 명칭에 대해 권리를 획득한 것이다.

ii) 영업권: 합병 · 영업양수 및 전세권취득 등의 대가로 지급한 금액이 합병 등으로 취득한 자산과 부채의 공정가치를 초과하는 부분으로 한다. 회계에서의 영업권은 통상 우리가 생각하는 영업권과는 차이가 있다. 예를 들어, 공학이네 전자대리점은 경영이네 전자대리점보다 도로변에 위치해서 목이 좋아 그런지 훨씬 더 손님이 많다. 같은 업종이면서도 옆집보다 초과수익을 얻을 수 있는 능력을 금전으로 환산한 것이 흔히 말하는 영업권(또는 권리금)이다.

기업회계기준에서는 자체적으로 평가하는 영업권(자기창설영업권)을 인정하지는 않는다. 따라서 영업권은 보통 인수, 합병과 같은 상황에서 피합병회사의 순자산에 대한 공정가액과 매수원가와의 차액분을 무형자산으로 처리한다. 즉, 다른 회사나 사업체를 인수하는 경우 그 회사의 실제 순자산(실제 자산가치에서 부채를 뺀 것)보다 웃돈을 얹어서 지불했다면 그 부분을 영업권으로 처리한다. 예를 들어 경영이네가 공학이네를 부러워한 나머지 실제 순자산은 3,000만원 짜리인 공학이네 가게를 인수하면서 권리금을 포함하여 5,000만원을 지불했다면 2,000만원이 회계상으로 영업권인 셈이다.

iii) 개발비: 제조기업의 경우 막대한 금액의 개발비가 매년 투입되는데, 이를 모두 당기의 비용으로 처리하면 손익계산상으로 상당한 적자를 볼 수밖에 없다. 개발비란 생산 전 개발단계에서 시제품 및 모형을 설계 · 제작 · 시험하는 활동에 지출된 비용을 처리하는 계정으로, 지출한 연도의 비용으로 처리하지 않고 무형자산으로 처리하며, 신기술 · 신제품 개발과 관련된 비용 및 소프트웨어 구입비용을 포함한다. 무형자산으로 계상할 수 있는 개발비란 비경상적이고 비반복적으로 발생한 개발비를 말하는 것이므로 늘상 반복해서 발생하는 경상개발비와 연구비성격의 지출은 포함되지 않는다. 따라서 이들은 모두 지출한 당해 연도의 비용으로 처리되어야 한다.

여기서 잠깐!

개발비 계정의 정리

K-IFRS에서는 기초적 연구단계(예: 새로운 지식의 탐색)에서 발생한 지출은 전부 '연구비'라는 비용 항목으로 처리한다. 그 다음 단계인 개발단계(예: 시제품 제작 및 설계)에서 발생한 지출에 대해서는 그 지출이 미래 경제적 효익(예: 매출증대, 원가절감)을 창출할 가능성이 높으면 '개발비'라는 무형자산으로 인식하고, 그렇지 않으면 '경상개발비'라는 비용 항목으로 처리한다.

iv) 컴퓨터소프트웨어: 업무를 자동화하기 위해 자체적인 전산시스템 개발에 지출된 소프트웨어 개발비는 무형자산으로 취급한다. 또한 업무지원용 상용소프트웨어를 외부해서 구입하는 경우와 연구개발에 직접 사용되는 소프트웨어를 외부에서 구입하여도 무형자산으로 처리한다. 즉, 자체적인 소프트웨어 개발에 따라 발생한 비용 및 소프트웨어를 외부에서 구입할 때 지출된 비용 모두 무형자산인 컴퓨터소프트웨어 과목으로 처리한다. 결산기에 기업은 이 과목 역시 상각을 하는데, 상각기간은 특별한 경우를 제외하고는 보통 20년 이내에서 합리적으로 정하면 된다. 특히 기술변화 속도가 빠른 경우 관련 소프트웨어 수명은 1~2년 정도로 짧을 것이므로 내용연수 결정에 어려움이 따른다면 세법상 상각기간을 따라도 무방하다.

한편 회계상으로는 무형자산인 컴퓨터소프트웨어가 세무상으로는 유형자산 중 기구와 비품 계정으로 분류되며, 세무에서는 내용연수도 세무상으로 정해 놓은 연수를 따를 것을 강제하고 있지만, 기업회계처럼 합리적인 판단을 해서 정하면 안 된다.

v) 탐사평가자산: 일정한 광구에서 등록을 한 광물과 부존하는 다른 광물을 채굴하여 취득할 수 있는 권리 등으로 한다.

이들 외에도 무형자산으로 취급하는 계정은 어업권, 라이선스, 프랜차이즈, 임차권리금, 저작권, 차지권(임차료 또는 지대를 지급하고 타인이 소유하고 있는 토지를 사용·수익할 수 있는 권리로 하며, 지상권을 포함함) 등이 있다.

한편 참고로 K-IFRS에서는 자산을 다음의 [그림 3-3]과 같이 분류하고 있다.

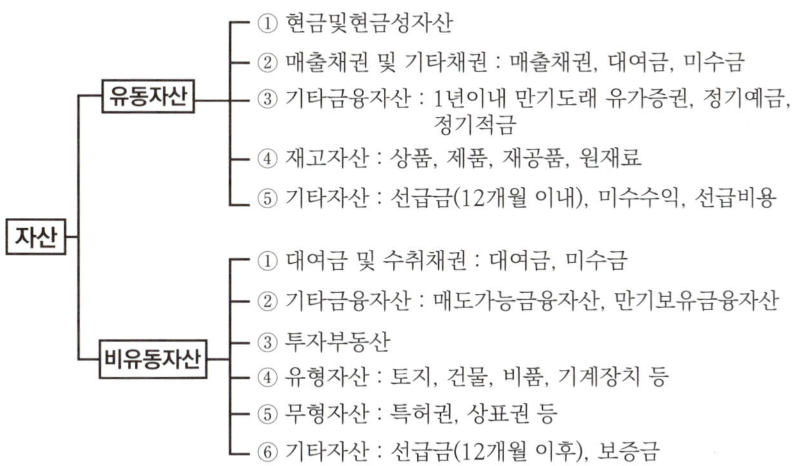

그림 3-3 K-IFRS에 의한 자산 분류

2. 부채의 정의와 분류

(1) 부채의 의의

부채는 회계주체가 출자자 이외의 타인에게 금전, 재화 또는 용역 등을 제공할 경제적 의무라고 할 수 있으며, 한마디로 표현하면 '빚'이다. 빚을 진 대상은 은행과 같은 금융기관(차입금)뿐만 아니라 거래회사(매입채무), 임직원(미지급급여), 국가(미지급법인세) 등 매우 다양하다. 회사가 진 빚은 언젠가는 갚아야 할 것이고 빚을 갚기 위해서는 자금(돈)이 있어야 하는 것은 자명한 이치이다. 그래서 우리는 부채를 '과거의 거래에 의해 회사가 부담하게 된 미래의 경제적 효익의 희생가능성'이라고 말한다.

오늘날 기업 활동을 위해 필요한 자금을 전액 자기자본만으로 충당한다는 것은 현실적으로 어렵고, 적정한 규모의 부채는 기업의 총자산규모를 늘려줄 뿐 아니라 경기가 좋아 자산수익률이 차입금의 조달 금리를 초과할 경우에는 이익이 확대되는 효과도 얻을 수 있다. 문제가 되는 것은 무리하게 남의 돈을 끌어다 써서 자산을 부풀렸는데, 부채를 너무 많이 쓴 대가로 이자비용이 너무 많이 발생하여 손실이 발생하고 이로 인해 자기자본(순자산)이 잠식되는 경우이다. 따라서 적정 규모의 부채는 기업활동에 필요한 것이다.

이와 같은 부채는 첫째, 반드시 과거의 결과로서 현재시점에 존재하고 있는 것이어야 하고, 둘째, 현재의 시점에 존재하는 것으로 장래에 이행하지 않으면 안 될 채무 또는 의무이어야 하며, 셋째, 현시점에서 장래에 지급할 금액, 시기, 채권자 등이 명백히 정하여지는 것이 보통이나 장래의 특정시기에 지급할 필요가 있다고 예측할 수 있게 되는 것도 있다.

(2) 부채의 분류

부채는 그 상환기간의 장단에 따라 유동부채와 비유동부채로 분류되는데, 이것은 1년 기준(one-year rule)에 따른 분류로서 상환기간이 1년 이내에 도래하는 부채를 유동부채라 하고, 1년 이상의 것을 비유동부채라 한다. 즉, 유동부채(current liabilities)는 매입채무, 단기차입금, 미지급법인세, 유동성장기부채 등을 말하며, 비유동부채(non-current liabilities)는 사채, 장기차입금, 장기성매입채무 등을 말한다. 부채가 포함되는 비율분석에서 부채비율(타인자본/자기자본 × 100%) · 유동비율(유동자산/유동부채 × 100%) · 당좌비율(당좌자산/유동부채 × 100%)이 200%를 넘으면 자금조달에 문제가 생길 수 있다. 또한 단기차입금보다 장기차입금이 상대적으로 많아야 재무구조가 안정적이라고 본다.

K-IFRS에 의한 부채의 분류도 유동부채, 비유동부채로 분류되는데, 이는 자산의 분류와 마찬가지로 가장 실무적인 측면에서 분류한 것이다.

1) 유동부채

유동부채는 1년 또는 정상적인 영업주기 이내에 상환기일이 도래하는 부채를 뜻하며 다음과 같은 항목으로 구성되어 있다.

① 매입채무

매입채무는 가장 상환요구가 빠른 부채로 외상거래로부터 발생하는 외상매입금과 지급어음을 의미한다. 외상매입금이란 판매를 목적으로 영업목적물인 상품 등을 외상으로 매입한 금액을 말한다. 따라서 미래에 현금으로 상환하여야 하며, 외상매출금과 반대되는 계정이다. 지급어음이란 판매를 목적으로 영업목적물인 상품 등을 외상으로 매입하고, 어음을 발행해 주었을 경우를 말한다. 어음은 대금을 지금 지급하는 대신 장래에 지급하기로 약속하는 증서(어음)를 말한다. 이 경우에도 만약 어음의 지급기일이 결산일로부터 1년 이후에 돌아오는 것은 비유동부채(장기성 매입채무)로 분류해야 한다. 따라서 어음의 만기일에 현금으로 상환하여야 하며, 받을어음과 반대되는 계정이다. 외상매입금과 지급어음을 합하여 재무상태표에는 매입채무로 보고한다.

② 단기차입금

단기차입금은 타인자본에 의한 자금조달 방법 중 대표적인 것으로, 단기적으로 회사의 자금이 부족하여 은행 등 금융기관에서 빌린 돈을 의미하며, 나중에 상환해 주어야 하는 의무로서 자산의 단기대여금과 반대되는 계정이다.

이 때 돈을 갚아야 할 시기, 즉 만기가 결산일로부터 1년 이내이면 단기차입금(유동부채), 그렇지 않으면 장기차입금(비유동부채)으로 분류된다. 차입금에 대해서는 자금을 빌려다 쓴 대가로 미리 약속된 이자를 지급하게 되고 이는 손익계산서의 이자비용으로 계상된다.

한편, 단기차입금 중 특이한 것이 당좌차월이다. 당좌차월이란 당좌예금과 반대되는 것으로 은행과 미리 약정을 통해 예금 잔고가 없어도 차월약정한도 내에서는 거래처에 발행한 어음이나 수표가 만기 때 결제되는 것을 의미한다. 개인의 경우 금융기관의 마이너스 통장으로 사용하는 마이너스 금액도 흔히 보는 차입금이라고 할 수 있다.

③ 미지급금

미지급금은 매입채무와는 달리 일반적인 상거래 이외에서 발생한 외상대금이다. 즉, 회사가 원래 목적한 영업활동을 하기 위해 발생하는 채무(매입채무)가 아니라, 영업활동을 지원하는 활동에서 발생하는 것으로 토지, 비품, 건물 등과 같이 영업목적물 이외의 자산을 외상으로 구입하였거나 어음을 발행해주고 구입한 금액을 말한다. 제조업의 경우 원료를 구입하거나, 유통업의 경우 상품을 외상으로 구입하는 것은 외상매입금으로 분류되지만, 기계나 비품을 외상으로 구입하는 것은 미지급금으로 분류한다. 이는 자산의 미수금과 상반되는 계정이다.

④ 미지급비용

미지급비용이란 이미 발생된 비용으로서 아직 지급되지 않은 것을 말한다. 즉, 이미 비용이 발생했음에도 불구하고 그 대가를 지급하지 않은 것으로서, 급여나 임차료, 이자비용 등 제반경비의 미지급분을 처리하는 계정이다. 이와 같은 비용이 아직 현금으로는 지출되지 않았다 하더라도 당해 연도에 서비스를 제공받았다면 당기의 비용으로 처리하는 것이 발생주의 회계에 부합되기 때문이다. 예를 들어 결산기말 현재 기간경과로 인한 임차료가 발생했지만 지급기일이 다음해인 경우, 경과한 날짜를 따져 손익계산서에 임차료비용을 계산하고 재무상태표에 미지급비용(미지급임차료)을 계산하여 기록한다. 이러한 미지급비용은 이듬해 지급기일이 되어서도 지급하지 못하면 채무가 확정되어 미지급금이 된다.

정리하면, 미지급비용은 결산기말 현재 기간경과로 발생한 비용이지만 아직 지급해야 할 의무가 없는 채무를 말하는 반면, 외상매입금

(매입채무)과 미지급금은 지급의무가 존재하는 채무라고 할 수 있다.

⑤ 미지급법인세

회계연도말 현재 당해 회계연도에 부담하여야 할 법인세 등의 미지급된 금액이다. 미지급법인세도 미지급비용의 일종으로 보면 된다. 어느 회사나 1년 동안 영업을 해서 돈을 벌면 번 돈에 대해 세금을 내야 하는데, 이를 법인세라고 한다. 법인세는 통상 사업연도(회계연도를 의미한다)단위로 내게 되는데, 결산일로부터 3개월 이내에 관할 세무서에 신고·납부해야 한다. 그런데 법인세의 신고와 납부는 비록 다음해에 이루어지지만 법인세는 분명히 당기의 영업활동에 따른 비용으로 보아야 한다. 따라서 당기의 결산 시에는 비록 아직 납부는 이루어지지 않았지만 이를 추정하여 포괄손익계산서에 비용(법인세)으로, 재무상태표에 부채(미지급법인세)로 기록해야 한다.

⑥ 선수금

선수금은 일반적인 상거래와 관련해서 미리 받은 돈을 의미하는 것으로, 상품이나 제품의 판매계약을 하고 계약금을 미리 받은 경우 등이 이에 해당된다. 즉, 상품을 구입하고자 하는 사람으로부터 선금이나 계약금의 형태로 미리 받은 금액을 말하며, 이후에 상품을 인도해 주어야 한다. 자산의 선급금과 반대되는 계정이다. 즉, 선급금이 우리 회사 입장에서 미리 대가를 지불한 것이라면, 선수금은 다른 회사나 개인이 우리 회사에 미리 대가를 지불한 것이라고 할 수 있다. 즉, 주체와 객체가 누구인지에 따른 차이인 것이다.

⑦ 선수수익

선수수익은 계약에 따라 대금을 수령하고 결산기말 현재 용역을 제공하지 않은 경우 동 금액에 대하여 처리하는 계정이다. 즉, 선수수익은 아직 제공하지도 않은 서비스에 대한 대가를 미리 받은 것으로서 임대료나 이자수익의 선수액을 말하는 것이다. 예를 들어 9월 1일 6개월분의 임대료 600만원을 받았다면 결산일인 12월말 현재로 2개월분에 대한 임대용역은 아직 제공되지 않은 것이므로 200만원을 선수수익으로 처리하여 당기의 수익에서 차감하고 부채로 기록해야 한다.

⑧ 예수금

타인으로부터 일단 금전을 받아 수취하고 그 후 타인을 대신하여 제3자에게 금전으로 반환하여야 할 채무이다. 즉, 예수금은 회사의 돈이 아닌데 회사가 임시로 받아서 보관할 경우에 사용하는 계정과목으로, 상거래와는 전혀 관련 없이 발생한 일시적인 자금수령액이다. 예를 들어 임직원에게 급여를 지급하면서 떼는 갑근세나 건강보험료, 국민연금보험료 등은 각각 세무서, 건강보험관리공단, 그리고 국민연금관리공단을 대신하여 수령한 것으로 다음 달에는 각각 위의 기관들에게 전달해야 하는 자금이다. 따라서 회사에서는 일시적으로만 자금을 보관하는 셈이므로 예수금으로 처리한다.

2) 비유동부채

비유동부채는 상환기일이 1년 또는 정상적인 영업주기 이후에 도래하는 부채로서 회사의 채무 중 1년 안에 갚지 않아도 되는 장기부채이다. 따라서 자금사용기간이 길고 당장 갚아야 하는 부담이 없기 때문에 보통 장기시설자금이나 투자자산을 취득할 때 많이 이용되며 다음과 같은 항목으로 구성되어 있다.

① 장기차입금

장기차입금은 금융기관 등으로부터 빌린 돈의 상환기한이 재무상태표 종료일로부터 1년 이후인 차입금이다. 이는 주로 기계 투자, 공장 건설 등 비유동자산을 취득할 때 발생하며, 담보도 비유동자산 자체를 제공하는 것이 일반적이다. 그러나 장기차입금이 시간이 지날수록 만기일자가 줄어 만기일이 1년 이내로 다가오면 더 이상 비유동부채가 아니며, 유동부채로 변경해야 하는데 이때는 유동성장기차입금으로 분류한다. 자산의 장기대여금과 반대되는 계정이다.

② 사채(社債)

사채는 회사가 일정 기간 후에 갚기로 약속한 증서(사채권)를 발행하여 자금을 조달하는 것으로서 회사채를 말한다. 사채는 주식회사가 자금을 조달하기 위해 가장 많이 사용하는 방법 중 하나로, 대중으로부터 장기로 자금을 조달하고 이에 대한 반대급부로 채권자들에게 발행하는 유가증권이다. 사채의 발행은 상법상 엄격히 제한하고 있는데, 주식회사만 발행할 수 있고, 액면금액은 1만원 이상으로 해야 하며, 발행총액은 최종 재무상태표 순자산액의 4배 이내여야 한다.

사채는 사채권자의 청구가 있을 경우, 주식으로 전환할 수 있는 권리가 부여된 전환사채(convertible bonds)와 사채의 상환기간 중에 채무회사가 발행하는 신주에 대한 인수권이 부여되어 있는 신주인수권부사채(stock warrant)와 같이 종류가 다양하다.

여기서 잠깐!

전환사채 vs 신주인수권부사채

전환사채는 사채와 주식의 성격을 둘 다 가진 것이다. 사채를 산 사람이 만기 전에 주식으로 전환할 수도 있고, 아니면 만기에 원금을 받을 수 있는 유리한 것이기 때문에 일반 사채보다 이율이 낮다.

신주인수권부사채는 사채를 산 사람이 만기에 원금을 돌려받으면서 추가로 신주도 받을 수 있는 권리가 부여된 사채이다. 우량회사가 일시적으로 자금이 어려울 때 발행하는데 구입자나 발행자 모두에게 유리하다고 할 수 있다.

여기서 잠깐!

기업의 자금조달 방법

일반적으로 기업이 자금을 조달할 때는 두 가지 조달 원천을 사용한다. 주주들로부터 자금을 조달하는 방법과 채권자들로부터 자금을 조달하는 방법이 그것이다. 이외에 사채(社債)를 발행하는 방법도 있다. 이 중 주주로부터 조달하는 경우를 자기자본이라 하고, 채권자로부터 자금을 조달하는 경우를 타인자본이라고 한다. 타인자본은 부채이고, 자기자본은 자본금으로 분류한다.

사채는 회사가 자기자본인 주식을 발행하는 것이 힘들거나, 경영권의 침해 등을 이유로 주식을 발행하지 않고 자금을 조달하기 위해 많이 사용된다. 따라서 사채의 발행은 보통 액면가액대로 발행되는 것이 일반적이지만 경우에 따라서는 액면가액보다 낮게(할인발행), 또는 액면가액보다 높게(할증발행) 발행되기도 한다. 그렇다면 어떤 경우에 사채가 할인발행되는 것일까? 회사가 사채를 발행하여 자금을 끌어다 쓰려면 최소한 현재의 시중금리만큼은 이자를 지급해 주어야 한다. 그런데 약정금리가 시중금리보다 낮다면 사채를 액면가액보다 싸게 발행해서 그 차이를 보상해주게 된다. 이럴 경우 사채의 액면가액과 발행가액의 차이를 사채할인발행차금이라고 하며, 이는 본질적으로 사채이자와 다름없으므로 사채의 상환기간 동안에 매 연도에 이자비용으로 배분하게 된다. 그러므로 손익계산서의 사채이자는 현금으로 지급된 이자에다 사채할인발행차금의 상각액을 더한 금액이 표시된다.

③ 장기충당부채

장기충당부채는 기업이 과거의 사건에 의해 현재 부담하는 의무로서 미래 지출의 시기 또는 금액이 불확실하지만, 그 의무를 이행하기 위하여 자원이 유출될 가능성이 높고 또한 당해 금액을 신뢰성 있게 추정할 수 있는 의무이다. 장기충당부채에는 다음과 같은 계정과목이 있다.

i) 장기제품보증충당부채: 제품보증약정은 일정기간 이내에 판매한 제품 등의 품질이나 성능에 결함이 있는 경우 무상으로 수리 또는 교환해 주는 약정을 말한다. 제품보증은 제품의 보증판매라는 과거사건으로 인하여 법적 의무가 발생하며, 보증판매를 전체적으로 보면 의무발생 가능성이 높다. 따라서 제품보증예상액은 충당부채로 인식하고, 동 금액을 당기비용으로 처리한다.

ii) 경품충당부채: 기업은 상품의 판매 시마다 고객에게 경품권을 제공하고 고객이 경품권을 제시하는 경우 경품과 교환하여 주는 판매기법을 사용하기도 한다. 기업은 상품의 판매라는 과거사건으로 인하여 미래에 현금유출가능성이 높고, 금액을 신뢰성 있게 추정할 수 있으므로 경품권의 회수 시 제공할 경품금액을 추정하여 경품충당부채로 인식한다.

iii) 퇴직급여충당부채: 퇴직급여부채는 종업원이 당기 이전의 기간 동안 용역을 제공함에 따라 기업이 미래에 부담하게 될 미래지급부채에 해당하는 것이다. 즉, 기업이 종업원들의 미래 퇴직급여와 관련하여 인식하는 충당부채로서 종업원이 퇴직할 때 또는 그 이후에 기업이 종업원의 과거 근무용역에 대한 대가로 지급해야 할 급여이다. K-IFRS에서는 보험수리적 기법을 적용하여 퇴직급여부채를 측정하도록 하고 있는데, 이는 기업이 미래 임금상승률 등을 고려하여 미래의 퇴직급여를 추정하여야 한다는 것이다.

한편 참고로 K-IFRS에서는 부채를 다음의 [그림 3-4]와 같이 분류하고 있다.

- 부채
  - 유동부채
    - ① 매입채무
    - ② 기타금융부채 : 차입금(12개월 이내), 미지급금(12개월 이내), 예수금, 미지급법인세
    - ③ 충당부채 : 제품보증충당부채, 경품충당부채
    - ④ 기타부채 : 선수금, 미지급비용, 선수수익
  - 비유동부채
    - ① 금융부채 : 차입금(12개월 이후), 미지급금(12개월 이후)
    - ② 퇴직급여부채
    - ③ 기타부채 : 선수금(12개월 이후), 임대보증금

그림 3-4 K-IFRS에 의한 부채 분류

3. 자본의 정의와 분류

(1) 자본의 의의

자본(capital)이란 기업이 보유하고 있는 자산에 대한 기업주 또는 주주의 청구권(지분)을 말한다. 자본은 구체적인 실체로 기업내부에 존재하는 것이 아니라 추상적이고 계수적인 개념이다. 회계에 있어서 자본이란, 기업의 자산 총액에서 부채 총액을 차감한 것으로 순자산을 나타내며 주식회사에서 주주 몫을 말한다. 즉, 자본은 독립적으로 측정할 수 있는 성질의 것이 아니라 먼저 자산총계와 부채총계를 각각 측정하고, 자산총계에서 부채총계를 차감하여 측정된다.

자 본(순자산) = 자 산(총자산) - 부 채

위의 식을 자본방정식(capital equation)이라 한다.

이와 같이 자본은 회사자산에 대한 소유주의 청구권을 나타내는데, 소유주가 회사에 직접 출자한 재무적 자원에 해당하는 납입자본(contributed capital)과 기업이 벌어들인 이익 중 소유주에게 돌려주지 않고 재투자를 위해 사내에 유보시킨 이익잉여금(retained earnings) 및 기타자본으로 구분할 수 있다. 납입자본은 다시 자본금과 자본잉여금으로 나눌 수 있다.

또한 자본은 자산에서 부채를 차감한 후에 남는 잔여지분(residual interest)이라고도 하는데, 잔여지분이란 배당이나 청산 시 주주의 권리가 채권자의 권리보다 하위에 있음을 뜻하는 것이다. 즉, 주주에 대한 배당은 채권자에 대한 이자지급 후에야 이루어지고, 회사가 청산되는 경우에도 부채에 대한 상환이 이루어지고 난 후 남은 것이 있어야 주주 몫으로 돌아가게 된다.

자본의 구성이 건전한 기업은 차입금을 줄이는 대신 자기자본을 늘린다. 자기자본비율(자기자본/총자산)이 100%인 기업은 전액 자기자본으로 운영되고 부채가 하나도 없는 만큼 안정적이다. 반면에 자기자본비율이 0%인 기업은 전액 부채로 운영되는 만큼 항상 부도의 위험을 안고 있다. 따라서 기업은 적절한 자기자본비율을 유지해야 한다.

(2) 자본의 분류

K-IFRS는 자본의 분류에 대한 구체적인 지침이 없이 자본금과 적립금만 언급하고 있다. 이는 각 나라의 상법 등 상이한 법률체계에 따라 영향을 받는 자본에 대해 융통성 있는 회계처리를 허용한 것으로 해석할 수 있다. 따라서 실무에서 대부분의 기업은 자본의 분류에 있어서 종래의 기업회계기준([표 3-2] 참조)을 따를 가능성이 높다.

한편 참고로 K-IFRS에서는 자본을 다음의 [그림 3-5]와 같이 분류하고 있고, 기업회계기준에서는 [표 3-2]와 같이 분류하고 있다[3].

3) 기업회계기준에 따라 자본을 5가지로 분류하지만, 향후 각 계정과목에 대한 설명은 교양과목임을 감안해서 기본적인 자본금, 자본잉여금, 이익잉여금에 대해서만 다루기로 한다. 자본조정과 기타포괄손익누계액에 대해서는 전공과목에서는 설명이 되겠지만, 본 강좌는 교양수업이므로 구체적인 설명은 하지 않기로 한다.

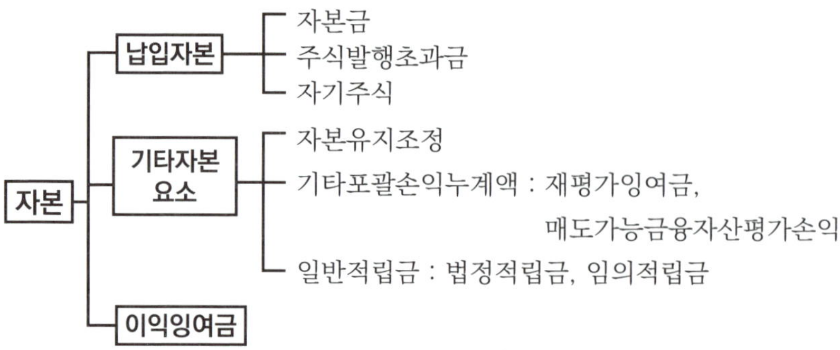

그림 3-5 K-IFRS에 의한 자본 분류

표 3-2 기업회계기준에 따른 자본의 분류

분 류	의 의
자본금	회사가 발행한 주식의 총 액면가 → 보통주자본금 / 우선주자본금
자본잉여금	자본금 외에 주주가 회사에 출자한 금액 → 주식발행초과금 / 감자차익 / 기타자본잉여금(자기주식처분이익, 그 밖의 기타자본잉여금)
자본조정	자본의 여타 분류항목에 속하지 않으면서 자본에 영향을 주는 항목 → 주식할인발행차금 / 배당건설이자 / 자기주식 / 미교부주식배당금 등
기타포괄손익누계액	포괄손익계산서의 기타포괄손익이 누적된 금액 → 매도가능증권평가손익 / 해외사업환산손익
이익잉여금	포괄손익계산서의 당기순이익 중 주주에게 배당으로 지급하지 않고 사내에 유보시킨 누적 금액 → 이익준비금 / 기타법정적립금(기업합리화적립금, 재무구조개선적립금) / 각종 임의적립금

1) 자 본 금

자본금은 회사가 주주에게 발행한 주식의 액면가에다 발행주식수를 곱한 금액을 나타낸다. 즉, 회사의 주주들이 기업에 투자한 돈이라고 할 수 있다. 주주들은 주식을 사서 회사에 투자를 하는데 이렇게 주주들이 가지고 있는 주식의 액면총액이 자본금이다. 주식의 액면은 100원, 500원, 1,000원, 5,000원 등 회사마다 다른데, 회사의 발행주식이 5,000주이고

1주의 액면이 5,000원이라면 이 회사의 자본금은 2,500만원이 된다.

한편, 주식을 보유함으로써 가지는 권리에 따라 주식은 보통주와 우선주로 나눌 수 있다. 보통주는 흔히 말하는 주식으로 보통주에 투자하면 이익배당과 의사결정에 참여할 권한이 생긴다. 따라서 매년 초 기업이 주최하는 주주총회에서 제시하는 의사결정사항에 주식을 보유한 액수만큼 의사결정권을 행사할 수 있다. 이에 반해 우선주는 배당과 잔여재산 분배 등에서 보통주보다 우선권을 가지지만, 보통주와는 달리 의사결정에 참여하는 것이 거의 제한되어 있는 것이 특징이라 할 수 있다.

2) 자본잉여금

잉여금이란 '남은 돈'을 의미한다. 기업회계기준에서 자본잉여금과 이익잉여금을 구분하는 이유는 잉여금의 발생원천이 다르기 때문이다. 즉, 자본잉여금은 주주와 자본거래를 하는 과정에서 남은 돈을 의미하고, 이익잉여금은 순수한 영업활동에서 남은 돈을 의미한다.

자본잉여금은 주주가 회사에 출자한 금액 중에서 자본금을 제외한 금액을 뜻하며, 발생하는 원인이 자본거래이기에 그 발생빈도가 아주 낮고, 보통 주주들과의 거래이기 때문에 증자(자본을 증가시키는 것)나 감자(자본을 감소시키는 것)와 관련된 거래에서만 발생한다. 자본잉여금은 다음과 같은 항목으로 구성된다.

① 주식발행초과금[4)]

주식발행초과금은 주식을 발행할 때 액면가 이상으로 발행된 금액을 처리하는 계정이다. 우리나라 기업들의 주식의 액면가는 대부분

4) 과거 벤처붐이 한창일 때, 벤처기업들은 자본금의 수십 내지 수백 배에 달하는 주식발행초과금을 보유하고 있었지만, 지금은 대부분의 기업들이 그 많은 돈을 다 까먹고 껍데기만 남아 있는 경우가 많다. 이 경우 회사는 재무상 구조조정 차원에서도 주식발행초과금으로 결손금을 상계해 재무구조를 튼튼하게 하는 것이 필요하며, 재무제표 검토자는 주식발행초과금을 포함한 자본 규모만큼 회사에 자금이 남아 있는지 눈여겨 보아야 회사를 제대로 판단할 수 있다.

₩5,000으로 정해져 있는데, 실제로는 액면가보다 큰 금액으로 발행되는 것이 일반적이다. 즉, 회사의 전망이 좋거나 자산가치가 높은 경우에는 증자 시에 주식을 액면가의 몇 배로 발행하는 것이다. 예를 들어 액면 ₩5,000의 주식이 ₩9,000에 발행되는 경우, ₩5,000은 자본금으로 ₩4,000은 주식발행초과금이란 자본잉여금 항목으로 재무상태표에 보고된다.

② 감자차익

감자차익은 자본감소의 경우에 감소시킨 자본금의 금액이 주주에게 되돌려준 회사자본을 초과하는 차액을 말한다. 즉, 주식의 소각, 주금의 반환에 필요한 금액과 결손의 보전에 충당한 금액을 초과한 때에 그 초과금액을 의미하는 것이다. 감자차익의 사용은 주식발행초과금과 마찬가지로 자본에의 전입(무상증자)이나 결손보전의 목적 이외에는 사용할 수 없다.

감자란 회사의 자본금을 줄이는 것을 말한다. 자본금을 줄인다는 것은 경영규모가 그만큼 작아지는 것을 뜻하는데, 그렇다면 회사는 어떤 경우에 감자를 할까? 회사의 적자가 누적되어 빚(부채)이 자산보다 많다면 여러분은 상상이 가는가? 이런 경우 회사에 출자한 주주들은 자의반 타의반으로 보유 주식을 없애버리게 되는데 이를 주식의 소각(消却)이라고 한다. 주주에게는 당초에 출자 받았던 돈을 돌려주어야 하지만, 이와 같이 회사의 결손을 충당하기 위한 목적으로 이루어지는 감자는 아무 대가없이 그저 주식만 없어질 뿐이고, 그 결과 회사는 살아나게 된다. 왜냐하면 주주의 희생에 의해 발생한 감자차익을 가지고 결손을 충당할 수가 있기 때문이다.

③ 기타자본잉여금(자기주식처분이익)

기업회계기준에서는 기타자본잉여금으로 자기주식처분이익(자기주식처분손실을 차감한 후) 및 그 밖의 기타자본잉여금 등을 열거하고 있다.

기업이 이미 발행한 자기 회사의 주식을 살 경우 이를 자기주식이라고 한다. 자기주식을 사는 이유야 주가관리 목적 등 여러 가지이겠지만, 자기주식을 사게 되면 시장에서 유통되는 주식수가 그만큼 줄어들게 된다. 그리고 자기주식을 되팔 때, 당초의 취득가격보다 비싸게 판다면 자기주식처분이익이 발생한다. 이 역시 영업활동에 의한 성과가 아니므로 자본잉여금으로 처리된다.

3) 이익잉여금

이익잉여금은 유보이익이라고도 하는데, 이는 영업활동이나 재무활동 등 기업의 이익창출 활동에 의해 획득된 이익으로서 배당금 등으로 사외유출되거나 또는 무상증자에 의해 자본금에 대체되지 않고 기업내부에 유보되어 있는 금액을 말한다. 즉, 회사 설립 이후 벌어들인 이익 중에서 주주들에게 배당의 형태로 빠져 나가지 않고 회사 내부에 남아 있는 금액을 말한다.

이익잉여금을 증가시키는 가장 중요한 원천은 당기순이익이며, 감소시키는 가장 큰 요인은 배당금 지급과 당기순손실이라고 할 수 있다. 이익잉여금은 손익계산서와 재무상태표를 연결시키는 중추적인 역할을 담당한다. 즉, 손익계산서상의 마지막 수치인 당기순이익 또는 당기순손실은 마감과정을 통해 재무상태표의 자본항목인 이익잉여금 계정으로 대체된다. 따라서 손익계산서와 재무상태표를 연결시키는 항목이 바로 이익잉여금이라고 할 수 있다. 이익잉여금은 다음과 같은 항목으로 구성된다.

① 이익준비금

이익준비금은 상법 제458조의 규정에 의해 적립된 법정적립금으로, 상법은 자본금의 2분의 1에 도달할 때까지 매기 결산시의 금전에 의한 이익배당액의 10분의 1 이상의 금액을 이익준비금으로 강제적으로 기업 내부에 유보하도록 하고 있다. 그리고 이익준비금의 적립액이 자본금의 2분의 1 이상을 초과한 금액은 임의적립금으로 본다.

이는 회사의 지속적인 유지를 위한 것으로서 이익이 났다고 마구 배당을 해버리면 회사가 온전할 수 없으니 상법에서 강제로 준비금을 적립하도록 하여 무절제한 배당을 규제하는 것이다. 이렇게 적립된 이익준비금은 먼 훗날 회사가 어려울 때 자본에 전입을 시키든지 아니면 결손을 보충하는 데 사용된다.

② 기타법정적립금

기타법정적립금은 상법 이외의 법령의 규정에 의하여 적립된 금액으로서 이에는 기업합리화적립금과 재무구조개선적립금이 있었으나, 기업합리화적립금은 폐지되고 재무구조개선적립금만 남아 있다. 재무구조개선적립금은 상장법인의 경우 상장법인재무관리규정에 따라 자기자본 비율이 100분의 30 미만인 기업은 30%에 달할 때까지 매 사업연도마다 일정액을 적립하도록 하고 있는데, 이때의 적립액을 의미한다.

③ 임의적립금

임의적립금은 강제적이 아니라 정관이나 주주총회의 자발적인 결의로 특정한 목적을 위해 기업 내에 비축하는 것이다. 따라서 특정한 용도로 사용이 제한되지 않은 것이니 차후 언제라도 배당금 지급에 사용될 수 있는 부분이다. 임의적립금은 그 목적이 달성된다 하더라도 그 자체는 소멸되지 않고 이월이익잉여금으로 환원시킬 수도 있는 적극적 적립금과, 어떤 특정사건이 발생하면 해당 목적을 위해 사용됨으로써 장부상에서 제거되는 소극적 적립금으로 분류할 수 있다. 적극적 적립금에는 장래의 사업 확장을 목적으로 적립한 사업확장적립금, 장래에 새로운 건물이나 공장을 신축하기 위해 적립한 신축적립금, 사채의 상환을 목적으로 이익을 사내에 유보한 감채적립금 등이 있다. 또한 소극적 적립금에는 결손금을 보전하여 재무구조를 양호하게 하기 위해 적립한 결손보전적립금, 이익배당을 평균적으로 일정한 수준을 유지하도록 하기 위해 적립한 배당평균적립금 등이 있고, 이 외에 자가보험적립금, 재해손실적립금 등이 소극적 적립금에 해당된다.

4. 재무상태표의 작성

지금까지 학습한 것을 바탕으로 재무상태표를 실제로 작성하여 보자.

예제 3-1 재무상태표 작성

(주)공학의 20×1년 ××월 ××일 현재의 재무상태가 다음과 같다고 할 때 계정식과 보고식에 의한 재무상태표를 작성하시오.

현금및현금성자산	30,000	매입채무	25,000
단기금융상품	50,000	단기매매증권	35,000
상품	40,000	사채	45,000
선수금	15,000	단기대여금	20,000
건물	35,000	단기차입금	30,000
미지급금	25,000	매출채권	30,000

해 답

재무상태표(계정식)

(주)공학 (20×1년 ××월 ××일 현재)

자 산	금 액	부 채·자 본	금 액
현금및현금성자산	30,000	매입채무	25,000
단기금융상품	50,000	단기차입금	30,000
단기매매증권	35,000	미지급금	25,000
매출채권	30,000	선수금	15,000
단기대여금	20,000	사채	45,000
상품	40,000	자본금	100,000
건물	35,000		
	240,000		240,000

(주)공학의 자본금은 다음과 같은 자본방정식에 의하여 계산된다.

자산(240,000) - 부채(140,000) = 자본(100,000)

재무상태표(보고식)

(주)공학 (20×1년 ××월 ××일 현재)

자 산	
Ⅰ 유 동 자 산	
현금및현금성자산	30,000
단기금융상품	50,000
단기매매증권	350,00
매 출 채 권	30,000
단 기 대 여 금	20,000
상 품	40,000
Ⅱ 비 유 동 자 산	
건 물	35,000
자 산 총 계	240,000
부 채	
Ⅰ 유 동 부 채	
매 입 채 무	25,000
단 기 차 입 금	30,000
미 지 급 금	25,000
선 수 금	15,000
Ⅱ 비 유 동 부 채	
사 채	45,000
부 채 총 계	140,000
자 본	
자 본 금	100,000
자 본 총 계	100,000
부 채 · 자 본 총 계	240,000

예제 3-2 재무상태표 작성

(주)공학의 20×1년 ××월 ××일 현재의 재무상태가 다음과 같을 때 재무상태표를 작성하시오.

현금및현금성자산	20,000	외 상 매 출 금	20,000
받 을 어 음	30,000	미 수 금	15,000
상 품	20,000	비 품	15,000
건 물	45,000	외 상 매 입 금	25,000
지 급 어 음	25,000	차 입 금	25,000
미 지 급 금	30,000		

해 답

재무상태표

(주)공학 (20×1년 ××월 ××일 현재)

자 산	금 액	부 채·자 본	금 액
현금및현금성자산	20,000	매입채무	50,000
매출채권	50,000	차입금	25,000
미수금	15,000	미지급금	30,000
상품	20,000	자본금	60,000
비품	15,000		
건물	45,000		
	165,000		165,000

예제 3-3 재무상태표 작성

(주)공학 컴퓨터 제조회사의 20×1년 7월 31일의 재무상태표 계정들이 다음과 같다. 이를 이용하여 재무상태표를 작성하시오.

자본금	₩20,000,000	매출채권	₩21,317,000
사채	65,000,000	미지급급여	16,307,000
건물	50,000,000	단기매매증권	15,000,000
설비	42,516,000	선수수익	9,200,000
매입채무	37,519,000	현금	6,256,000
재고자산	37,512,000	단기차입금	6,000,000
토지	30,000,000	선급임차료	3,000,000
이익잉여금	51,575,000		

재무상태표

(주)공학 20X1년 7월 31일

자산			부채와 자본		
유동자산:			유동부채:		
현금	₩6,256,000		매입채무	₩37,519,000	
매출채권	21,317,000		단기차입금	6,000,000	
단기매매증권	15,000,000		선수수익	9,200,000	
선급임차료	3,000,000		미지급급여	16,307,000	
재고자산	37,512,000		유동부채 계		₩69,026,000
유동자산 계		₩83,085,000	비유동부채:		
비유동자산:			사채	65,000,000	
건물	₩50,000,000		부채총계		₩134,026,000
설비	42,516,000		자본:		
토지	30,000,000		자본금	₩20,000,000	
비유동자산 계		₩122,516,000	이익잉여금	51,575,000	
			자본총계		₩71,575,000
자산총계		₩205,601,000	부채와 자본총계		₩205,601,000

회계쉼터

배당 많이 준다고 다 좋은건 아냐…고정관념 확 깬 증권사 센터장의 쓴소리

"삼성전자처럼 투자를 많이 해야 하는 회사는 지금처럼 주주환원율이 36% 되는 것보다 재투자 파이를 키우는 게 주주를 위한 길일 수 있습니다. 주주환원이 밸류업 공시의 전부는 아닙니다."

3일 여의도 한국거래소 컨퍼런스홀에서 열린 '기업과 장기투자자를 위한 밸류업 공시 설명회'에서 김학균 신영증권 리서치센터장은 기업가치제고계획을 통해 배당·자사주 소각보다는 기업이 산업 특성에 맞는 전략을 주주에서 설명하는 것이 중요하다고 강조했다.

'밸류업=주주환원'이라는 고정관념이 강해진 때, 밸류업에는 주주환원 말고도 기업별로 다양한 전략을 제시할 수 있다는 의미였다.

매일경제가 주최하고 한국거래소가 후원한 이번 설명회에는 250여명의 상장사 임직원들이 참석해 밸류업 공시에 대한 시장의 열띤 관심을 확인할 수 있었다. 밸류업이 한국 증시의 새로운 모멘텀으로 떠오른 시점에서 매일경제는 상장사가 밸류업 공시 준비 과정에서 겪는 어려움을 해소하고자 설명회를 마련했다.

윤창범 삼일회계법인 밸류업지원센터장 역시 주주와의 소통과 신뢰를 강조했다. 윤 센터장은 "기업이 자기자본비용을 줄이기 위해서는 시장리스크 대비 개별기업 주가 변동성(베타)값을 줄여야 한다"고 설명했다.

그는 "주주와의 소통으로 정보투명성을 확대하고 예측가능성을 높이면 주주들이 판단하는 리스크와 베타값이 낮아져 자본비용이 줄어든다"며 밸류업 공시의 중요성을 강조했다.

또한 그는 자산수익률을 올리기 위해서는 낮은 투하자본이익률(ROIC)의 사업에 쓰이는 자원을 매각하거나 배당하고 고수익 자산에 투자해야 한다고 설명했다.

기업들이 밸류업 공시를 망설이는 이유 중 하나는 사업 환경 변화 속에서 기업전략이 바뀔 가능성이 크기 때문이다.

고일규 한국거래소 밸류업운영팀장은 "밸류업 공시에 제시된 목표와 이행계획은 보통 경영성과, 재무상태 변동에 대한 예측이 함께 들어가는 것이라 단순히 목표 달성 및 예측에 실패했다는 이유만으로는 불성실공시 대상이 되지 않는다"고 설명했다.

또한 그는 "미국 대선으로 인한 경영환경 변화를 앞두고 불확실성을 걱정하는 기업이 많은데 사업경영계획이 바뀌어 수정 필요한 사항이 나오면 정정공시하면 된다"고 덧붙였다.

서정연 신영증권 연구원은 "자기자본이익률(ROE)가 적어도 한자리 수는 되고 주주환원보다 높은 수익창출을 할 수 있으면 적극적인 투자를 통해 기업가치를 확대하는 게 맞다"고 말했다.

또한 "ROE가 낮지만 주가순자산비율(PBR)이 1 이하라면 자산효율화와 주주환원 확대가 필요하다"고 말했다.

업종별로는 조선·기계 업종은 배당보다는 실적 턴어라운드를 주주에게 보여줘야 하고 운송업종도 투자를 통해 경쟁사와 격차를 벌릴 필요가 있다고 제시했다. 성장주기상 성숙기에 진입한 상황이고 쌓인 자산이 많은 기업이라면 주주환원 효과를 극대화할 수 있는 기업이다.

고 팀장 역시 "자본효율성이나 주주환원에 국한해 지표를 선정할 필요는 없다"며 "산업의 특징, 사업의 특성, 성장단계 등을 고려해 기업마다 자율적으로 중장기적 가치 제고 목적에 적합한 지표를 선정하면 된다"고 덧붙였다.

지난 6월 기업가치제고계획을 공시한 콜마홀딩스의 원재성 전무(CFO)는 이번 설명회에서 공시 과정에서의 경험을 공유하며 "일반지주회사라 상대적으로 시장의 관심이 덜한 기업이었는데 밸류업 공시를 통해 주주와 소통하는 계기를 마련할 수 있었다"고 말했다.

그는 "자회사인 사업회사의 향후 계획을 구체적으로 밝히기는 어려워 보수적인 상황을 가정하고 사실에 기반해 작성하도록 했다"고 말했다.

(자료원: 매일경제 2024. 09. 03)

회계쉼터

평판·도덕성 등 무형자산이 기업가치 결정

–美 IT기업 시가총액 중 무형자산 비중 80% 넘어

지난해 말 기준으로 애플의 시가총액 중 무형자산이 차지하는 비중은 92%로 집계됐다. 시가총액에서 땅, 건물과 같은 유형자산과 특허처럼 이미 공표한 무형자산의 가치를 뺀 숫자다. 페이스북(87%)과 알파벳(81%) 등 다른 대다수 S&P500 상장사들의 무형자산 비중 역시 80%가 넘었다. 눈에 보이는 자산보다 평판, 도덕성 등 보이지 않는 자산이 주가에 더 큰 영향을 미쳤다는 것이 전문가들의 설명이다. 시장에서는 개별 기업의 무형자산 가치를 따져볼 수 있는 기준으로 ESG(환경·사회·지배구조)를 제시한다.

4일 지속가능발전소에 따르면 국내 유가증권시장 상장사의 시총 중 무형자산 비중은 13%다. 코스닥 상장사는 이 비율이 48%까지 올라간다. 삼성전자는 32%, 네이버와 카카오는 각각 79%와 86%로 나타났다. 윤덕찬 지속가능발전소 대표는 "PDR(Price to Dream Ratio·주가꿈비율) 같은 평가방식이 등장한 것도 시총에서 무형자산이 차지하는 비중이 높아지고 있기 때문"이라며 "앞으로 무형자산에 대한 재평가가 본격적으로 이뤄질 것"이라고 말했다.

비재무지표인 ESG 데이터를 보면 회계장부에 드러나지 않는 무형자산이 무엇인지 파악할 수 있다는 것이 전문가들의 설명이다. 지식재산권, 법 준수, 비전 등은 ESG 평가의 지배구조(G) 항목으로 설명할 수 있다. 소비자와의 관계, 기업 평판, 환경 영향 등도 환경(E), 사회(S) 등의 지표와 관련 있다.

(자료원: 한국경제, 2021. 01. 05)

진위 문제

01 기업이 소유하고 있는 기업경영에 유용한 경제적 자원(economic resources), 즉 재화 및 채권 등을 화폐액으로 표시한 것을 자산(assets)이라고 한다.

02 한국채택국제회계기준에 의한 자산은 유동자산과 비유동자산으로 크게 분류되며, 이것은 자산항목을 가장 실무적인 측면에서 분류한 것이다.

03 기업은 경영활동을 하기 위하여 채권을 가짐과 동시에 채무를 지는 수가 흔히 있는데, 이와 같이 기업이 과거의 거래나 사건의 결과로서 장래에 타기업 실체에 대하여 재화 또는 용역을 제공해야 할 경제적 채무(economic obligations)나 의무(duties)를 자본(liabilities)이라고 한다.

04 기업의 이익 발생 시 가장 대표적인 사용 용도는 주주들에게 배당을 주는 것이다.

05 자산이란 기업이 보유하고 있는 자본에 대한 기업주 또는 주주의 청구권(지분)을 말한다. 자산은 구체적인 실체로 기업내부에 존재하는 것이 아니라 추상적이고 계수적인 개념이다.

06 자본은 부채와 자산의 합계액으로 좌측의 면(차변)에 기업의 구체적인 재산을 표시하고 우측의 면(대변)에는 부채와 자산에 관한 사항을 기입하여 기업에 투자된 자본이 어떤 형태로 쓰이고 있으며 어떠

한 원천으로 조달되는가를 밝혀 준다.

07 주된 영업활동 외에 투자나 재무활동의 거래에서 발생된 채권이 미수금 계정이다.

08 모든 유형자산은 감가상각의 대상이 된다.

09 컴퓨터소프트웨어 개발비는 자산이라고 할 수 없다.

10 부채 항목에서 사채는 유동부채에 해당된다.

11 회사의 돈이 아닌데 회사가 임시로 받아서 보관할 경우에 사용하는 계정이 선수금이다.

정답 01 T 02 T 03 F 04 T 05 F 06 F 07 T 08 F 09 F 10 F 11 F

해 설

01 T

02 T

03 F 자본이 아닌 부채에 대한 설명이다.

04 T

05 F 유형·무형의 물품·재화나 권리와 같은 가치의 구체적인 실체를 말한다.

06 F 자본 = 자산 - 부채

07 T

08 F 모든 유형자산은 감가상각의 대상이 되는 것은 아니다. 토지는 감가상각비를 계상할 수 없다. 왜냐하면 보통 토지는 사용으로 인한 가치 감소가 없고, 오히려 가치가 증가하는 것이 일반적이기 때문이다.

09 F 컴퓨터소프트웨어 개발비는 무형자산이다.

10 F 부채 항목에서 사채는 비유동부채에 해당된다.

11 F 회사의 돈이 아닌데 회사가 임시로 받아서 보관할 경우에 사용하는 계정이 예수금이다.

객관식 문제

01 **일정시점의 재무상태를 나타내는 정태적 재무제표로서 기업이 소유하고 있는 경제적 자원, 그 경제적 자원에 대한 의무 및 소유주지분에 관한 정보를 제공하는 재무제표를 무엇이라 하는가?**

① 자본변동표　② 현금흐름표
③ 손익계산서　④ 재무상태표

02 **재무상태표에 관한 설명으로 가장 거리가 먼 것은?**

① 자산과 부채 및 자본항목들이 역사적 원가로 표시된다.
② 재무상태표 작성과정에 회계담당자의 주관적 판단이 개입될 수 있다.
③ 기업의 미래가치에 중대한 영향을 주는 모든 사상이 반영되어 있다.
④ 재무상태표는 기업의 유동성 수준 및 재무구조의 건전성 여부를 판단할 수 있는 정보를 담고 있다.

03 **재무상태표의 구성요소 중에서 과거의 거래나 사건의 결과로서 현재 기업실체에 의해 지배되고 미래에 경제적 효익을 창출할 것으로 기대되는 자원을 무엇이라 하는가?**

① 자산　② 부채
③ 자본　④ 수익

04 **다음 중 자본에 대한 설명으로 틀린 것은?** (전산세무 1급)

① 자본은 기업의 자산에서 모든 부채를 차감한 후의 잔여지분을 말한다.
② 주식을 이익으로 소각하는 경우에는 소각하는 주식의 취득원가에 해당하는 이익잉여금을 증가시킨다.
③ 자기주식 처분 시 처분금액이 장부금액보다 크면 자본잉여금으로 회계처리된다.
④ 현금으로 배당결의를 하는 경우 배당액은 이익잉여금에서 차감한다.

05 (주)공학의 자산과 부채가 다음과 같을 때 자본은?

상품	₩1,000,000	대여금	₩100,000
매입채무	120,000	비품	200,000
미지급금	50,000		

① ₩990,000　② ₩1,020,000
③ ₩1,070,000　④ ₩1,130,000

06 ㈜한공의 2024년 12월 말 현금 및 금융상품 관련 자산은 다음과 같다. ㈜한공의 기말 재무상태표상 현금 및 현금성자산은 얼마인가?(TAT 1급)

- 자기앞수표 : 250,000원
- 타인발행수표 : 100,000원
- 당좌예금 : 500,000원
- 배당금지급통지서 : 30,000원
- 받을어음(만기 2025년 1월 31일) : 100,000원

① 400,000원　② 410,000원
③ 430,000원　④ 500,000원

07 다음의 자료를 바탕으로 현금및현금성자산의 금액을 계산하면 얼마인가?

- 보통예금 : 500,000원
- 당좌예금 : 700,000원
- 1년 만기 정기예금 : 1,000,000원
- 단기매매증권 : 500,000원

① 1,200,000원　② 1,500,000원
③ 1,700,000원　④ 2,200,000원

08 **재무상태표에 대한 다음 설명 중 (가), (나)에 해당하는 내용으로 옳은 것은?** (FAT 2급)

> 재무상태표는 일정 시점 현재 기업이 보유하고 있는 경제적 자원인 (가)과(와), 결과적 의무인 부채, 그리고 (나)에 대한 정보를 제공하는 재무보고서이다.

	(가)	(나)
①	수익	자본
②	자산	수익
③	자산	자본
④	자본	수익

09 **다음 중 당좌자산에 포함되지 않는 것은 무엇인가?** (전산회계 2급)

① 선급비용 ② 미수금
③ 미수수익 ④ 선수수익

10 **다음은 무엇에 대한 설명인가?** (FAT 2급)

> 기업의 순자산으로서 기업실체의 자산에 대한 소유주의 잔여청구권이다.

① 자산 ② 부채
③ 자본 ④ 수익

11 **다음 중 현금및현금성자산에 해당하는 항목의 총합계액은 얼마인가?**

> · 당좌예금 : 450,000원
> · 취득 당시 만기가 4개월 남은 단기금융상품 : 300,000원
> · 타인발행수표 : 250,000원
> · 자기앞수표 : 500,000원

① 700,000원 ② 1,050,000원
③ 1,200,000원 ④ 1,500,000원

12 **다음 중 자본의 구분이 다른 것은?** (전산회계 2급)

① 주식할인발행차금 ② 자기주식처분손실
③ 자기주식처분이익 ④ 미교부주식배당금

13 **다음 자료에 나타낸 항목을 재무상태표에 통합해서 기입할 계정과목은?** (제 8회 FAT 2급)

· 우편환증서
· 타인발행수표
· 취득당시 3개월 만기 양도성예금증서
· 당좌예금

① 미수금 ② 단기금융상품
③ 매출채권 ④ 현금및현금성자산

14 **다음은 ㈜공학이 보유중인 자산의 일부이다. 현금및현금성자산은 얼마인가?** (FAT 2급)

· 현금 10,000원 · 당좌차월 15,000원
· 타인발행수표 30,000원 · 보통예금 50,000원
· 취득당시 만기가 2개월 후인 받을어음 3,000원

① 60,000원 ② 90,000원
③ 93,000원 ④ 108,000원

15 **다음 자료에서 재무상태표상 현금및현금성자산 계정에 표시할 금액은 얼마인가?** (FAT 2급)

· 현금 1,000,000원	· 보통예금 800,000원
· 당좌예금 500,000원	
· 만기가 6개월 후에 도래하는 정기예금 1,000,000원	

① 1,000,000원 ② 1,800,000원
③ 2,300,000원 ④ 3,300,000원

16 다음 중 비유동부채에 해당하지 않는 것은? (전산회계 2급)

① 장기차입금 ② 퇴직급여충당부채
③ 미지급비용 ④ 장기외상매입금

17 다음 중 자본잉여금으로 분류되지 않는 것은?

① 주식발행초과금 ② 감자차익
③ 주식할인발행차금 ④ 자기주식처분이익

18 다음 자료에서 재무상태표상에 현금및현금성자산으로 통합표시되는 것으로 바르게 묶은 것은? (전산회계 2급)

ㄱ. 경기은행 발행 자기앞수표
ㄴ. 취득 당시 만기가 3개월 이내인 채권
ㄷ. 단기시세차익을 목적으로 구입한 주식
ㄹ. 취득 당시 만기가 6개월인 정기예금

① ㄱ, ㄴ ② ㄱ, ㄷ
③ ㄴ, ㄷ ④ ㄷ, ㄹ

19 **회계기간 중에 정당하게 현금으로 수입을 하였으나 발생주의 입장에서 볼 때 차기 이후에 실현될 수익에 해당되는 것은?**

① 선수수익　　② 선급비용
③ 미지급비용　　④ 미수수익

20 **다음의 자료를 바탕으로 2024년 12월 31일 현재 현금및현금성자산과 단기금융상품의 잔액을 계산한 것으로 옳은 것은?**

· 현금시재액 : 200,000원
· 당좌예금 : 500,000원
· 정기예금 : 1,500,000원(만기 2025년 12월 31일)
· 선일자수표 : 150,000원
· 외상매입금 : 2,000,000원

① 현금및현금성자산 : 700,000원
② 현금및현금성자산 : 2,500,000원
③ 단기금융상품 : 1,650,000원
④ 단기금융상품 : 2,000,000원

21 **도매업을 영위하는 (주)공학은 업무에 사용하던 차량을 매각하고 대금은 30일 후에 수령하기로 하였다. 차변 계정과목으로 옳은 것은?** (FAT 2급)

① 미수수익　　② 미수금
③ 외상매출금　　④ 미지급금

22 **다음 중 재무상태표상 비유동자산에 해당하는 계정과목을 모두 고른 것은?** (FAT 2급)

가. 선급금　나. 미수금　다. 건물　라. 장기대여금

① 가, 나　　② 나, 다
③ 다, 라　　④ 나, 라

23 **다음 중 재무상태표에 표시되지 않는 계정과목은?** (FAT 2급)

① 매출채권 ② 미수수익
③ 선급비용 ④ 경상연구개발비

24 **다음에서 설명하는 계정과목에 해당하는 것은?** (FAT 2급)

물리적 형체는 없지만 식별가능하고 기업이 통제하고 있으며 미래 경제적 효익이 있는 비화폐성자산이다.

① 건물 ② 특허권
③ 매출채권 ④ 재고자산

25 **다음의 유형자산 중 감가상각 대상자산을 모두 고른 것은?** (FAT 2급)

가. 건 물	나. 건설중인 자산	다. 구축물	라. 토 지

① 가, 나 ② 나, 라
③ 나, 다 ④ 가, 다

26 **당기에 현금을 수취하지 않았지만 당기의 수익으로 인식하는 항목의 계정과목으로 옳은 것은?** (FAT 2급)

① 선수수익 ② 미지급비용
③ 미수수익 ④ 선급비용

27 **다음의 부채 중 재무상태표에 계상될 수 없는 부채는?**

① 선수수익 ② 미지급법인세
③ 가수금 ④ 예수금

28 **현금및현금성자산에 해당하지 않는 것은?**

① 유가증권 및 단기금융상품으로 취득당시 만기가 3개월 이내에 도래하는것
② 당좌예금, 보통예금
③ 사용이 제한되어 있는 예금
④ 보통예금, 타인발행수표

29 **컴퓨터도매업을 하고 있는 (주)공학의 20×1년 12월 31일 시점의 재무상태가 다음과 같을 때, 자본금은 얼마인가?**

12월 31일의 재무상태			
현금및현금성자산	40,000	상품	90,000
토지	65,000	비품	50,000
매입채무	110,000	차입금	35,000

① ₩ 85,000 ② ₩ 100,000
③ ₩ 150,000 ④ ₩ 245,000

30 **회계에서 유동자산과 비유동자산을 구분하는 기준은?**

① 금액 크기의 기준 ② 현금화 가능기간 기준
③ 자산의 형태 기준 ④ 중요성 기준

정답
01 ④ 02 ③ 03 ① 04 ② 05 ④ 06 ③ 07 ① 08 ③ 09 ④ 10 ③ 11 ③
12 ③ 13 ④ 14 ② 15 ③ 16 ③ 17 ③ 18 ① 19 ① 20 ① 21 ② 22 ③
23 ④ 24 ② 25 ④ 26 ③ 27 ③ 28 ③ 29 ② 30 ②

해 설

01 ④

02 ③ 과거 또는 현재 시점의 거래결과가 반영되므로 미래가치에 중대한 영향을 주는 모든 사상들이 반영되어 있다고 할 수는 없다.

03 ①

04 ② 주식을 이익으로 소각하는 경우에는 소각하는 주식의 취득원가에 해당하는 이익잉여금을 감소시킨다.

05 ④ 자산(1,000,000 + 100,000 + 200,000) – 부채(120,000 + 500,000)
= 자본(1,130,000)

06 ③ 현금및현금성자산 = 250,000 + 100,000 + 50,000 + 30,000 = 430,000

07 ① 1,200,000원
정기예금은 단기금융상품으로 분류되며, 단기매매증권은 단기투자증권으로 분류된다.

08 ③ 재무상태표는 일정 시점 현재 기업이 보유하고 있는 경제적 자원인 자산과 경제적 의무인 부채, 그리고 자본에 대한 정보를 제공하는 재무보고서로서, 정보이용자들이 기업의 유동성, 재무적 탄력성, 수익성과 위험 등을 평가하는 데 유용한 정보를 제공한다.

09 ④ 선수수익은 유동부채 항목이다.

10 ③ 기업의 순자산으로서 소유주의 잔여청구권은 자본이다.

11 ③ 1,200,000원
- 현금및현금성자산 : 당좌예금 450,000원 + 타인발행수표 250,000원 + 자기앞수표 500,000원 = 1,200,000원
- 현금및현금성자산에 해당하는 것은 당좌예금, 보통예금, 자기앞수표, 배당금지급통지서, 타인발행수표, 취득 당시 만기가 3개월 이내에 도래하는 유가증권 및 단기금융상품 등이다.

12 ③
- 자기주식처분이익 : 자본잉여금
- 주식할인발행차금, 자기주식처분손실, 미교부주식배당금 : 자본조정

13 ④ 현금및현금성자산에는 통화 및 통화대용증권(타인발행수표, 우편환증서), 요구불예금(보통예금, 당좌예금), 취득당시 만기가 3개월 이내의 단기금융상품(양도성예금증서) 등이 포함된다.

14 ② 현금및현금성자산 = 현금 + 타인발행수표 + 보통예금
= 10,000 + 30,000 + 50,000 = 90,000
당좌차월은 단기차입금이고, 취득당시 만기가 2개월인 받을어음은 매출채권이다.

15 ③

· 현금 1,000,000원 + 보통예금 800,000원 + 당좌예금 500,000원 = 2,300,000원
· 현금, 요구불예금(당좌예금, 보통예금 등)은 재무상태표에 현금및현금성자산 계정으로 통합하여 표시한다.
· 만기가 6개월 후에 도래하는 정기예금은 단기금융상품에 해당한다.

16 ③ 미지급비용은 유동부채에 해당한다.

17 ③ 주식할인발행차금은 자본조정이다.

18 ① ㄱ, ㄴ

· 현금, 현금성자산, 요구불예금은 재무상태표에 현금및현금성자산으로 표시된다.
· 경기은행 발행 자기앞수표는 통화대용증권이므로 현금에 해당하고, 취득 당시 만기가 3개월 이내인 채권은 현금성자산이다. 따라서 경기은행 발행 자기앞수표와 취득 당시 만기가 3개월 이내인 채권은 재무상태표에 현금및현금성자산으로 통합 표시된다.

19 ①

20 ①

· 현금및현금성자산 : 현금시재액 200,000원 + 당좌예금 500,000원 = 700,000원
· 단기금융상품 : 정기예금 1,500,000원(보고기간 종료일로부터 1년 이내에 만기가 도래)

21 ② 유형자산을 외상으로 매각한 경우 미수금으로 회계처리한다. 외상매출금은 재고자산 판매 등 상거래 채권에 사용하는 계정과목이다.

22 ③ 선급금, 미수금은 유동자산이다.

23 ④ 연구비는 비용이므로 손익계산서에 표시되는 계정이다.

24 ② 무형자산에 대한 설명이다

25 ④ 건물과 구축물은 감가상각 대상자산이며, 건설중인 자산과 토지는 감가상각 대상자산이 아니다

26 당기에 현금을 수취하지 않았지만 당기의 수익으로 인식하는 계정과목은 미수수익이다.

27 ③ 가수금은 부채이지만 처리할 계정을 찾지 못해 임시로 기록한 계정과목이므로 결산시에는 적절한 계정과목으로 대체해야 한다.

28 ③ 정기예금, 정기적금, 사용이 제한되어 있는 예금은 만기에 따라 단기금융상품 또는 장기금융상품으로 분류된다.

29 ② 자산(40,000 + 90,000 + 65,000 + 50,000) − 부채(110,000 + 35,000)
= 자본(100,000)

30 ②

04 회사가 장사를 잘했는지, 못했는지는 무얼 보면 알 수 있을까?

제1절 포괄손익계산서란?

제2절 수익, 비용이란?

제4장

회사가 장사를 잘했는지, 못했는지는 무얼 보면 알 수 있을까?

제1절

포괄손익계산서란?

회사를 운영하는 일차적인 목적은 이익을 많이 내는 것이다. 포괄손익계산서는 일정 기간 동안에 발생한 기업의 경영(영업)성과를 나타내는 재무제표로, 여기서 영업성과란 순이익(income 또는 profit)의 크기를 의미하는 것이다. 즉, 이익이 발생했는가, 손실이 발생했는가를 포괄손익계산서를 통해 알 수 있다.

이익은 일정 기간 동안 회사에서 벌어들인 금액(매출액)을 의미하는 수익에서 그 수익을 얻기 위해 발생된 비용을 차감하여 계산되므로 손익계산서에서는 항상 다음의 등식이 성립된다.

수 익 – 비 용 = 이 익 또는 손 실

정보이용자는 포괄손익계산서를 통해서 다음과 같은 경영성과에 관한 정보를 얻을 수 있다.

① 경영성적(당기순이익)이 어떠한가?

② 회사의 비용관리가 효율적으로 이루어지고 있는가?

③ 회사가 계속 성장하고 있는가?

④ 회사의 영업활동 성과(영업이익)와 재무활동 성과(경상이익)는 어떠한가?

그리고 포괄손익계산서도 재무상태표와 마찬가지로 왼쪽과 오른쪽으로 나누어 오른쪽에는 수익을, 왼쪽에는 비용을 나타낸다.

200×년 1월 1일부터 200×년 12월 31일까지

차변	대변
비용	수익
이익	

(이렇게 쓰고 남았습니다) (이만큼 벌어서)

그림 4-1 **포괄손익계산서 예시**

포괄손익계산서는 기간손익을 산정해줄 뿐만 아니라 재무제표 이용자로 하여금 손익발생의 요인분석까지 가능케 하는 것으로 기업의 경영성과 분석의 기초자료가 된다. 따라서 포괄손익계산서는 회계정보이용자로 하여금 기업의 수익성을 판단하는 데 유용한 정보를 제공해 주며, 경영자 및 조직의 효율성을 평가하는 데도 유용한 정보를 제공해 준다.

포괄손익계산서를 제대로 이해하기 위해서는 수익과 비용의 개념과 그 구성내역을 명확하게 파악해야 한다. [표 4-1]은 기능별로 분류된 포괄손익계산서 양식이다.

표 4-1 **기능별 손익계산서**

포괄손익계산서

(주)공학	20x1년 1월 1일~20x1년 12월 31일
매출액	×××
매출원가	(×××)
매출총이익	×××
판매비	(×××)
물류원가	(×××)
관리비	(×××)
영업이익	×××
금융수익	×××
금융원가	(×××)
법인세비용차감전순이익	×××
법인세비용	(×××)
당기순이익	×××
기타포괄손익	×××
총포괄손익	×××

K-IFRS에서는 포괄손익계산서의 작성에 대해 구체적인 지침이 없이 기업의 재량에 의해 비용을 성격별 또는 기능별로 분류하도록 하고 있다. [표 4-1]은 비용을 기능별로 보고한 포괄손익계산서를 예시하고 있는데, 가장 중요한 수익항목인 매출액에서 가장 중요한 비용항목인 매출원가를 차감한 금액을 매출총이익(gross profit)으로 표시한다. 매출총이익에서 판매비, 물류원가, 관리비에 해당하는 항목을 차감하여 영업이익[1)]을 구한다. 영업이익을 별도 표시한 후, 주된 영업활동과 관련이 없는 금융수익, 금융원가, 유형자산처분손익 등을 가감하여 법인세비용차감전순이익을 구한다. 이어 법인세비용차감전순이익에서 법인세를 차감하여 당기순이익을 구한다.

이상과 같이 손익계산서에는 매출총이익, 영업이익, 법인세차감전순이익, 당기순이익과 같이 4가지 이익이 나타난다. 각각의 이익의 고유한 특성과 차이점을 알아두면 손익계산서를 깊이 이해할 수 있고 각 이익을 늘리기 위해 어떤 수단을 쓰면 될지도 알 수 있다. 이들에 대해 구체적으로 살펴보자.

(1) 매출총이익

매출액에서 매출원가를 차감한 이익을 말한다. 매출원가는 그 기업에서 만든 제품일 경우에는 제조원가, 매입한 상품일 경우에는 매입원가를 의미한다.

예를 들어, 1,000원에 매입한 상품을 1,300원에 판매했다고 하면 매출액이 1,300원이고, 매출원가는 1,000원이며, 매출총이익은 300원이다. 이 매출총이익을 얼마나 늘릴 수 있는지에 따라서 사업의 손익구조가 완

---

1) IFRS에서는 원래 포괄손익계산서에 영업이익을 구분 표시할 것을 요구하지는 않는다. 그러나 2011년 K-IFRS 적용이 전면 시행된 후, 기업에 따라 영업이익의 구분표시 여부 및 영업이익에 포함되는 항목에 대한 다양성으로 인해 기업 간 회계정보의 비교가능성이 심각하게 훼손된 것으로 나타났다. 이에 회계기준원은 영업이익을 포괄손익계산서에 표시하도록 2012년 10월 K-IFRS 1001호 '재무제표표시'를 개정하여 2012년 12월 31일 이후 종료되는 회계연도부터 적용하도록 하였다.

전히 달라진다. 매출총이익이 감소하면 나머지 3가지 이익에 엄청난 영향을 미치기 때문에 항상 매출총이익을 확인해야 한다. 매출총이익이 마이너스면 사업이 적자가 되므로 상품판매를 중지해야 한다.

(2) 영업이익

매출을 올리려면 다양한 비용, 예를 들어 인건비, 임대료, 전기수도세, 광고선전비 등을 지급해야 한다. 영업이익은 판매비, 관리비, 물류원가 등을 매출총이익에서 차감하여 계산하며 그 기업 고유의 활동으로 벌어들인 이익을 의미한다.

(3) 법인세차감전순이익

법인세 등 기업소득에 관련된 세금을 납부하기 전의 이익이다. 영업이익에 금융수익 등(배당금, 이자수익, 유형자산처분이익 등)을 더하고 금융비용 등(이자비용, 유형자산처분손실 등)을 차감한 이익이다. 예를 들어, 은행에 예금을 했다면 이자를 받을 수 있고, 주식을 보유하고 있다면 배당금을 받으므로 그 항목들을 영업이익에 더한다. 반면에 은행에서 돈을 빌렸다면 이자를 지급해야 하므로 이는 영업이익에서 차감한다. 또한 사업이 적자일 때 유휴자산(토지, 건물 등)을 매각하여 이익을 내는 일이 종종 있다. 이것이 유형자산처분이익이며 매각한 금액에서 장부상 금액(그 자산을 구입했을 때 기록한 금액)을 차감하여 이익이 났을 경우, 그 금액을 유형자산처분이익으로 표시하며 역시 영업이익에 더하며, 만약 손실이 났을 경우에는 유형자산처분손실로 표시하고 영업이익에서 차감한다.

(4) 당기순이익

법인세차감전순이익에서 법인세 등의 세금을 차감한 이익을 말하며,

매출액에서 모든 비용과 세금을 제하고 남은 이익이므로 최종 이익이라고도 한다. 당기순이익이 플러스면 주주에게 배당금을 지급할 수 있다.

제2절 수익, 비용이란?

1. 수익의 정의와 분류

(1) 수익의 의의

회계에서 사용하는 수익이란 회사가 일정한 기간 동안에 벌어들인 금액을 의미한다. 우리가 일상적인 용어로 흔히 사용하는 매출액, 외형, 매상고, 수입 등이 바로 수익에 해당한다. 다시 말해 수익(revenue)이란 기업이 일정기간 동안 고객에게 제공한 재화나 용역을 화폐액으로 표시한 것으로서 상·공업에서는 상품이나 제품의 판매액을 말하고, 서비스업에서는 수수료수익, 금융업에서는 자금을 대여하고 이로부터 생기는 이자의 수취액을 말하며, 보험업에서는 수취한 보험료가 수익의 원천이 된다. 즉, 증자에 의하지 않고 자본이 증가되는 요인을 말한다. 이와 같이 일정기간 동안에 영업활동으로 얻은 수입 또는 수입으로 될 금액이 수익이다.

(2) 수익의 분류

수익은 기업의 정상영업활동의 일환으로 발생하며 매출액, 수수료수익, 이자수익, 배당금수익, 로열티수익 및 임대료수익 등 다양한 명칭으로 구분된다.

1) 매 출 액

매출액은 기업 본래의 주된 영업활동으로부터 나타난 수익(자산의 증가)

을 말한다. 발생주의 회계에서 매출수익은 외상매출이든 현금매출이든 고객에게 재화나 용역을 제공하는 시점에서 인식되는 것이 일반적이다.

주된 영업활동의 경우, 컴퓨터 판매가 목적인 회사는 컴퓨터 판매가 주된 영업활동이며, 상품매매업이나 제조업은 본래 영업활동이 상품 또는 제품의 판매활동이기 때문에 상품 또는 제품의 매출액이 영업수익이 된다. 운송업의 경우에는 운송료수익, 보험업에서는 보험료수익, 보관업에서는 보관료수익이 영업수익이 된다.

2) 기타 수익 항목

기타수익은 기업 본래의 주된 영업활동 이외의 활동, 즉 영업활동을 지원하는 재무활동 등으로부터 나타나는 경상적이고 반복적인 순자산의 증가로서 성격상 비경상적이거나 비반복적인 항목들도 포함된다. 예를 들어, 상품매매업을 영위하고 있는 기업이 여유자금이 있어 이를 은행에 예금하고 수입이자를 받는 경우라든지, 국채 등 채권에 투자하여 이자를 받는 경우 등의 이자수익을 들 수 있다. 대표적인 기타수익은 다음과 같다.

① 이자수익

이자수익은 돈을 남에게 빌려주고 받는 이자 또는 은행에 예금하여 발생하는 이자를 처리하는 계정이다. 이는 국공채나 사채의 이자, 대여금의 이자, 정기예금이나 적금의 이자 등과 같은 이자수입액이 해당된다.

② 배당금수익

배당금수익은 기업이 주식이나 출자금을 보유함으로 인하여 받는 이익의 배당금으로 현금배당금 수입을 처리하는 계정을 말한다. 따라서 주식배당액은 배당금수익으로 처리하지 않는다.

③ **임대료 수익**

임대료는 부동산 또는 동산을 임대하고 타인으로부터 지대, 집세, 사용료 등의 대가로 수취하는 수입 금액을 말한다.

④ **유형자산처분이익**

유형자산처분이익은 설비자산을 매각하는 경우 장부가액보다 비싸게 판 금액을 의미한다. 즉, 토지 등 유형자산의 처분으로 인한 이익으로서 유형자산의 처분 시 유형자산의 처분가액이 장부가액(취득가액 - 감가상각누계액)을 초과하는 경우 그 차액을 말한다.

2. 비용의 정의와 분류

(1) 비용의 의의

비용(expense)은 수익 발생 때 발생되는 것으로 회사의 영업활동으로부터 나타난 자산의 감소(또는 부채의 증가)를 말한다. 즉, 비용은 이익의 감소요인으로 수익을 얻기 위하여 소비 또는 지출된 영업상의 원가 또는 소비액으로, 상기업에서 판매 상품에 대한 상품의 구입원가(매출원가)나 판매비와 관리비가 비용의 대표적인 것이다.

수익과 비용에 관한 예를 들어 보자. 학교 구내식당에서 학생들이 가장 즐겨 찾는 메뉴인 백반의 가격이 2,500원이라고 하자. 식당 주인의 입장에서 보면, 백반 하나를 팔면 매출액인 수익이 2,500원 발생한다. 그러면 이 2,500원이 모두 식당의 이익이 되는가? 그렇지 않다. 백반 하나의 수익인 2,500원이 발생하기 위해서는 그에 상응하는 대가를 필히 지급해야 하는 것은 당연하다. 즉, 밥을 짓기 위한 쌀 값, 반찬 값 등등 이들 모두가 수익 발생을 위한 대가인 비용인 셈이다. 따라서 백반 하나의 수익(2,500원)을 위한 비용의 총계가 2,200원이라고 한다면 이익은 300원이 되어 식당업자는 백반을 하나 팔 때마다 300원의 이익이 발생하는 것이다.

또 다른 예를 들어 보자. 매입원가가 100,000원인 기계를 140,000원에 현금 판매하였다고 하자. 이때 수익은 매출액 140,000원이며 비용은 구입가격(매출원가) 100,000원이다. 또한 기계라는 제품판매의 결과로서 나타난 차액 40,000원을 상품판매이익 또는 매출총이익이라고 한다.

이와 같이 수익과 비용은 항상 필연적으로 친구같이 같이 움직인다고 할 수 있다. 회계에서는 이를 수익·비용 대응의 원칙이라고 한다.

이러한 비용은 결과적으로 자본을 감소시키게 되는 요인이 된다. 수입과 수익이 같지 않듯이 비용과 지출도 반드시 일치하지는 않는다. 왜냐하면 지출은 현금의 유출을 의미하지만 비용은 반드시 현금의 유출을 당장 수반하는 것이 아니기 때문이다.

(2) 비용의 분류

비용은 크게 매출원가, 판매비, 물류원가, 관리비, 금융원가, 법인세비용으로 구분하는 것이 일반적이다. 매출원가는 상업기업의 경우 매출상품의 구입원가를, 공업기업(제조기업)에서는 매출제품의 제조원가를 말한다. 판매비와 관리비는 기업의 판매 또는 관리과정에서 발생하는 모든 비용을 말하며, 그 이외에 금융원가, 법인세비용 등이 있다.

1) 매출원가

매출원가는 당기 중에 팔려나간 물건의 원가로 손익계산서의 비용 중에서 금액적으로 가장 큰 비중을 차지하는 것으로서 매출액과 인과관계가 가장 높은 항목이다. 즉, 매출액에 대응하여 발생하는 비용으로 매출원가 없이는 매출액도 있을 수 없다. 상기업의 경우에는 판매된 상품의 구입원가를 말하고, 제조기업의 경우에는 판매된 제품의 제조원가를 의미한다.

한편, 매출원가는 비용의 대표적인 항목으로 수익의 대표 주자인 매출액과 항상 같이 움직이는데, 매출액에서 매출원가를 차감하면 매출총이익이 산출됨은 이미 설명하였다. 예를 들어 800원짜리 상품을 1,000원에 팔았다면 매출총이익은 200원이고, 매출총이익율은 20%(200÷1,000)이다.

2) 판매비, 관리비, 금융원가

판매비와 관리비는 상품과 용역의 판매활동 또는 기업의 관리와 유지에서 발생하는 비용으로 매출원가에 속하지 않는 모든 영업비용을 말한다. 실제로 기업이 영업을 해서 이익을 남기려면 매출원가 이외에도 여러 가지 판매비와 관리비가 소요된다. 통상 판매비에 해당하는 항목은 물류원가(운송비), 판매원 급여, 광고선전비, 접대비 등이 있고, 관리비에 해당하는 항목은 관리사원 급여, 임차료, 감가상각비, 보험료, 대손상각비, 세금과공과 등이 있다. 그리고 금융원가로 분류되는 항목은 이자비용, 외화평가손실 등이 있다.

① 급 여

급여는 회사의 임원 및 직원이 근로를 제공하고 이에 대한 대가로서 지급받는 제 금액을 말하며, 임원급여, 급료와 임금 및 제 수당을 포함한다.

② 광고선전비

광고선전비는 상품이나 제품 등의 재화 또는 용역의 판매촉진이나 기업이미지 개선 등의 선전효과를 위하여 불특정 다수인을 대상으로 지출하는 비용을 말한다.

③ 접대비

접대비는 회사의 업무와 관련하여 거래처에 제공하는 각종 지출을 의미하는데, 일반적으로 회사의 영업과 관련하여 타인에게 금전을 제외한 재화나 기타 서비스를 제공하는 데 소요되는 비용을 말한다.

④ 임차료

임차료는 건물 또는 토지 등의 부동산이나 기계나 운반구 등의 동산을 소유주와 임대차계약에 의하여 임차하고 이에 대한 사용료로서 지급하는 비용을 말한다.

⑤ 감가상각비

토지와 건설중인 자산 같은 특수한 자산을 제외한 대부분의 유형자산은 그 사용으로 인하여 점차 가치를 잃게 되는데, 이 감가된 부분을 매 기간마다 비용으로 할당하는 가격을 감가상각비라고 말한다. 즉, 유형자산의 취득원가 중 내용연수에 걸쳐 합리적인 방법으로 비용화한 금액을 의미한다.

여기서 잠깐!

감가상각비의 의미

자동차는 한번 구매하면 하루 이틀만 사용하는 것이 아니라 오랜 기간 동안 사람이나 물건의 이동을 위하여 사용하므로 비용이 아닌 자산의 성격을 가지고 있다. 이렇듯 장기적으로 영업활동에 사용하는 자산에 대해서는 구매 시점에 한꺼번에 비용으로 처리하지 않고, 감가상각 과정을 통해 비용을 분할해서 인식한다. 이렇게 자산 사용기간에 따라 배분한 비용을 감가상각비라고 한다.

예를 들어, 김공학씨가 커피숍을 창업한다면 커피를 내릴 수 있는 커피 머신이 필요하다. 이 커피 머신은 커피를 내려서 판매하기 위한 기계장비이며, 커피숍에서 반드시 갖추어야 할 필수 장비이다. 회계에서는 커피 머신을 구매한 시점에 모두 비용으로 처리하지 않는다. 일정 기간으로 나누어서 비용으로 처리하는데 그 기간을 내용연수라고 한다. 이 내용연수에 걸쳐 김공학씨는 커피 머신에 대한 감가상각비를 인식하게 된다.

⑥ 보험료

상품이나 제품 또는 유형자산에 대한 화재보험료 등을 말한다. 구체적으로 기업이 소유하는 건물, 기계장치 등의 유형자산과 상품, 제품, 원자재 등의 재고자산에 대하여 화재보험, 기타의 각종 손해보험, 보증보험, 산재보험에 가입한 경우에 보험계약에 의하여 일정기간 단위로 보험자에게 지급되는 비용을 말한다.

⑦ 대손상각비

거래처의 파산이나 행방불명 등의 사유로 상거래상 채권의 회수가 불가능하게 된 경우 동 채권가액을 비용으로 처리한 금액을 말한다. 즉, 대손상각비는 채권 중 회수가 불가능하다고 판단되는 부분에 대해 손실가능성을 추정하여 자산에서 차감하여 비용으로 계상하는 계정이다. 구체적으로 외상매출금이나 받을어음 등 매출채권과 같은 금전채권에 대해 회수가 불가능한 경우, 대손추산액에서 기존의 대손충당금 잔액(대손충당금 잔액이 있는 경우)에 대한 부족분을 추가로 설정한 금액이다.

⑧ 세금과공과

국가 또는 지방자치단체가 부과하는 조세와 각종 공공단체의 부과금 및 벌금 등의 지출액을 말한다.

⑨ 이자비용

이자비용은 회사가 외부로부터 조달한 차입금에 대해 지급하는 이자를 말한다. 즉, 남에게 돈을 빌려 쓰거나 금융기관으로부터의 대출의 대가로 지불하는 이자를 의미한다.

3) 법인세비용

주식회사와 같은 법인 기업이 그 법인이 획득한 소득에 대해 국가에 납부하여야 할 세금비용을 말한다.

3. 포괄손익계산서의 작성

예제 4-1 포괄손익계산서 작성

(주)공학의 다음 자료에 의하여 순이익을 계산하고 포괄손익계산서를 작성하시오(회계기간은 20×1년 1월 1일부터 12월 31일까지).

매출	400,000		매출원가	200,000
임차료	80,000		이자수익	35,000
접대비	50,000		임대료	50,000
급여	30,000			

해 답

포괄손익계산서

(주)공학 (20×1년 1월 1일부터 ~ 12월 31일까지)

매출	₩400,000
매출원가	(200,000)
매출총이익	₩200,000
임대료	50,000
임차료	(80,000)
접대비	(50,000)
급여	(30,000)
영업이익	90,000
이자수익	35,000
당기순이익	₩125,000

예제 4-2 포괄손익계산서 작성

(주)공학의 다음 자료에 의하여 순손실을 계산하고 포괄손익계산서를 작성하시오(회계기간은 20×1년 1월 1일부터 12월 31일까지).

매 출	500,000	급 여	250,000
매 출 원 가	380,000	배 당 금 수 익	25,000
임 대 료	50,000	이 자 비 용	130,000
임 차 료	80,000	자 산 수 증 이 익	30,000
이 자 수 익	70,000	광 고 선 전 비	100,000

해 답

포괄손익계산서

(주)공학 (20×1년 1월 1일부터 ~ 12월 31일까지)

매출	₩500,000
매출원가	(380,000)
매출총이익	₩120,000
임대료	50,000
임차료	(80,000)
급여	(250,000)
광고선전비	(100,000)
영업이익	(260,000)
이자수익	70,000
이자비용	(130,000)
배당금수익	25,000
자산수증이익	30,000
당기순손실	₩(265,000)

회계쉼터

미수금이 8.6조인데 영업이익 2.5조원?…가스공사의 이상한 회계

한국가스공사를 두고 증권가에서 말이 많습니다. 지난 한해 연간으로 2조4634억원의 영업이익을 냈는데 돈이 없다고 배당을 못하겠다고 하니 어리둥절합니다.
한국전력은 국내증시에서 역대 최대 규모인 33조원의 적자를 냈는데 비슷한 사업 구조의 한국가스공사는 전년도보다 영업이익이 2배 가량 늘어났다고 하니 이게 말이 되나 싶습니다.
이런 일이 벌어진 것은 8조원 넘게 쌓인 미수금 때문입니다. 아직 못 받은 도시가스 요금이 8조원 어치나 되는데 이걸 받은 셈치고 계산하니까 2조4000억원의 흑자가 났다는 뜻입니다.
여러분은 납득이 되시나요? 이번에는 한국가스공사의 미수금이 무엇인지, 왜 문제가 되고 있는지를 알아보도록 하겠습니다.
'외상인데 받은 셈 칩시다'…미수금 논란
미수금, 쉽게 말하면 외상이죠. 아직 못 받았지만 나중에 받을 돈을 뜻합니다.
한국가스공사는 외국에서 가스를 사올 때 지불하는 가격이 국내에서 판매하는 가격보다 높을 때 그 차액을 미수금으로 처리합니다. 예를 들어 외국에서 100원을 주고 가스를 샀는데 국내에서 80원에 팔면 차액인 20원을 미수금으로 처리합니다.
이 미수금이 특히 지난해 엄청나게 늘었습니다. 지난 2020년말 1941억원이던 미수금이 2021년 말에는 1조8000억원으로 급증했고, 지난해 말에는 8조6000억원 수준까지 불어났습니다. 올 1분기 말에는 12조원 규모가 될 것이라고 예상합니다.
미수금이 늘어난 이유는 잘 아실 겁니다. 러시아의 우크라이나 침공 이후 국제 천연가스 가격이 폭등했는데 국내 도시가스요금에는 이같은 상승폭을 제대로 반영하지 않았기 때문입니다. LNG 수입단가는 지난 한해 동안에만 2배 가량 뛰었습니다. 그런데 도시가스요금은 30%밖에 안 올랐습니다. 국제 가격과 국내 가격의 격차가 더 벌어지면서 미수금이 눈덩이처럼 불어난 것이죠.
여기까지는 이해가 쉬운데요. 투자자가 의아한 대목은 한국가스공사의 회계 처리가 미수금을 손실로 처리하지 않는다는 것입니다. 대차대조표상 자산으로 처리합니다.
적자가 나는 상황에서도 가스를 계속 사와야 하니 대출을 받거나 채권을 발행하면서 부채가 생겼을 겁니다. 그렇게 늘어난 부채만큼, '아직 못 받은 도시가스요금'이란 명목의 미수금이란 자산을 취득한 것으로 처리했다는 것입니다.
보다 쉽게 풀이하자면, 도시가스를 원가보다 싸게 팔아서 생긴 손해가 8조6000억원인데 이것은 차후에 도시가스요금을 인상해서 메꿀 예정이니 이 부분은 올해 이익을 계산할 때 '받은 셈 치겠다'라는 것입니다. 영업이익이 2조4000억원인데 미수금이 8

조6000억원이란 것은 사실 영업손실 6조2000억원과 마찬가지입니다. 여기서 영업이익은 회계 장부상의 이익일 뿐 실제로 회사에서는 6조원이 넘는 현금이 빠져나갔으니 배당을 줄 돈이 없는 게 당연합니다.

가스요금 낼 사람은 왜 부채로 인식하지 않나.

한국가스공사의 미수금이란 회계처리 방식을 쓰면 웬만한 회사는 적자가 나지 않습니다. 생산 원가는 오르는데 과도한 경쟁 탓에 가격 인상이 힘들면 원가와 제품 가격의 차이만큼 미수금으로 잡으면 됩니다. 당연히 이렇게 하는 회사는 없습니다.

미수금 방식의 회계 처리는 분명 문제가 있습니다. 올해 도시가스 요금을 제대로 못 올려서 적자가 나면 재무제표에 그대로 적자라고 표시하고, 다음해에 흑자가 나면 그대로 흑자라고 적는 게 정상입니다. 올해 큰 적자가 났지만 미수금 때문에 흑자가 되고, 나중에 흑자가 나더라도 미수금 만큼 차감해서 흑자 규모를 줄이는 건 비상식적입니다. 더군다나 한국가스공사는 상장사입니다.

일단 이렇게 외상값으로 처리하려면 누구한테 언제 받을 수 있느냐가 명확해야 합니다. '누구'는 명확합니다. 소매상격인 지역의 도시가스 사업자들이죠. 보다 엄밀하게 말하면 도시가스 요금을 결정하는 정부라고 할 수 있습니다. 그런데 언제 받을 수 있는지는 불명확합니다. 아무도 모릅니다.

한국가스공사의 미수금이 논란이 됐던 건 이번이 처음이 아닙니다. 지난 2013년 한국가스공사는 미수금을 유동화하려 한 적이 있습니다. 나중에 미수금이 들어오면 나눠주겠다면서 투자자를 모집해 미수금을 팔려고 한 것이죠. 한국회계기준원이 '일반적인 채권과 달리 미래 현금흐름이 확정돼있지 않다'는 이유로 제동을 걸면서 무산된 이력이 있습니다.

그리고 논리적으로 봐도 한국가스공사가 미수금을 자산 처리하면, 지역 도시가스 사업자가 됐든 정부가 됐든 미수금 액수만큼 '아직 안 준 돈', 즉 미납금과 같은 형태로 부채 처리해야 합니다. 그런데 그렇게 하지 않고 있습니다.

한국가스공사도 할 말은 있습니다. 산업부의 승인을 받는 한국가스공사의 도매요금에서 원료비 항목에는 정산단가가 포함돼 있습니다. 이 정산단가라는 것을 통해 미수금을 회수하는 것이죠. 구조적으로 미수금을 나중에 되돌려받을 수 있는 체계는 돼 있다고 할 수 있습니다.

미수금으로 회계처리를 하는 가장 큰 근거는 '과거에도 이렇게 했고, 미수금을 잘 처리한 이력이 있다'는 것입니다. 실제로 2008년 글로벌 금융위기가 닥치면서 가스요금이 동결되자 한국가스공사의 미수금은 2012년 말 5조5000억원까지 쌓였습니다. 이후에 가스요금을 국제시세보다 높은 수준으로 유지해 2017년 미수금을 모두 털어냈습니다.

'우리도 저렇게 하면 흑자인데'…한전도 가스공사가 부럽다 한국가스공사의 미수금 방식으로 회계 처리를 하는 이유는 도시가스 요금 인상을 억제하기 위해서입니다.
한국전력의 전기요금처럼 연료비에 연동하는 형태가 되면 도시가스 요금이 폭등할 수 있으니 민수용 도시가스에는 연료비 연동제를 적용하지 않습니다. 대신 도시가스 요금 인상을 억눌러서 발생하는 손실은 미수금 형태로 처리하도록 하는 반대급부를 준 것입니다.
또 똑같이 부채가 늘어나더라도 대규모 적자가 나면 자본총계가 감소해 부채비율이 더 많이 오르게 됩니다. 기업의 신용도가 하락하기 때문에 더 높은 금리로 채권을 발행해야 하고 이 이자부담이 다시 도시가스요금에 전가된다는 문제도 있습니다.
한국전력도 한국가스공사처럼 미수금 방식으로 회계처리를 하고 싶을 겁니다. 한국전력이 그렇게 하지 못하는 이유가 있습니다.
일단 글로벌 스탠다드에 안 맞습니다. 과거 미국 증권거래위원회(SEC)가 한국전력을 상대로 한국가스공사의 미수금 문제를 지적한 적이 있습니다. 한국전력은 한국가스공사 지분 20%를 보유한 2대 주주이기 때문입니다.
한국가스공사와 달리 한국전력은 뉴욕증시에서 주식예탁증서(DR) 형태로 거래가 되고 있습니다. 한국전력의 주식은 국내에 그대로 두고 '주식 보관증'을 뉴욕증시에서 거래한다고 보시면 됩니다. 한국전력의 자회사도 문제가 되는데 한국전력 스스로 이런 회계 처리를 하겠다고 나서기에는 부담이 클 겁니다.
또 한국전력은 누가 갚을 외상값이냐가 더 불분명합니다. 외상값을 갚아야 할 사람이 한국가스공사는 지역 도시가스 사업자이지만, 한국전력은 일반 가정과 기업이라는 차이가 있습니다.
한국가스공사 주주들의 답답한 마음은 이해가 됩니다. 원료비 상승을 도시가스 요금에 제대로 반영하지 않아 막대한 손실을 떠안은 것도 억울한데, 미수금이라는 회계 처리를 통해 기업 가치를 부풀렸다고도 주장할 수 있습니다. 서울가스, 삼천리 같은 주요 도시가스 소매상들도 흑자가 났으니 한국가스공사의 흑자를 액면 그대로 믿은 투자자도 많을 겁니다.
그러나 소송전의 미래가 밝아 보이지는 않습니다. 과거 2012년 한국전력의 소액주주들이 '전기요금을 원가 이하로 책정해 주주 이익을 훼손했다'며 정부와 한전 경영진을 상대로 손해배상소송을 청구한 적이 있습니다. 3년에 걸쳐 대법원까지 갔는데요. 결국 소액주주들이 패소했습니다.
당시 대법원은 "전기가 국민 일상에 필요불가결한 자원이어서 요금이 오르면 국민경제에 부담이 되는 만큼 전기사업의 공공성, 공익성 등을 고려할 때 원가보다 낮게 요금을 책정한 것을 위법하다고 볼 수는 없다"고 밝혔습니다.

(자료원: 매일경제 2023. 03. 03)

진위 문제

01 수익(revenue)이란 기업이 일정기간 동안 고객에게 제공한 재화나 용역을 화폐액으로 표시한 것으로서 상·공업에서는 상품이나 제품의 판매액을 말하며, 서비스업에서는 수수료수익, 금융업에서는 자금을 대여하고 이로부터 생기는 이자의 수취액을 말한다.

02 포괄손익계산서는 일정시점에서의 재무상태를 나타내는 표이다.

03 비용(expense)이란 기업이 수익을 얻기 위하여 소비 또는 지출된 영업상의 원가 또는 소비액을 말한다. 즉, 상업에서 판매상품에 대한 매출원가나 판매비와 관리비는 비용의 대표적인 형태이다.

04 회계상의 손익은 이익과 손실을 말하는데, 이익은 기업의 경영활동의 결과로 자본이 증가하는 것을 말하고, 손실은 경영활동의 결과로 자본이 감소하는 것을 말한다.

05 수익과 비용은 전혀 별개로 움직인다.

06 영업활동 이외의 출자자의 자본증가에 의해서 자본이 증가하거나, 출자자의 투자액의 환불이나 감자 등에 의해서 자본이 감소하는 것도 손익 계산에서 포함하여야 한다.

07 주된 영업활동으로부터 나타나는 수익을 영업수익이라고 한다.

08 포괄손익계산서(income statement: I/S 또는 profit and loss statement: P/L)란 기업의 일정시점의 재무상태를 명확히 보고하기 위한 회계보고서로서 총수익을 우측면(대변)에, 총비용을 좌측면(차변)에 각 항목별로 분류하고 대응표시하여 순손익을 산정해 놓은 보고서를 말한다.

09 포괄손익계산서 작성 시, 수익과 비용은 총액으로 기재하고, 서로 상계해서는 안 된다.

10 포괄손익계산서에서 비용을 차변에, 수익을 대변에 기입하여 대변잔액이 생기면 차변에 순이익이, 차변잔액이 생기면 대변에 순손실이 발생한다.

정답 **01** T **02** F **03** T **04** T **05** F **06** F **07** T **08** F **09** T **10** T

해 설

01 T

02 F 일정시점에서의 재무상태를 나타내는 표는 재무상태표를 의미한다.

03 T

04 T

05 F 수익-비용 대응의 원칙에 따라 수익항목과 이에 관련되는 비용항목을 대응시켜야 한다.

06 F 영업활동 이외의 출자자의 자본증가에 의해서 자본이 증가하거나, 출자자의 투자액의 환불이나 감자 등에 의해서 자본이 감소하는 것은 손익 계산에서 제외되어야 한다. 이러한 거래는 회사의 재무상태에 영향을 미치지만, 실제 영업활동에서 발생한 이익이나 손실과는 구분되어야 한다.

07 T

08 F 기업의 일정시점의 재무상태를 명확히 보고하기 위한 회계보고서란 재무상태표를 말한다.

09 T

10 T

객관식 문제

01 **다음 중 수익에 속하는 과목끼리 연결된 것은?**

① 이자수익-임대료-급료
② 매출액-이자비용-임차료
③ 배당금수익-임대료-매출액
④ 접대비-이자수익-유가증권처분이익

02 **다음 중 손익계산서에 표시되는 계정과목은?** (FAT2급)

① 미지급비용 ② 선수수익
③ 배당금수익 ④ 미수수익

03 **부동산 또는 동산을 빌려주고, 타인으로부터 지대, 집세, 사용료 등의 대가로 수취하는 수입 금액을 의미하는 계정은?**

① 임차료 ② 이자수익
③ 임대료 ④ 유형자산처분이익

04 **다음 중 그 분류상 성질이 다른 하나는?**

① 소모품비 ② 임대료
③ 임차료 ④ 세금과공과

05 **기업의 주된 영업활동의 결과인 매출액과 대응되는 비용 계정은?**

① 매출원가 ② 이자비용
③ 접대비 ④ 연구비

06 **다음 중 포괄손익계산서 계정과목이 아닌 것은?**

① 이자비용, 법인세비용　　② 감가상각비, 광고선전비
③ 임대료, 임차료　　④ 미수임대료, 미지급이자

07 다음 중 손익계산서의 작성 원칙에 해당되지 않는 것은?

① 수익 실현주의 원칙　　② 순액주의 원칙
③ 비용 발생주의 원칙　　④ 다단계식 손익계산서

♠ hint : 순액주의란 수익과 비용을 서로 상쇄한 차액을 의미한다.

08 다음 (　)에 들어갈 용어로 옳은 것은? (FAT2급)

> (　)은(는) 기업실체의 경제적 거래나 사건에 대해 관련된 수익과 비용을 그 현금유출입이 있는 기간이 아니라 해당 거래나 사건이 발생한 기간에 인식하는 것을 말한다.

① 현금주의　　② 수익비용대응
③ 총액주의　　④ 발생주의

09 기업의 정상적인 영업활동을 통해 창출된 이익으로, 사업 본연의 영업활동의 성과를 나타내는 이익은 어떤 것인가?

① 매출총이익　　② 당기순이익
③ 법인세차감전순이익　　④ 영업이익

10 발생주의에 따라 수익과 비용을 인식하는 개념과 가장 유사한 것은?

① 다단계식 손익계산서　　② 비교가능성
③ 손익의 구분표시 원칙　　④ 수익 · 비용의 대응

11 다음의 계산식 중 옳지 않은 것은? (전산회계 2급)

① 매출액 – 매출원가 = 매출총이익

② 영업이익 – 영업외비용 – 영업외수익 = 법인세비용차감전순이익
③ 매출총이익 – 판매비와관리비 = 영업이익
④ 법인세비용차감전순이익 – 법인세비용 = 당기순이익

12 다음 중에서 비용의 인식방법이 아닌 것은?

① 현금지출의 완료 ② 기간경과에 따른 발생
③ 합리적인 원가배분 ④ 발생 즉시 인식

13 영업손익을 계산하는 과정으로 옳은 것은? (FAT 2급)

영업손익 = 매출액 – (가) – (나)

	(가)	(나)
①	매출원가	판매비와관리비
②	매출원가	영업외비용
③	판매비와관리비	영업외비용
④	판매비와관리비	법인세비용

14 다음 중 성격이 다른 계정과목은 무엇인가? (FAT 2급)

① 개발비 ② 복리후생비
③ 보험료 ④ 수도광열비

15 다음 자료에서 영업이익을 계산하면 얼마인가? (단, 자료에서 제시된 것 외의 수익과 비용은 없다고 가정한다.) (FAT 2급)

• 매출액: 2,000,000원 • 매출원가: 1,500,000원
• 광고선전비: 100,000원 • 임차료: 60,000원

① 340,000원 ② 400,000원
③ 800,000원 ④ 850,000원

16 **다음 중 손익계산서에 나타날 수 없는 항목은?** (FAT 2급)

① 감가상각비 ② 이자비용
③ 급여 ④ 미지급비용

17 **다음 자료를 이용하여 계산한 매출총이익, 영업이익과 당기순이익은 얼마인가?** (FAT 2급)

> • 매출원가 6,000,000원 • 이자비용 500,000원 • 매출액 10,000,000원
> • 복리후생비 300,000원 • 임차료 1,000,000원

	매출총이익	영업이익	당기순이익
①	3,500,000원	2,700,000원	2,200,000원
②	3,000,000원	2,700,000원	2,200,000원
③	4,000,000원	2,700,000원	2,200,000원
④	4,000,000원	3,700,000원	2,700,000원

18 **다음 자료를 이용하여 당기 매출총이익을 구한 것으로 옳은 것은?**

> • 당기상품 순매출액 : 6,700,000원 • 기초상품재고액 : 150,000원
> • 당기상품 총매입액 : 5,000,000원 • 기말상품재고액 : 500,000원

① 1,700,000원 ② 2,050,000원
③ 2,200,000원 ④ 2,350,000원

19 **포괄손익계산서를 통해 파악할 수 있는 정보가 아닌 것은?**

① 당기순이익의 규모 ② 효율적인 비용관리
③ 과거 이익의 누적금액 ④ 회사의 영업활동 성과

20 **㈜공학은 물류창고로 사용하기 위해 건물을 구입하였다. 구입한 건물과 관련된 지출이 다음과 같을 때 취득원가는 얼마인가?**

구입대금 : 150,000,000원
구입 관련 중개수수료 : 4,500,000원
건물 구입 후 건물 보험료 : 700,000원
취득세 : 7,500,000원

① 150,000,000원 ② 154,500,000원
③ 162,000,000원 ④ 162,700,000원

21 다음 중 비용에 속하는 과목끼리 연결된 것은?

① 이자비용-임대료-감가상각비
② 외환차익-급여-접대비
③ 매출액-이자비용-기부금
④ 복리후생비-임차료-감가상각비

정답 01 ③ 02 ③ 03 ③ 04 ② 05 ① 06 ④ 07 ② 08 ④ 09 ④ 10 ④ 11 ② 12 ① 13 ① 14 ① 15 ① 16 ④ 17 ③ 18 ② 19 ③ 20 ③ 21 ④

해 설

01 ③

02 ③ 배당금수익은 영업외수익으로 손익계산서에 표시된다. 미수수익은 자산이고, 선수수익과 미지급비용은 부채로 재무상태표에 표시된다.

03 ③

04 ② 임대료는 수익계정이고 소모품비와 임차료, 세금과공과는 비용계정이다.

05 ①

06 ④ 미수임대료(자산), 미지급이자(부채) → 재무상태표 계정이다.

07 ② 총액주의 원칙이다.

08 ④ '발생주의'는 기업실체의 경제적 거래나 사건에 대해 관련된 수익과 비용을 그 현금유출입이 있는 기간이 아니라 해당 거래나 사건이 발생한 기간에 인식하는 것을 말한다.

09 ④

10 ④

11 ② 법인세비용차감전순이익 = 영업이익 + 영업외수익 − 영업외비용

12 ①

13 ① 영업손익은 매출액에서 매출원가와 판매비와관리비를 차감한 금액을 말한다.

14 ① 개발비는 자산항목이고, 복리후생비와 보험료, 수도광열비는 비용항목이다.

15 ① 영업이익: 매출액 − 매출원가 − 판매비와관리비(광고선전비 + 임차료) =
2,000,000 − 1,500,000 − (100,000 + 60,000) = 340,000

16 ④ 미지급비용은 유동부채로서 재무상태표에 나타나는 항목이다.

17 ③
매출총이익: 매출액 10,000,000 − 매출원가 6,000,000 = 4,000,000
영업이익: 매출총이익 4,000,000 − 급여 1,000,000 − 복리후생비 300,000
= 2,700,000
당기순이익: 영업이익 2,700,000 − 이자비용 500,000 = 2,200,000

18 ②
- 순매출액 : 6,700,000원
- 매출원가 : 기초재고 150,000원 + 당기매입액 5,000,000원

– 기말재고 500,000원 = 4,650,000원

· 매출총이익 : 매출액 6,700,000원 – 매출원가 4,650,000원 = 2,050,000원

19 ③ 과거 이익의 누적금액 파악은 재무상태표에서 가능하다

20 ③

· 150,000,000원 + 4,500,000원 + 7,500,000원 = 162,000,000원

· 유형자산의 취득원가는 구입대금에 부대비용(중개수수료, 취득세)을 가산하며, 건물 구입 후 건물 보험료는 당기비용으로 처리한다.

21 ④

05 회사의 이익은 어떻게 측정할 수 있을까?

제1절 순손익을 구하는 방법과 재무상태표가 의미하는 것은?

제2절 순손익을 구하는 방법과 포괄손익계산서가 의미하는 것은?

제5장

회사의 이익은 어떻게 측정할 수 있을까?

제1절

순손익을 구하는 방법과 재무상태표가 의미하는 것은?

1. 순손익의 계산방법(재산법)

(1) 손익의 의의

회계상의 손익은 이익과 손실을 말하는데, 이익은 기업의 경영활동의 결과로 자본이 증가하는 것을 말하고, 손실은 경영활동의 결과로 자본이 감소하는 것을 말한다. 그러나 영업활동 이외의 출자자의 자본증가에 의해서 자본이 증가하거나, 출자자의 투자액의 환불이나 감자 등에 의해서 자본이 감소하는 것은 손익 계산에서 제외되어야 한다. 즉, 출자자의 자본금 증감, 자기주식 거래, 감자 등 회사의 자본 구조에 직접적인 영향을 미치는 자본거래는 회사의 자본금 변동을 초래하지만, 영업활동과는 무관하며 손익 계산에서 제외되어야 한다.

따라서 기업 이익은 자본주의 출자 이외의 원인에 의한 자본의 증가부분이고, 기업 손실은 자본 감자 이외의 원인에 의한 자본의 감소부분을 의미한다.

(2) 재 산 법

기업은 경영활동의 결과 자산, 부채, 자본이 증가하거나 감소하게 되는데 일정기간에 있어서 자본의 순증가분을 순이익이라 하고, 순감소분을 순손실이라 한다. 그러므로 1회계연도의 순손익은 회계연도말의 자본(기말자본)과 회계연도초의 자본(기초자본)을 비교함으로써 계산할 수 있는데, 이러한 순손익의 계산방법을 재산법(inventory method)이라 한다. 기말자본이 기초자본보다 크면 그 차액이 순이익이고 반대로 기초자본이 기말자본보다 크면 그 차액이 순손실이 된다.

재산법에 의한 순손익은 총액에 의한 결과만 표시되기 때문에 순손익이 어떤 원인에 의해서 발생되었는지에 대한 상세한 내용을 알 수 없는 단점이 있다.

기말자본 − 기초자본 = 순이익 기초자본 − 기말자본 = 순손실	—— 재산법

(3) 재산법에 따른 순손익의 계산

기업은 경영활동의 결과 자산, 부채, 자본이 증가하거나 감소하게 되는데, 일정기간에 있어서 자본의 순증가분을 순이익이라 하고 순감소분을 순손실이라 한다. 그러므로 1회계연도의 순손익은 회계연도말의 자본(기말자본)과 회계연도초의 자본(기초자본)을 비교함으로써 계산할 수 있는데, 손익을 계산하는 방법으로는 순자산비교법과 총거래기록법으로 구분할 수 있다. 순자산이란 기업의 총자산에서 총부채를 차감한 것으로 순자산비교법은 재무상태표에 나타난 정보를 이용하여 기말순자산에서 기초순자산을 차감하여 순이익을 계산하는 방법이다. 기초순자산보다 기말순자산이 증가된 경우 그 증가된 부분을 당기순이익이라 하고, 기초순자산이 기말순자산보다 큰 경우 그 차액을 당기순손실이라 한다.

자산 − 부채 = 자본(순자산)

기말순자산 − 기초순자산 = 순이익(순손실)

기말순자산 = 기초순자산 + 당기순이익 + 기중 순추가출자금액순자산비교법에 의한 이익산출방법의 단점을 극복하고, 이익이 어떠한 영업활동을 통해 발생되었는지, 즉 그 과정과 결과를 동시에 밝히는 방법으로 총수익과 총비용을 비교하여 순이익을 산출하는 방법을 총거래기록법이라고 한다.

총수익 − 총비용 = 순이익

총비용 − 총수익 = 순손실

예제 5-1 순손익의 산출

(주)공학의 20×1년 1월 1일과 12월 31일의 재무상태는 다음과 같다.

1월 1일의 재무상태

현금및현금성자산	20,000	단기금융상품	20,000
건물	45,000	단기매매증권	25,000
상품	55,000	매출채권	10,000
단기대여금	15,000	매입채무	45,000
미지급금	50,000	단기차입금	35,000

12월 31일의 재무상태

현금및현금성자산	35,000	단기금융상품	15,000
매입채무	45,000	단기매매증권	20,000
매출채권	25,000	토지	50,000
선수금	35,000	건물	30,000
미지급금	25,000	선급금	30,000
단기차입금	15,000		

(1) 기초자본을 계산하시오.

(2) 기말자본을 계산하시오.

(3) 순손익을 계산하시오.

(4) 12월 31일 현재의 재무상태표를 작성하시오.

해 답

(1) 기초자산(현금및현금성자산 20,000 + 단기금융상품 20,000 + 단기매매증권 25,000 + 건물 45,000 + 매출채권 10,000 + 상품 55,000 + 단기대여금 15,000) = 190,000

기초부채(매입채무 45,000 + 단기차입금 35,000 + 미지급금 50,000) = 130,000

기초자본 = 기초자산(190,000) - 기초부채(130,000) = 60,000

(2) 기말자산(현금및현금성자산 35,000 + 단기금융상품 15,000 + 단기매매증권 20,000

+ 매출채권 25,000 + 선급금 30,000 + 토지 50,000 + 건물 30,000) = 205,000

기말부채(매입채무 45,000 + 선수금 35,000 + 미지급금 25,000 +단기차입금 15,000) = 120,000

기말자본 = 기말자산(205,000) - 기말부채(120,000) = 85,000

(3) 순이익 = 기말자본(85,000) - 기초자본(60,000) = 25,000

(4)

재무상태표

(주)공학 (20×1년 12월 31일 현재)

자산	금액	부채·자본	금액
현금및현금성자산	35,000	매입채무	45,000
단기금융상품	15,000	선수금	35,000
단기매매증권	20,000	미지급금	25,000
선급금	30,000	단기차입금	15,000
매출채권	25,000	자본금	60,000
토지	50,000	순이익	25,000
건물	30,000		
	205,000		205,000

예제 5-2 재무상태표 작성

(주)공학의 20×1년 1월 1일과 12월 31일 재무상태는 다음과 같다. 다음 자료를 이용하여 12월 31일 현재의 재무상태표를 작성하시오.

1월 1일의 재무상태

현금및현금성자산	50,000	단기금융상품	20,000
매출채권	80,000	건물	45,000
단기매매증권	75,000	매입채무	155,000
토지	100,000	상품	65,000
미지급금	85,000	단기차입금	50,000
미수금	55,000		

12월 31일의 재무상태

현금및현금성자산	40,000	매출채권	90,000
단기매매증권	65,000	건물	100,000
매입채무	210,000	미수금	35,000
선수금	90,000	단기차입금	80,000
단기금융상품	35,000	상품	45,000
토지	80,000		

해 답

재무상태표

(주)공학 (20×1년 12월 31일 현재)

자 산	금 액	부 채·자 본	금 액
현금및현금성자산	40,000	매 입 채 무	210,000
단 기 매 매 증 권	65,000	단 기 차 입 금	80,000
매 출 채 권	90,000	선 수 금	90,000
단 기 금 융 상 품	35,000	자 본 금	200,000
미 수 금	35,000		
상 품	45,000		
토 지	80,000		
건 물	100,000		
순 손 실	90,000		
	580,000		580,000

제2절 순손익을 구하는 방법과 포괄손익계산서가 의미하는 것은?

1. 순손익의 계산방법(손익법)

(1) 손 익 법

손익법에 의한 손익의 계산은 일정기간 동안에 실현된 수익과 발생된 비용을 비교하여 순손익을 계산하는 방법이다. 이러한 손익계산방법을 손익법(profit and loss method)이라 한다. 즉, 총수익이 총비용보다 크면 순이익이 발생되고 반대로 총비용이 총수익보다 크면 순손실이 발생한다.

그러므로 재산법에서 순손익의 발생원인을 알 수 없는 단점을 손익법에 의한 손익으로써 그 발생원인을 명확히 분석할 수 있다는 장점이 있다.

총수익 – 총비용 = 순이익
총비용 – 총수익 = 순손실 —— 손익법

예제 5-3 순손익의 산출

다음 내용으로 재산법에 의한 손익계산과 손익법에 의한 손익계산으로 순손익을 계산하시오.

기초 총자산	3,950,000	기초 총부채	2,600,000
기말 총자산	4,840,000	기말 총부채	1,900,000
총 수 익	5,850,000	총 비 용	4,260,000

해 답

(1) 재산법

기초자본 : 3,950,000 - 2,600,000 = 1,350,000

기말자본 : 4,840,000 - 1,900,000 = 2,940,000

순 이 익 : 2,940,000 - 1,350,000 = 1,590,000

(2) 손익법

순 이 익 : 5,850,000 - 4,260,000 = 1,590,000

예제 5-4 순손익의 산출

(주)공학의 20×1년 1월 1일과 12월 31일의 재무상태는 다음과 같다.

1월 1일의 재무상태

현금및현금성자산	20,000	단기금융상품	20,000
건물	45,000	단기매매증권	25,000
상품	55,000	매출채권	10,000
단기대여금	15,000	매입채무	45,000
미지급금	50,000	단기차입금	35,000

12월 31일의 재무상태

현금및현금성자산	35,000	단기금융상품	15,000
매입채무	45,000	단기매매증권	20,000
매출채권	25,000	토지	50,000
선수금	35,000	건물	30,000
미지급금	25,000	선급금	30,000
단기차입금	15,000		

(1) 기초자본을 계산하시오.

(2) 기말자본을 계산하시오.

(3) 순손익을 계산하시오.

(4) 12월 31일 현재의 재무상태표를 작성하시오.

해 답

(1) 기초자산(현금및현금성자산 20,000 + 단기금융상품 20,000 + 단기매매증권 25,000 + 건물 45,000 + 매출채권 10,000 + 상품 55,000 + 단기대여금 15,000) = 190,000

기초부채(매입채무 45,000 + 단기차입금 35,000 + 미지급금 50,000) = 130,000

기초자본 = 기초자산(190,000) - 기초부채(130,000) = 60,000

(2) 기말자산(현금및현금성자산 35,000 + 단기금융상품 15,000 + 단기매매증권 20,000 + 매출채권 25,000 + 선급금 30,000 + 토지 50,000 + 건물 30,000) = 205,000

기말부채(매입채무 45,000 + 선수금 35,000 + 미지급금 25,000 + 단기차입금 15,000) = 120,000

기말자본 = 기말자산(205,000) - 기말부채(120,000) = 85,000

(3) 순이익 = 기말자본(85,000) - 기초자본(60,000) = 25,000

(4)

재무상태표

(주)공학 (20×1년 12월 31일 현재)

자 산	금 액	부 채·자 본	금 액
현금및현금성자산	35,000	매입채무	45,000
단기금융상품	15,000	선수금	35,000
단기매매증권	20,000	미지급금	25,000
선급금	30,000	단기차입금	15,000
매출채권	25,000	자본금	60,000
토지	50,000	순이익	25,000
건물	30,000		
	205,000		205,000

(2) 회계기간

회계기간(회계연도)은 경영성과를 계산하는 기간적 범위로서 일반적으로 6개월 또는 1년으로 구분된다. 상법에서는 1년에 1회 이상 결산을 하도록 규정하고 있으며, 회계기간을 1년으로 한 경우 6개월을 기준으로 상반기와 하반기로 구분하기도 한다.

2. 재무상태표와 포괄손익계산서의 순손익은 일치한다?

재무상태표는 기업의 재무상태와 순손익의 현재액을 표시하고, 포괄손익계산서는 손익발생의 내용을 원천별로 표시하며, 재무상태표와 포괄손익계산서에서 산출된 순이익은 대차 반대로 같은 금액으로 일치한다.

즉, 재산법에 의한 손익계산이나 손익법에 의한 손익계산이나 순손익은 서로 일치하며, 그렇기 때문에 재무상태표와 포괄손익계산서도 상호 반대의 자리에서 순손익이 일치한다.

순이익이 발생했을 때

재무상태표

기말자산	600,000	기말부채	300,000
		기초자본	200,000
		순이익	100,000
	600,000		600,000

포괄손익계산서

총비용	400,000	총수익	500,000
순이익	100,000		
	500,000		500,000

(일치)

순손실이 발생했을 때

재무상태표

기말자산	500,000	기말부채	400,000
순손실	100,000	기초자본	200,000
	600,000		600,000

포괄손익계산서

총비용	500,000	총수익	400,000
		순손실	100,000
	500,000		500,000

(일치)

예제 5-5 포괄손익계산서 작성

(주)공학은 20×1년 3월 1일 현금 5,000,000원으로 영업을 개시하고 1개월간 영업을 한 결과 다음과 같은 자료를 얻었다. 3월 31일을 기준으로 한 재무상태표와 포괄손익계산서를 작성하고 양 재무제표상의 순손익이 일치하는가를 보이시오.

현금및현금성자산	2,500,000	매입채무	1,500,000
단기차입금	800,000	단기대여금	1,300,000
매출채권	4,500,000	이자수익	1,250,000
감가상각비	850,000	상품	1,200,000
매출	5,000,000	복리후생비	1,100,000
매출원가	3,250,000	사채	1,700,000
세금과공과	550,000		

해 답

재무상태표

(주)공학 (20×1년 3월 31일 현재)

자 산	금 액	부 채 및 자 본	금 액
현금및현금성자산	2,500,000	매 입 채 무	1,500,000
매 출 채 권	4,500,000	단 기 차 입 금	800,000
단 기 대 여 금	1,300,000	사 채	1,700,000
상 품	1,200,000	자 본 금	5,000,000
		순 이 익	500,000
	9,500,000		9,500,000

포괄손익계산서

(주)공학 (20×1년 3월 1일부터 ~ 3월 31일까지)

매출	₩5,000,000
매출원가	(3,250,000)
매출총이익	₩1,750,000
감가상각비	(850,000)
복리후생비	(1,100,000)
영업이익	(200,000)
이자수익	1,250,000
세금과공과	(550,000)
당기순이익	₩500,000

예제 5-6 재무제표상의 손익계산 파악

20×1년 8월 1일 현금 3,000,000원으로 영업을 개시한 ㈜공학은 1개월간 영업을 한 결과 다음과 같은 자료를 얻을 수 있었다. 8월 31일을 기준으로 한 재무상태표와 포괄손익계산서를 작성하고 양 재무제표상의 손익계산이 일치하는가를 보이시오.

현금및현금성자산	640,000	매 입 채 무	900,000
단 기 차 입 금	400,000	상 품	1,500,000
매 출 채 권	680,000	광 고 선 전 비	700,000
이 자 비 용	70,000	비 품	1,800,000
매 출	5,000,000	급 여	1,200,000
매 출 원 가	3,550,000	선 수 금	840,000

해 답

재무상태표

(주)공학 (20×1년 8월 31일 현재)

자 산	금 액	부 채 및 자 본	금 액
현금및현금성자산	640,000	매 입 채 무	900,000
매 출 채 권	680,000	단 기 차 입 금	400,000
상 품	1,500,000	선 수 금	840,000
비 품	1,800,000	자 본 금	3,000,000
순 손 실	520,000		
	5,140,000		5,140,000

포괄손익계산서

(주)공학	(20×1년 8월 1일부터 ~ 8월 31일까지)
매출	₩5,000,000
매출원가	(3,550,000)
매출총이익	₩1,450,000
광고선전비	(700,000)
급여	(1,200,000)
영업이익	(450,000)
이자비용	(70,000)
당기순손실	₩(520,000)

회계쉼터

[인터뷰] 강대준 회계사가 알려주는 '잘나가는 기업'의 경영 비법

"많은 현금을 꾸준히 창출하는 사업 모델이 성공 전략"

잘나가는 기업들은 무엇이 다를까요? 기업 대표가 돈을 잘 벌기 위해서는 업종을 파악하는 능력과 좋은 인재를 활용하는 눈이 필요하겠죠. 더불어 '기업의 경제 활동을 돈으로 기록하는' 회계를 아는 것도 중요한데요. 회계를 통해 재무 상태를 들여다본 후에, 비즈니스 모델을 만들고 경영계획을 설계할 수 있기 때문입니다.

복잡한 회계를 쉽게 알 수 있게 강의하기로 유명한 회계사가 있습니다. 강대준 인사이트파트너스 대표회계사인데요.

삼일회계법인 출신인 강 대표회계사는 회계컨설팅 회사를 운영하면서 대기업과 유니콘 기업들에 회계·세무 등 전반적인 경영 관리를 자문하고 있습니다. 강 대표가 요즘 기업에게 강조하는 회계 인사이트는 무엇인지 만나서 이야기를 들어봤습니다.

강대준 인사이트파트너스 대표회계사는 "기업가치 평가에서 매출보다 더 중요한 것은 현금흐름"이라며 "현금흐름 관리를 못하면 거래를 해서 매출이 생겨도 정작 융통할 수 있는 돈이 없는 상황이 발생한다"고 강조했다.

-기업과 사업자들을 대상으로 회계 강의를 많이 하고 계시는데, 강의에서 강조하는 포인트가 있나요?

기업들은 보통 매출을 중요하게 생각해요. '일단 매출을 키우고 보자' 이런 얘기 많이 하잖아요. 그런데 매출보다 더 중요한 게 현금흐름입니다. 기업가치는 현금흐름에 연동이 많이 돼 있거든요. 기업들은 요즘 이 부분을 간과하는 것 같아요.

사업하시는 분들도 영업하시면서 거래부터 트고 돈은 나중에 받아도 된다고 하시는 분들이 많아요. 그렇게 되면 매출은 생기는데 돈은 늦게 받게 되겠죠. 그러면 현금흐름이 안 좋아집니다. 현금 회수가 계속해서 늦어지면 부도로 이어지기도 하고요.
그래서 중요한 개념이 운전자본입니다. 운전자본은 거래에 바로 사용될 수 있는 현금 등을 의미하는데요. 카페를 운영하는 자영업자가 운전자본 관리를 못해서 폐업하는 경우도 많은데요.
예를 들어 카페를 하려면 커피 원두 같은 원자재가 필요한데, 프랜차이즈 카페라면 본사에 돈을 주고 원자재를 사겠죠. 그렇게 재고를 두고 판매를 하는데, 요즘은 배달 플랫폼 같은 플랫폼 판매가 많잖아요. 플랫폼으로 올린 매출은 바로 돈이 들어오는 게 아니라 몇 주 뒤, 경우에 따라서는 몇 달 뒤에 들어오기도 합니다. 그러면 물건을 팔아 매출이 생겼어도 돈은 돌지 않는 상황이 생기는데요.
그러다 보니까 사장님들이 세금 낼 때가 되면 “회사에 돈은 없는데 내가 왜 이익을 냈다는 거냐”고 하세요. 한편으로는 맞는 말씀입니다. 거래를 했으니 매출과 이익은 있는데 그 이익이 재고와 채권, 선납한 돈으로 깔려 있는 장부상 이익만 있는 상태여서 그렇거든요.
운전자본이 관리가 안 되면 사장님들은 당장 현금이 없으니까 대출을 받습니다. 주로 운전자본 대출은 금리가 높은 단기 대출이기 때문에 결국 경영이 악순환 구조로 돌아갈 수밖에 없어요. 제가 계속해서 현금흐름을 강조하는 이유입니다.
– 운전자본 관리를 잘해 현금흐름이 좋은 기업은 어떤 곳이 있을까요?
쿠팡을 들 수 있겠네요. 쿠팡은 회원 1300만명에게 월 회비를 먼저 받고, 재고는 거의 갖고 있지 않습니다. 재고가 쌓일 것 같으면 사입하지 않고, 재고를 사입한다 하더라도 거래처에 돈은 두 달 후에 지급하죠. 쿠팡은 말 그대로 현금흐름이 좋을 수밖에 없는 비즈니스 모델을 구축하고 있어요.
반면 쿠팡에 물건을 파는 개인·법인 사업자, 하다못해 대기업까지 운전자본 관리가 안 되면 현금흐름이 꼬이기 시작합니다. 쿠팡에서 물건이 잘 팔리고 매출은 커지는데 돈은 두 달 후에 들어오니까, 빛 좋은 개살구라고 볼 수 있는 거죠. 쿠팡 사업자가 겪는 최악의 상황은, 선금을 주고 물건을 사 와서 팔았는데 돈이 늦게 들어오는 경우예요.
이렇게 늦게 현금을 회수하는 사업자들을 위해 쿠팡에서 판매하는 전문 대출상품이 있을 정도입니다. 단기대출 상품인데 수수료가 엄청 비싸죠.
일반 사업자들은 운전자금에 대한 개념을 못 배우고 시작한 분들이 많아서 이런 상황을 겪어요. 때문에 현금흐름 관리를 알고 사업을 시작하셔야 한다고 조언하고 있어요. 어떤 사업을 하더라도 돈을 미리 받는 구조로 만드는 게 제일 좋겠죠.
– ‘돈을 먼저 받아라.’ 솔루션은 의외로 간단하네요.
맞습니다. 그런데 우리 회사가 고객에게 돈을 먼저 받기 위해서는 비즈니스 구조를 잘 만들어야 하는데, 그에 대한 고민이 필요하죠. 쉽지 않은 일이고요. 대부분의 대표님들이 처음 사업에 뛰어들면 선택한 업종 자체는 잘 아는데 비즈니스 모델은 몰라요.

예를 들어, 글을 정말 잘 쓰고 편집자적 능력이 뛰어난 출판사 에디터가 출판사를 차리는 건 또 다른 일이죠. 출판사 사장이 되면 기업관리를 해야하잖아요. 그런데 비즈니스 모델, 영업 방식을 설계하지 못하고 매출만 추구하면 거래가 늘어날수록 지는 게임이 돼요. 현금흐름이 안 좋아지는 거죠.
많은 회사들은 돈을 먼저 받고 서비스하는 것에 익숙하지 않은 것 같습니다. "돈은 받았는데 우리가 제공한 서비스가 만족스럽지 못하면 어떡하지"라는 걱정을 하는데요. 대표님들이 '먼저 돈을 지불하면 거기에 맞는 서비스를 하겠다'는 자신감이 필요한 듯 합니다.
강 대표회계사는 "사업 성공은 현금을 얼마나 많이, 안정적으로 창출할 수 있는지가 기본"이라며 "그 기본에 충실하면서 사업을 고도화해야 한다"고 말했다.
- 기업 경영에 있어서도 트렌드가 있죠. 요즘엔 '이렇게 하면 성공한다, 혹은 실패한다'는 공식이 있을까요?
3년 전 코로나19가 유행할 때 자본이 엄청 풀렸어요. 금리도 낮았고요. 시장에 돈이 많은 시기에는 자본 플레이를 많이 합니다. 이 정도 거래량에 트래픽이면 우리 기업가치는 얼마라는 공식이 생기죠.
그런데 요즘은 본질로 돌아오는 것 같아요. '투자의 귀재'로 불리는 워런 버핏 버크셔 해서웨이 회장이 제일 중요하게 생각하는 것도 이 본질이에요.
일반적으로 기업 가치는 두 가지로 평가할 수 있어요. 하나는 이 비즈니스가 현금을 얼마나 많이 창출할 수 있나, 또 하나는 현금흐름을 얼마나 안정적으로 이어 갈 수 있나 하는 건데요. 코카콜라나 맥도날드·질레트에 투자하는 건 이 기업들이 현금흐름이 안정적이기 때문이에요.
다시 말해 이 사업을 통해 얼마나 많은 현금을 창출할 수 있는지가 기본이고, 그 기본에 충실하면서 사업을 고도화하는 거죠.
그런데 몇 년 전에는 현금흐름과 상관없이 키워드 위주로 기업가치를 평가하는 게 트렌드였습니다. 이를테면 인공지능(AI)이나, 블록체인 같은 키워드를 중심으로 사업을 전개하는 거죠. 예를 들어 전혀 블록체인과 상관없는 기업이 블록체인을 언급한다든가, 아직 글로벌 진출이 어려운 회사인데 세계 시장 진출을 목표로 투자를 받는다든가 하는 거였죠.
다른 국가로 진출한다면 물류시스템이나 여러 부분들이 고려돼야만 하는데 그런 비전 없이는 성공하기 쉽지 않아요. 키워드 위주로 공격적인 운영을 하게 되면 실질적으로 그 비즈니스 모델이 탄탄하게 운영될지는 장담할 수 없는 거죠.
- 기업이 돈을 잘 벌고 있는지 확인할 때 대표님이 보시는 지표가 있나요?
하나만 보면 돼요. 저는 현금흐름표에서 잉여현금흐름만 봅니다.
현금흐름표가 중요해진 것은 그리 오래되지 않았습니다. 1960년대에는 매출액이 중요했는데요. 그때는 산업 확장이 중요한 시기였기 때문에 신산업을 뚫어서 깃발을 꽂고 다닐 때죠. 이에 매출액이 중요할 수밖에 없었어요.
그러다가 1990년대에 들어서는 이미 세계화가 되고 글로벌 공급체인이 완성됐기 때문에, 산업 확장보다는 이윤을 남기자는 생각이 강해졌어요. 그때는 오너 경영자들이 곧 주주이다 보니까, 내 회사에서 남기는 순이익이 중요했죠.
이후 전문경영인 시대가 오고 2세 경영으로 넘어가면서 영업이익이 중요해졌습니다. 순이익은 이자·환율에 세금까지 포함한 것인데, 배당 지급이나 환율 변동으로 순이익이 증가한다면 전문경영인의 능력에 따른 결과가 아니잖아요. 전문경영인이 돈을 잘 벌어오는지를 판단하기 위해서는 순이익이 아닌 영업이익을 봐야 하는 거죠. 그 이후로 지금까지 기업 실적을 영업이익 위주로 보게 된 것 같아요.
그런데 영업이익도 영업이익 나름이라고 생각합니다. 중요한 것은 영업이익의 질인데요. 질이 좋은 영업이익인지를 확인하려면 현금흐름을 봐야 합니다. 현금흐름을 수반하는 영업이익인지를 따져봐야 하는 것이죠. 매출과 영업이익은 거래를 하면 생기는데요. 그 거래를 해서 현금을 가져왔는지, 현금을 빨리 회수할 수 있는지를 봐야 해요.
현금을 늦게 회수하는 매출과 영업이익은 질이 좋지 않은 영업이익입니다. 일을 하기도 전에 돈을 받는 것이 제일 질 좋은 영업이익이고요. 스타벅스를 보면 영업이익은 많이 떨어졌는데 현금흐름은 좋아요. 소비자들이 카카오톡 선물하기나 앱 충전으로 스타벅스를 이용하기 때문에 선금을 받는 형태거든요. 그래서 스타벅스는 영업이익이 1300억원 정도인데 현금은 한 4000억원 쯤 잡혀 있어요. 질이 좋은 영업이익인 거죠.
반면 현금흐름을 왜곡시키는 것 중 하나가 감가상각비입니다. 감가상각비는 예전에 투자한 비용이 나중에 청구되는데요. 이 감가상각비를 조정하는 게 상각전영업이익(EBITDA) 지표입니다.
EBITDA는 1990년대에서 2000년대에 유행한 지표인데, 현금흐름표는 그 즈음부터 생기기 시작했어요. 현금흐름 지표가 뒤늦게 생기다 보니 EBITDA가 대용치로 사용돼 왔던 거죠.
EBITDA는 기업 실적을 빠르게 확인할 수 있는 지표는 맞는데요. 그보다 중요한 것은 현금흐름표 중 '영업활동 현금흐름'을 봐야 알 수 있다고 생각해요. 영업이익과 영업활동 현금흐름을 비교했을 때, 영업이익보다 영업활동 현금흐름이 높은 회사를 질이 좋은 영업이익을 내는 회사라고 평가합니다. 이런 회사는 채권 발행도 잘 되고 재고도 빨리 소진하고, 선수금을 받을 수도 있죠.
– 잉여현금흐름에 대한 정리 좀 해주세요.
영업에서 돈을 번다고 하더라도, 설비투자 비용을 다 제했을 때 남는 게 거의 없으면 안 되잖아요. 설비투자 비용을 의미하는 용어가 케펙스(CAPEX)인데, 영업현금흐름에서 이 설비투자 비용을 뺀 게 잉여현금흐름이에요. 잉여현금흐름은 프리캐시플로우

(FreeCashFlow, FCF)인데요. 요즘은 포털사이트 증권 탭에서도 쉽게 찾아볼 수 있어요. FCF를 얼마나 많이 안정적으로 창출할 수 있는가가 기업가치의 핵심이죠.
강 대표회계사는 어떤 기업이 돈을 잘 벌고 있는지는 현금흐름표의 '잉여현금흐름(FCF)'만 보면 쉽게 알 수 있다고 설명했다.
- 그렇다면 우리 회사가 FCF를 좋게 하려면 어떻게 해야 할까요?
택스워치를 예를 들어볼까요. 택스워치 수익원은 광고, 콘텐츠 CP, 굿즈 상품 등을 들 수 있겠죠. 광고가 본질사업이라면 지속적으로 투자를 해야 하는 비즈니스는 안 좋은 비즈니스예요. 즉, 매출이 늘면 늘수록 인건비가 계속 올라간다면 안 좋은 비즈니스겠죠.
어느 정도 콘텐츠를 구성할 수 있는 인프라가 확충됐으면 그 다음부터는 구독자가 늘어야 하잖아요. 트래픽과 콘텐츠가 늘어나고, 선순환되는 제품이 늘면서도 CAPEX는 줄어드는 방안을 찾는다면 현금흐름이 좋아지겠죠.
같은 언론사, 같은 카페라도 영업 전략은 각각 다 다릅니다. 근본적인 비즈니스 모델을 고민하는 시간을 가지면 현금흐름을 어떻게 좋게 할 것인지 조금이나마 해답이 보일거예요.
- 마지막으로 사업을 시작하시는 분들께 하고 싶은 조언이 있나요?
사업은 운으로 되는건 없다고 생각해요. 미리 준비하고 고민한 후에 뛰어들어야 하죠. 사업을 하는 건 인생에 큰 투자를 하는 거잖아요. 남들 잘 된 사업 보고 희망만 안고 따라하다가는 후회할 수밖에 없죠.
예비 사장님들이 머릿속에 사업에 대한 구상을 잘 그려 놓고, 꼼꼼하게 설계를 마치고 나서 도전하시면 좋겠습니다.

(자료원 : 택스워치 2024. 07. 18)

객관식 문제

01 기초자산이 ₩300,000, 기초부채가 ₩100,000, 기말자산이 ₩500,000, 기말부채가 ₩240,000이었다. 기중 총수익이 ₩400,000인 경우 기중 총비용은 얼마인가?

① ₩460,000　② ₩360,000
③ ₩340,000　④ ₩240,000

02 다음 등식 중 틀린 것은?

① 재무상태표 등식 : 자산 = 부채 + 자본
② 재산법 : 기말자본 - 기초자본 - 기중증자 + 기중감자 = 순이익
③ 손익법 : 총비용 - 총수익 = 순손실
④ 포괄손익계산서 등식 : 비용총액 = 수익총액 + 순이익

03 다음 자료에 의한 ㉠, ㉡, ㉢의 합계액은?

기말자산	기말부채	기말자본	기초자본	총비용	총수익	순이익
₩610,000	₩230,000	㉠	₩290,000	㉡	₩770,000	㉢

① ₩1,150,000　② ₩1,240,000
③ ₩1,330,000　④ ₩2,140,000

04 다음은 ㈜공학의 외부감사인이 발견한 재고자산 관련 오류이다. 재고자산의 오류를 반영한 후 ㈜한공의 당기순이익 얼마인가? (TAT 1급)

- 기초자산　15,000,000원
- 기초부채　9,000,0000원
- 기말자산　19,000,000원
- 기말부채　11,000,000원
- 당기 추가출자금액　500,000원

① 3,100,000원　② 3,300,000원
③ 3,400,000원　④ 3,700,000원

05 다음의 자료와 회계등식을 이용하여 계산한 기말자본 총계는?

기초자산	기초부채	기말부채	총수익	총비용
₩30,000,000	₩18,000,000	₩19,000,000	₩20,000,000	₩17,000,000

① ₩6,000,000 ② ₩9,000,000
③ ₩12,000,000 ④ ₩15,000,000

06 다음은 甲주식회사의 자료이다. (㉠, ㉡, ㉢, ㉣)에 알맞은 금액은?

기초자산	기초부채	기초자본	기말자산	기말부채	기말자본	총수익	총비용	순이익
₩1,500,000	㉠	₩800,000	㉡	₩500,000	㉢	₩1,000,000	㉣	₩400,000

	㉠	㉡	㉢	㉣
①	₩700,000	₩1,500,000	₩500,000	₩600,000
②	₩700,000	₩1,600,000	₩1,200,000	₩600,000
③	₩700,000	₩1,700,000	₩1,200,000	₩600,000
④	₩800,000	₩1,800,000	₩2,200,000	₩140,000

07 다음 자료를 토대로 당기순이익을 계산하면 얼마인가? (FAT 1급)

- 기초자산 15,000,000원
- 기초부채 9,000,000원
- 기말자산 19,000,000원
- 기말부채 11,000,000원
- 당기 추가출자금액 500,000원

① ₩1,500,000 ② ₩2,000,000
③ ₩2,500,000 ④ ₩6,000,000

08 공학(주)의 기말자산총액이 ₩245,000이고, 기말부채총액이 ₩110,000이며, 기중의 수익총액이 ₩650,000이고, 비용총액이 ₩665,000이며, 기초의 자산총액이 ₩250,000이었다고 하면, 기초의 부채 총액은?

① ₩85,000 ② ₩100,000
③ ₩115,000 ④ ₩135,000

09 **20x5년 1월 1일 1,500,000원을 출자하여 설립된 ㈜공학의 20x5년 12월 31일 재무상태표의 자산·부채 계정과목은 다음과 같다. 20x5년 당기순이익은 얼마인가? (단, 당기순이익 이외의 자본변동은 없었다)** (FAT 1급)

- 현 금 500,000원 • 지급어음 200,000원 • 상품 600,000원
- 외상매입금 300,000원 • 외상매출금 500,000원
- 기계장치 900,000 • 임차보증금 200,000 • 미지급금 420,000원

① ₩80,000 ② ₩280,000
③ ₩330,000 ④ ₩420,000

10 **기초자산총액 ₩40,000, 기초부채총액 ₩18,000,기말부채총액 ₩39,000이다. 기중에 경영활동으로 수익총액 ₩33,000, 비용총액 ₩24,000이 발생하였다면 기말자산총액과 기말자본총액은?**

	기말자산총액	기말자본총액
①	₩70,000	₩31,000
②	₩61,000	₩31,000
③	₩70,000	₩22,000
④	₩61,000	₩22,000

11 **영업손익을 계산하는 과정으로 옳은 것은?** (FAT 2급)

영업손익 = 매출액 - (가) - (나)

	(가)	(나)
①	매출원가	판매비와관리비
②	매출원가	영업외비용
③	판매비와관리비	영업외비용
④	판매비와관리비	법인세비용

12 **다음의 자료를 이용하여 영업이익을 구하시오(기초재고는 50,000원, 기말재고는 0으로 가정한다.)** (전산회계 2급)

- 총매출액 500,000원 • 매출할인 10,000원 • 당기총매입액 300,000원
- 매입에누리 20,000원 • 이자비용 30,000원 • 급여 20,000원
- 통신비 5,000원 • 감가상각비 10,000원 • 배당금수익 20,000원
- 임차료 25,000원 • 유형자산처분손실 30,000원

① 60,000원 ② 70,000원
③ 100,000원 ④ 130,000원

13 **다음 자료를 이용하여 계산한 매출총이익, 영업이익과 당기순이익은 얼마인가?** (FAT 2급)

- 매출원가 6,000,000원 • 이자비용 500,000원 • 매출액 10,000,000원
- 복리후생비 300,000원 • 임차료 1,000,000원

	매출총이익	영업이익	당기순이익
①	3,500,000원	2,700,000원	2,200,000원
②	3,000,000원	2,700,000원	2,200,000원
③	4,000,000원	2,700,000원	2,200,000원
④	4,000,000원	3,700,000원	2,700,000원

14 **구분식 손익계산서를 작성할 때 순서로 옳은 것은?** (제10회 FAT 2급)

① 매출총이익 → 법인세비용차감전이익 → 영업이익 → 당기순이익
② 영업이익 → 법인세비용차감전이익 → 매출총이익 → 당기순이익
③ 법인세비용차감전이익 → 매출총이익 → 영업이익 → 당기순이익
④ 매출총이익 → 영업이익 → 법인세비용차감전이익 → 당기순이익

15 **다음의 자료를 이용하여 매출총이익을 계산하면 얼마인가?**

• 기초상품재고액 : 1,000,000원	• 당기상품매입액 : 2,000,000원
• 당기상품판매액 : 5,000,000원	• 기말상품재고액 : 500,000원

① ₩ 2,000,000　　② ₩2,500,000
③ ₩ 3,000,000　　④ ₩3,500,000

16 **다음 자료에 의하여 기말자본, 총수익, 순손익을 계산하면?**

기초자본	₩100,000	기말자산	₩250,000
기말부채	₩120,000	총비용	₩50,000

① 기말자본 ₩130,000, 총수익 ₩130,000, 순이익 ₩50,000
② 기말자본 ₩130,000, 총수익 ₩80,000, 순이익 ₩30,000
③ 기말자본 ₩150,000, 총수익 ₩80,000, 순이익 ₩30,000
④ 기말자본 ₩150,000, 총수익 ₩130,000, 순이익 ₩50,000

17 **다음은 12월 31일이 재무상태표일인 공학(주)의 20x1년초와 20x1년 말 재무상태표 자료이다. 20x1년 중 추가출자 ₩100,000과 현금배당 ₩50,000이 있었다면, 공학(주)의 20x1년 포괄손익계산서에 보고되는 당기순이익은?**

	20x1년 1월 1일	20x1년 12월 31일
• 총자산	₩500,000	₩900,000
• 총부채	₩400,000	₩600,000

① ₩150,000　　② ₩200,000
③ ₩250,000　　④ ₩300,000

18 **다음 자료에서 영업이익을 계산하면 얼마인가? (단, 자료에서 제시된 것 외의 수익과 비용은 없다고 가정한다.)** (FAT 2급)

• 매출액: 1,500,000원	• 매출원가: 1,200,000원
• 광고선전비: 80,000원	• 기부금: 60,000원

① 160,000원　　② 220,000원
③ 300,000원　　④ 360,000원

정답 01 ③ 02 ④ 03 ① 04 ④ 05 ④ 06 ③ 07 ① 08 ② 09 ② 10 ① 11 ① 12 ③ 13 ③ 14 ④ 15 ② 16 ② 17 ① 18 ②

해 설

01 ③ 기말자본(500,000-240,000 = 260,000) = 기초자본(300,000 - 100,000 = 200,000) + 당기순이익(x)
당기순이익(60,000) = 수익(400,000) - 비용(x)
비용 = 340,000

02 ④ 비용총액 + 순이익 = 수익총액 + 손손실

03 ① 기말자본(380,000) = 기말자산(610,000) - 기말부채(230,000)
기말자본(380,000) = 기초자본(290,000) + 당기순이익(x)
당기순이익(90,000) = 수익(770,000) - 비용(x)
비용 = 680,000

04 ④

• 수정전 당기순이익	3,000,000원
(+) 기초재고 과대계상(이익과소계상)	400,000원
(+) 기말재고 과소계상(이익과소계상)	300,000원
수정후 당기순이익	3,700,000원

05 ④ 기말자본 = 기초자본(30,000,000 - 18,000,000)+당기순이익(20,000,000 - 17,000,000) = 15,000,000

06 ③ 기초부채(700,000) = 기초자산(1,500,000) - 기초자본(800,000)
기말자본(1,200,000) = 기초자본(800,000) + 순이익(400,000)
기말자산(1,700,000) = 기말부채(500,000) + 기말자본(1,200,000)
총비용(600,000) = 수익(1,000,000) - 순이익(400,000)

07 ①
• 기초자본 = 15,000,000원 - 9,000,000원 = 6,000,000원
• 기말자본 = 19,000,000원 - 11,000,000원 = 8,000,000원
• 당기순이익 = 기말자본 - 기초자본 - 추가출자금액
= 8,000,000원 - 6,000,000원 - 5,000,000원 = 1,500,000원

08 ② 기말자본(245,000-110,000) = 기초자본 - 당기순손실(650,000-665,000)
기초자본(150,000) = 기초자산(250,000) - 기초부채(x)
기초부채 = 100,000

09 ②
(1) 기말자산 = 현금(500,000원) + 상품(600,000원) + 외상매출금(500,000원) + 기계장치(900,000원)+ 임차보증금(200,000원) = 2,700,000원
(2) 기말부채 = 지급어음(200,000원) + 외상매입금(300,000원) + 미지급금(420,000) = 920,000원

(3) 기말자본 = 2,700,000원 – 920.000원 = 1,780,000원
(4) 당기순이익 = 기말자본(1,780,000원) – 기초자본(1,500,000원) = 280,000원

10 ① 기말자산총액 = 기말부채(39,000) + 기말자본(31,000)
기말자본총액 = 기초자본(22,000) + 당기순이익(9,000)

11 ① 영업손익은 매출액에서 매출원가와 판매비와관리비를 차감한 금액을 말한다.

12 ③ 100,000원
• 순매출액 : 총매출액 500,000원 – 매출할인 10,000원 = 490,000원
• 매출원가 : 기초재고 50,000원 + (당기총매입액 300,000원 – 매입에누리 20,000원) = 330,000원
• 판매비와관리비 : 급여 20,000원 + 통신비 5,000원 + 감가상각비 10,000원 + 임차료 25,000원 = 60,000원
• 영업이익 : 순매출액 490,000원 – 매출원가 330,000원 – 판매비와관리비 60,000원 = 100,000원
• 이자비용과 유형자산처분손실은 영업외비용, 배당금수익은 영업외수익이다.

13 ③
매출총이익: 매출액 10,000,000 – 매출원가 6,000,000 = 4,000,000
영업이익: 매출총이익 4,000,000 – 급여 1,000,000 – 복리후생비 300,000 = 2,700,000
당기순이익: 영업이익 2,700,000 – 이자비용 500,000 = 2,200,000

14 ④ 구분식 손익계산서의 계산순서
매출총이익 → 영업이익 → 법인세비용차감전이익 → 당기순이익

15 ② 2,500,000원
• 상품매출원가 : 기초재고액 1,000,000원 + 당기상품매입액 2,000,000원 – 기말재고액 500,000원 = 2,500,000원
• 매출총이익 : 상품판매액 5,000,000원 – 상품매출원가 2,500,000원 = 2,500,000원

16 ② 기말자본(130,000) = 기말자산(250,000) – 기말부채(120,000)
기말자본(130,000) = 기초자본(100,000) + 당기순이익(x)
당기순이익(30,000) = 수익(x) – 비용(50,000)
수익 = 80,000

17 ① 기말자본(900,000–600,000) = 기초자본(500,000 – 400,000) + 추가출자 (100,000) – 현금배당(50,000) + 당기순이익(x)
당기순이익 = 150,000

18 ② 영업이익: 매출액 – 매출원가 – 판매비와관리비(광고선전비)
= 1,500,000원 – 1,200,000원 – 80,000원 = 220,000원

06 유용한 회계정보는 어떻게 산출되는가?

제1절 회계에서 말하는 거래란?

제2절 회계거래의 첫 기록인 분개란 무엇인가?

제3절 계정이란 무엇인가?

제4절 분개장에서 총계정원장에의 옮겨적기란 무엇인가?

제5절 결산절차란 무엇인가?

제6장

유용한 회계정보는 어떻게 산출되는가?

제1절

회계에서 말하는 거래란?

1. 회계상 거래와 일상생활의 거래의 차이점

기업이 경영활동을 계속하는 동안에는 재무상태가 계속해서 변동하게 된다. 왜냐하면 계속기업에서는 자산, 부채, 자본을 변화시키는 경제적 사건과 수익과 비용을 발생시키는 경제적 사건이 계속해서 발생하기 때문이다.

회계에서 거래(transaction)라 함은 기업이 가지고 있는 자산, 부채 및 자본의 증감변화를 일으키는 일체의 경제적 사건과 수익과 비용의 발생을 가져오는 모든 경제적 사건을 말한다. 회계에서 말하는 거래는 우리들의 일상생활에서 사용하는 거래의 뜻과 같지 않는 경우가 있다. 따라서 우리는 기업의 경영활동 결과로 발생하는 경제적 사건들을 식별할 수 있어야 하는데, 식별이란 회계정보의 대상이 되는 사건과 그렇지 않은 사건을 구분하는 것이다.

예를 들면 건물의 임대차계약을 체결한 경우나 상품의 매매계약을 체결한 경우 일상생활에서는 거래라고 하나 회계상에 있어서는 거래라고 하지 않는다. 반대로 일상생활에서는 거래라 할 수 없으나 회계상으로는 거래가 되는 것도 있다. 즉, 분실, 도난, 화재 등에 의한 현금, 상품, 비품, 건물 등 자산의 감소나 대손에 의한 채권의 소멸 등은 회계상의 거래이나 일상생활에서는 거래라고 하지 않는다. 또한 건물의 임대차계약을 체결한 경우, 일상적으로 보면 통상 거래라고 할 수 있으나, 회계에서는 원인을 막론하고 결과적으로 보아 자산, 부채, 자본에 아무런 증감 변화[1]가 일어나지 않았기에 거래로 보지 않는다. 그러나 5천만 원의 건물을 사고, 팔기로 계약하고 100,000원의 계약금을 주고, 받았다면 회계학적으로는 거래가 발생한 것이다. 그리고 과대표로 선출된 학생이 친구들에게 고마움의 표시로 햄버거를 사주기로 하고 전화로 주문을 하였다면, 일상적으로 제 3자가 보면 거래라고 할 수 있으나, 회계에서는 주문만 한 상태에서는 아무런 재무적 영향이 없으므로 거래라고 하지 않는다.

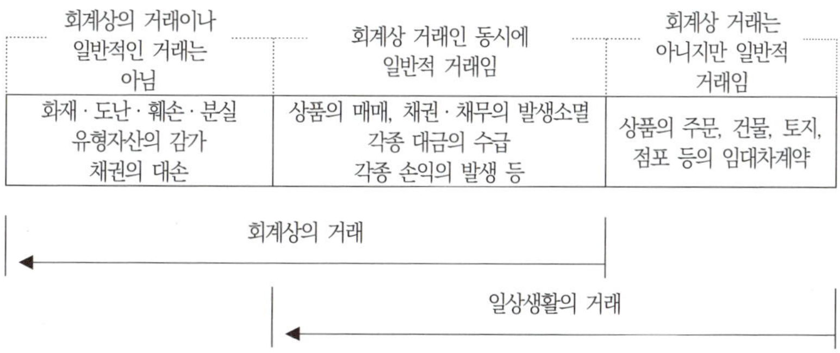

그림 6-1 **일상생활의 거래와 회계상의 거래의 관계**

한편, 회사의 재무상태에 영향을 미치는 경제적 사건이라 할지라도 객관적 측정이 불가능한 경우에는 회계기록의 대상이 되는 회계적 거래가 될 수 없다. 예를 들어, 유능한 최고경영인의 퇴사, 경쟁기업의 출현, 경쟁기업의 신상품 개발 등과 같은 사건은 기업의 재무상태에 중대한 영향을 미치는 경제적 사건이지만 그 영향을 화폐단위를 사용하여 객관적으로 측정할 수 없기 때문에 회계적 거래의 대상에서 제외된다.

1) 회계에서 거래로 인식되기 위해서는 자산, 부채, 자본의 증감변화가 있어야 한다. 그러면, 수익과 비용 발생은 거래가 아닌가? 그렇지 않다. 통상 회계에서는 수익을 자본의 증가로, 비용을 자본의 감소로 보기에 굳이 수익과 비용을 언급하지 않더라도 이들의 발생이 자본 항목에서 설명이 가능하다.

2. 거래는 반드시 이중성을 가지고 있다

기업의 경제적 사건의 변화, 즉 자산, 부채, 자본 및 수익과 비용의 증감 변동을 회계에서는 거래라고 하는데, 회계는 결과적으로 이 거래를 계정 계좌에 기록하는 것이라고 말할 수 있다.

그런데 자산, 부채, 자본의 증감변화와 수익과 비용의 발생에는 반드시 양면적인 두 방면에서 서로 대립되는 관계를 보인다.

즉, 거래는 반드시 차변과 대변 양쪽에 같은 금액으로 변동된다. 이것을 회계에서는 거래의 이중성(dual aspect of an accounting transaction)이라고 한다. 거래의 이중성은 어떤 거래이든지 자산, 부채 그리고 자본에 변화를 초래하는 원인과 결과라는 속성이 함께 들어 있는 것을 말한다.

회계에서 모든 거래를 원인과 결과로 나누어 이중으로 회계장부에 기록하는 것은 회계학의 근간이 복식부기에 있기 때문이다. 이미 1장에서 설명한 복식부기는 거래가 발생할 때마다 항상 쌍(pair, 양면)으로 기록을 하는 것이다. 회계에서 거래를 기록할 때 주체는 항상 기업의 입장에서 해야 한다. 즉, 독자들 본인들이 곧 기업이라고 생각하고 독자들의 입장에서 거래를 분석하면 된다.

즉, 복식부기라 함은 기업의 자산과 자본의 증감 및 변화하는 과정과 그 결과를 계정과목을 통하여 대변과 차변(양면)으로 구분하여 이중 기록, 계산이 되도록 하는 부기형식이라고 할 수 있다.

복식부기는 원인과 결과를 기록해야 되므로 시간과 노력이 요구되지만, 사건의 원인을 알게 해준다는 점과 원인에 기록된 금액과 결과에 기록된 금액이 일치하는 대차평형의 원리에 의해 스스로 오류를 점검해주는 자기검증기능이 작용한다.

독자들도 이후 배우게 될 분개를 잘 하기 위해서는 모든 회계학적 거래를 두 방면(차변과 대변) 이상으로 생각하는 훈련을 반복적으로 한다면 분개를 빠른 시간 내에 습득할 수 있을 것이다.

예를 들어 설명해 보자.

예 제 **상품 100,000원을 외상으로 매입하였다.**

(분석) : 복식부기에서는 모든 회계적 거래를 쌍으로 기록해야 하기에 위의 거래를 두 방면에서 분석해 보면, 먼저 상품이라는 자산을 매입했다는 사건(자산의 증가)이 있고, 다른 한편으로는 외상으로 샀으니 나중에 갚아야 할 부채가 생겼다는 사건(부채의 증가)이 있다. 이를 회계등식으로 표현하면 다음과 같다.

자 산	=	부 채	+	자 본
상품 100,000(+)	=	매입채무 100,000(+)		

예 제 **은행에서 예금이자 50,000원을 현금으로 받았다.**

(분석) : 두 가지 방면에서 분석해 보면, 먼저 현금을 받았다는 사건(자산의 증가)이 있고, 다른 한편으로는 은행에서의 이자수익이 발생했다는 사건(수익 발생)이 있으므로, 이를 회계등식으로 표현하면 다음과 같다.

자 산	=	부 채	+	자 본
현금 50,000(+)	=			이자수익 50,000(+)

3. 거래는 어떻게 분류될까?

거래는 관점에 따라 여러 가지로 분류할 수 있다.

(1) 거래발생 장소에 따른 거래 분류

1) 외부거래

기업 대 고객, 공급자, 종업원, 은행, 기업주, 정부 등과의 관계에서 발생한 거래를 말한다. 통상 기업에서 행하는 영업활동은 외부거래에 속한다.

2) 내부거래

기업 내부에서 회계자료를 분류 또는 재분류함으로써 발생된 거래를 말한다. 이는 주로 기말결산이나 원가계산에 의해서 발생된다.

(2) 거래발생 시점에 따른 거래 분류

1) 개업거래

개시거래라고도 하는 것으로서 회계기간의 초에 전기에서 이월된 자산, 부채, 자본항목을 장부에 기입하는 거래를 말한다. 그러나 때에 따라서는 기업이 개업할 때 나타나는 거래를 말하기도 한다. 예를 들면 주주 등의 출자자로부터 자금을 받는다든가 개업 준비를 위하여 비용을 지출하는 것 등이다.

2) 영업거래

보통거래라고도 하는 것으로서 기업의 영업 중에 일어나는 상품매매, 각종 경비의 지급 등이 발생하는 거래를 말한다. 거래종류 중 영업거래가 기업에서 가장 많이 일어난다.

3) 결산거래

기말에 자산, 부채, 자본, 수익, 비용을 확정하기 위해서 장부에 기입하는 거래를 말한다. 보통 이 거래는 자산, 부채, 자본, 수익, 비용이 실제로 증감, 발생하는 것이 아니라 장부에서만 증감, 발생하는 것으로 기록하기 때문에 의제거래라고도 한다. 이에 대해서 실제로 자산, 부채, 자본, 수익, 비용의 증감, 발생을 일으키는 거래를 실제거래라고 한다.

(3) 손익과의 관계에 따른 거래 분류

1) 교환거래

거래에 의하여 수익 또는 비용이 발생하지 않고, 자산, 부채, 자본이 서로 증감하는 거래를 말한다.

예컨대 현금으로 비품을 매입할 경우(자산교환거래), 외상매입금에 대하여 약속어음을 발행한 경우(부채교환거래), 상품을 외상으로 매입한 경우(자산, 부채 교환거래) 등은 모두 교환거래이다.

2) 손익거래

자산, 부채 및 자본의 증감이 수익이나 비용의 발생에 따라 일어나는 거래를 말한다.

손익거래는 수수료나 이자를 현금으로 받는 수익거래와 급여, 집세 등을 지급하는 비용거래로 구분된다.

3) 혼합거래

교환거래와 손익거래가 동시에 발생하는 거래를 말한다. 예를 들면 원가가 100인 상품을 120에 외상으로 판매한 경우가 혼합거래이다.

예제 6-1 **거래형태 구분**

다음의 거래를 그 형태에 따라 교환거래는 (교), 손익거래는 (손), 혼합거래는 (혼)으로 구분하시오.

(1) 상품 100,000원을 외상으로 매입하다. ( )
(2) 임차료 15,000원을 현금으로 지급하다. ( )
(3) 상품(원가 10,000원)을 15,000원에 매출하고 대금의 반은 현금으로 받고 잔액은 외상으로 하다. ( )
(4) 화재가 발생하여 상품 50,000원이 소실되다. ( )
(5) 건물을 100,000원에 현금으로 구입하다. ( )
(6) 은행에서 200,000원을 차입하되, 이자 20,000원을 제외한 나머지를 현금으로 받다. ( )

해 답

(1) (교), (2) (손), (3) (혼), (4) (손), (5) (교), (6) (혼)

4. 거래는 어떻게 결합되어 이루어지는가?

기업에서 일어나는 거래는 수많은 형태가 있으나, 이들을 분석해 보면 결국 자산의 증가, 자산의 감소, 부채의 증가, 부채의 감소, 자본의 증가, 자본의 감소, 수익의 발생, 비용의 발생 등 8가지 요소로 구성되는데, 이들을 거래의 8요소라 한다.

이 거래의 8요소 결합관계는 모든 거래를 장부에 기입함에 있어서 기본이 되는 법칙이라 할 수 있는데, 회계에서 결합관계의 왼쪽 항목은 차변요소, 오른쪽 항목은 대변요소라 한다. 거래는 어떠한 경우라도 차변요소끼리 또는 대변요소 끼리의 결합은 발생하지 않는다.

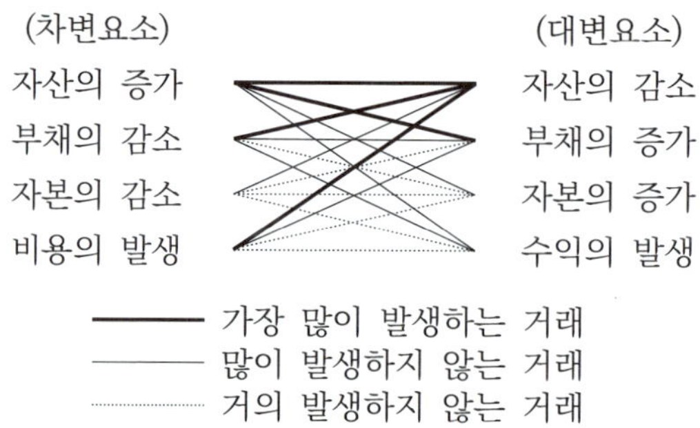

그림 6-2 거래 8요소의 결합관계표

위의 구성내용은 재무상태표 등식과 포괄손익계산서 등식을 기초로 하여 만들어졌다.

재무상태표등식:		자산 = 부채 + 자본
포괄손익계산서등식:		비용 + 당기순이익 = 수익
	또는	비용 = 수익 + 당기순손실

이제 본격적으로 거래의 8요소 간 결합관계를 예를 들어 하나씩 살펴보자. 이를 뒤에 설명하겠지만 분개라고 하며, 학생들은 모든 거래를 쌍(양면)으로 생각하는 훈련을 많이 할수록 분개를 빨리 이해할 수 있을 것이다.

① 자산의 증가 ⇔ 자산의 감소를 가져오는 거래

- 상품 50,000원을 현금으로 매입하였다.

(차) 상품(자산)증가 50,000 (대) 현금[2](자산)감소 50,000

② 자산의 증가 ⇔ 부채의 증가를 가져오는 거래

- 상품 200,000원을 외상으로 매입하였다.

(차) 상품(자산)증가 200,000 (대) 매입채무(부채)증가 200,000

③ 자산의 증가 ⇔ 자본의 증가를 가져오는 거래

- 현금 1,000,000원을 출자하여 영업을 시작하다.[3]

(차) 현금(자산)증가 1,000,000 (대) 자본금(자본)증가 1,000,000

④ 자산의 증가 ⇔ 수익의 발생을 가져오는 거래

- 건물에 대한 1개월분 임대료 100,000원을 현금으로 받았다.

(차) 현금(자산)증가 100,000 (대) 임대료(수익)발생 100,000

⑤ 부채의 감소 ⇔ 자산의 감소를 가져오는 거래

- 은행에서 빌린 돈 500,000원을 현금으로 상환하였다.

(차) 단기차입금(부채)감소 500,000 (대) 현금(자산)감소 500,000

⑥ 부채의 감소 ⇔ 부채의 증가를 가져오는 거래

- 미지급금 80,000원을 상환하기 위해 어음을 발행[4]하였다.

---

2) 기업회계기준이나 기업회계기준서 21호에 따르면 정확한 계정과목 명칭이 현금및현금성자산이지만, 실무에서는 편리하게 그냥 현금으로 기록하는 경우가 많다. 그러나 재무제표 작성시에는 현금및현금성자산으로 정확히 기록되어야 한다.

3) 영업을 시작하다, 영업을 개시하다, 사업을 시작하다, 회사를 창업하다 등은 모두 유사한 문장들로, 대부분의 일련의 거래에서 맨 처음 시작되는 거래의 유형이다.

4) 상품거래와 관련된 외상매입금과 지급어음을 합쳐서 매입채무라는 계정으로 한다.

(차) 미지급금(부채)감소 80,000 (대) 매입채무(부채)증가 80,000

⑦ 부채의 감소 ⇔ 자본의 증가를 가져오는 거래

• 사채 40,000원을 자본금으로 전환하였다.

(차) 사채(부채)감소 40,000 (대) 자본금(자본)증가 40,000

⑧ 부채의 감소 ⇔ 수익의 발생을 가져오는 거래

• 컴퓨터 수리비로 미리 받은 현금 50,000원에 대한 서비스를 완료하였다.

(차) 선수수익(부채)감소 50,000 (대) 용역수익(수익)발생 50,000

⑨ 자본의 감소 ⇔ 자산의 감소를 가져오는 거래

• 자본주가 사적인 목적을 위해 자본금 중에서 현금 500,000원을 인출해 가다.

(차) 자본금(자본)감소 500,000 (대) 현금(자산)감소 500,000

⑩ 자본의 감소 ⇔ 부채의 증가를 가져오는 거래

• 주주총회에서 주주에게 배당금 1,000,000원을 주기로 결의하였다.

(차) 이익잉여금(자본)감소 1,000,000

(대) 미지급배당금(부채)증가 1,000,000

⑪ 자본의 감소 ⇔ 자본의 증가를 가져오는 거래

• 주식발행초과금 50,000원을 무상증자하여 자본금을 증가시켰다.

(차) 주식발행초과금(자본)감소 50,000

(대) 자본금(자본)증가 50,000

⑫ 자본의 감소 ⇔ 수익의 발생을 가져오는 거래

• 자본주 갑이 퇴사하는데 갑의 출자금 300,000원의 상환면제를 받다.
(차) 자본금(자본)감소 300,000 (대) 잡이익(수익)발생 300,000

⑬ 비용의 발생 ⇔ 자산의 감소를 가져오는 거래
• 은행 차입금에 대한 이자 100,000원을 현금으로 지급하다.
(차) 이자비용(비용)발생 100,000 (대) 현금(자산)감소 100,000

⑭ 비용의 발생 ⇔ 부채의 증가를 가져오는 거래
• 금융기관 차입금에 대한 이자 50,000원을 원금에 가산하였다.
(차) 이자비용(비용)발생 50,000 (대) 차입금(부채)증가 50,000

⑮ 비용의 발생 ⇔ 자본의 증가를 가져오는 거래
• 종업원 급여 500,000원을 현금으로 주지 않고 주식 발행하여 주다.
(차) 급여(비용)발생 500,000 (대) 자본금(자본)증가 500,000

⑯ 비용의 발생 ⇔ 수익의 발생을 가져오는 거래
• 차입금에 대한 이자 60,000원을 대여금의 이자와 서로 상계하였다.
(차) 이자비용(비용)발생 60,000 (대) 이자수익(수익)발생 60,000

예제 6-2 거래형태 구분

다음의 거래를 거래의 8요소 중 어떤 요소간의 결합으로 이루어진 거래인가 차변, 대변요소로 구분하여 답하시오.

(1) 임차료 15,000원을 현금으로 지급하다.
(2) 건물 100,000원을 현금으로 구입하다.
(3) 상품 50,000원을 매입하고 대금의 반은 현금지급하고 잔액은 외상으로 하다.
(4) 화재로 인하여 건물 100,000원이 소실되었다.
(5) 원가 30,000원의 상품을 33,000원에 판매하고 대금 중 반은 현금으로 받고 잔액은 외상으로 하다.
(6) 자본주가 자본금 20,000원을 인출해 가다.

해 답

	차 변	대 변
(1)	비용발생 (임 차 료)	자산감소 (현 금)
(2)	자산증가 (건 물)	자산감소 (현 금)
(3)	자산증가 (상 품)	자산감소 (현 금) 부채증가 (매 입 채 무)
(4)	비용발생 (재 해 손 실)	자산감소 (건 물)
(5)	자산증가 (현 금) 자산증가 (매 출 채 권) 비용발생 (매 출 원 가)	수익발생 (매 출) 자산감소 (상 품)
(6)	자본감소 (자 본 금)	자산감소 (현 금)

제2절 회계거래의 첫 기록인 분개란 무엇인가?

1. 분개란 무엇이며 어떤 법칙에 따라 성립될까?

기업의 경제적 현상의 변화인 거래가 발생하면 그것을 각 계정에 기입하기 전에 준비단계로서 분개를 하게 된다. 분개(journalizing)란 어떤 계정의 대차 어느 쪽에 얼마의 금액을 기입할 것인가를 결정하는 것을 말한다. 즉, 분개는 거래를

(1) 어느 계정에 기입할 것인가(계정과목의 결정)

(2) 그 계정의 차변인가, 대변인가(대차의 결정)

(3) 그 금액은 얼마인가(금액의 결정) 등을 결정하는 것을 말한다.

거래를 분개하면 거래의 이중성에 따라 차변금액과 대변금액은 반드시 일치하게 된다.

분개는 회계정보를 식별, 측정하는 회계과정의 첫단계로서 분개가 잘못되면 그 다음 과정이 모두 잘못되어 최종적 재무제표가 잘못 작성되게 된다. 따라서 분개는 적절한 계정과목과 금액으로 정확하게 이루어지도록 유의하여야 하며 회계원리 학습의 지름길이 된다.

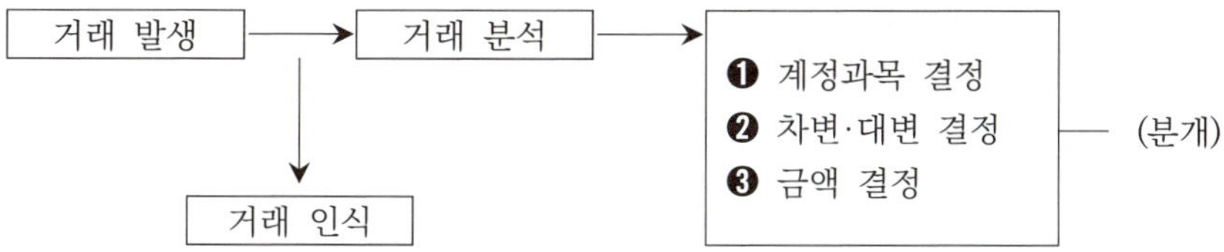

그림 6-3 분개의 과정

분개는 기업의 경제적 현상을 변화시키는 거래를 해당계정으로 분류하여 각 계정계좌에 집합시키기 위한 기초수단이므로, 거래를 분개할 때에는 전술한 바와 같이 어느 계정을 차변에 두고 어느 계정을 대변에 두어야 할 것인가를 구분하는 기준이 필요한데, 회계에서는 이러한 것을 분개법칙이라고 한다. 그러므로 분개의 법칙은 후술하게 될 계정기입의 원칙과 같은 것이라고 할 수 있다.

〈분개법칙〉

(1) 자산의 증가는 차변에, 자산의 감소는 대변에

(2) 부채의 감소는 차변에, 부채의 증가는 대변에

(3) 자본의 감소는 차변에, 자본의 증가는 대변에

(4) 비용의 발생은 차변에, 수익의 발생은 대변에

분개를 마치면 해당되는 각 계정에 옮겨 적게 되는데 이러한 절차를 전기(posting)라 한다.

예제 6-3 거래의 분개

㈜공학의 다음 1개월간의 거래를 분개하시오

4/1 ㈜공학은 20×1년 4월 1일 현금 50,000원으로 영업을 개시하다.
3 건물을 10,000원에 구입하고 대금은 현금으로 지급하다.
5 ㈜공학은 은행으로부터 현금 50,000원을 차입하다.
11 토목상회로부터 상품 150,000원을 매입하고 대금은 어음으로 지급하다.

15 토목상회로부터 수수료 5,000원을 현금으로 받다.
19 건설상회에 상품 80,000원(원가 50,000원)을 외상으로 판매하다[5].
21 서울종합금융에 어음관리구좌를 개설하고 현금 100,000원을 예탁하다.
23 건설상회의 매출채권 중 50,000원을 현금으로 회수하다.
25 직원의 급여 250,00원을 현금으로 지급하다.
30 단기차입금에 대한 이자 6,000원을 현금으로 지급하다.

해 답

4/1	(차)	현 금	50,000	(대)	자 본 금	50,000
3	(차)	건 물	10,000	(대)	현 금	10,000
5	(차)	현 금	50,000	(대)	단 기 차 입 금	50,000
11	(차)	상 품	150,000	(대)	매 입 채 무	150,000
15	(차)	현 금	5,000	(대)	수 수 료 수 익	5,000
19	(차)	매 출 채 권	80,000	(대)	매 출	80,000
	(차)	매 출 원 가	50,000	(대)	상 품	50,000
21	(차)	단기금융상품	100,000	(대)	현 금	100,000
23	(차)	현 금	50,000	(대)	매 출 채 권	50,000
25	(차)	급 여	25,000	(대)	현 금	25,000
30	(차)	이 자 비 용	6,000	(대)	현 금	6,000

2. 분개가 기록되는 분개장이란?

회계상의 거래가 발생하면 분개를 통하여 우선 분개장(journal)에 기입하게 되는데 기업실무에서는 일반적으로 분개장의 역할을 전표(slip)가 대신하고 있으며, 그 본질적인 내용에 있어서는 분개장이나 전표가 동일하다. 따라서 분개장은 기업의 일기장이라 할 수 있으며, 거래를 발생순서에 따라 계정에 기입하는 데 있어 기초자료가 되는 장부(books)이다. 즉, 거래를 분개장에 기입하지 않고 원장의 각 계정에 기입하면 오류가

5) 19일 거래의 경우, 원칙적으로는 해답에 있는 분개가 맞는 분개이다.
그러나 교양회계 수준에서 매출원가 산정을 위한 재고자산 기록방법인 실사법과 계속기록법을 배우지 않은 상태이므로 다음과 같이 분개해도 개념적으로 틀린 것은 아니다.

(차) 매 출 채 권	80,000	(대) 상 품	50,000
		상품판매이익	30,000

발생하기 쉬우므로 먼저 거래를 분개장에 기입하고, 다음에 이것을 원장의 각 계정에 옮기는 방법을 사용해야 오류가 발생하지 않는다.

그리고 분개장은 다음과 같은 기능을 가지고 있다.

(1) 거래를 발생순서대로 기록하므로 영업일지의 역할을 한다.

(2) 총계정원장의 각 계정기록을 위한 준비와 매개기능을 가지고 있다.

분 개 장

일	자	적요	원면	차변	대변
9	3	(상 품)	3	100	
		(현 금)	1		100
		대정상회로부터 상품매입			

그림 6-4 분개장의 구조

예제 6-4 분개장 기입

㈜공학의 다음 1개월간의 거래를 분개하고 분개장에 기입하시오.

4/1 ㈜공학은 20×1년 4월 1일 현금 50,000원으로 영업을 개시하다.
5 ㈜공학은 서울은행으로부터 현금 3,000원을 차입하다.
6 ㈜공학은 국민은행에서 양도성예금증서 액면 20,000원을 매입하고 선이자 400원을 차감한 19,600원을 현금으로 지급하다.
7 당기손익인식금융자산 18,000원을 현금으로 구입하다.
9 소모품 200원을 현금으로 구입하다.
10 건설상회로부터 상품 5,000원을 외상으로 매입하다.
12 토목상회로부터 수수료 650원을 현금으로 받다.
18 식품상회에 상품 4,500원(원가 3,000원)을 외상으로 판매하다.
20 건설상회의 매입채무 중 2,500원을 현금으로 지급하다.
23 식품상회의 매출채권 중 2,000원을 현금으로 회수하다.
25 종업원 급여 800원을 현금으로 지급하다.
27 동부종합금융에 개설한 CMA 5,000원이 만기가 되어 이자 100원과 함께 3개월 만기의 새로운 CMA를 개설하다.
30 단기차입금에 대한 이자 150원을 현금으로 지급하다.

해 답

4/1	(차)	현 금	50,000	(대)	자 본 금	50,000
5	(차)	현 금	3,000	(대)	단 기 차 입 금	3,000
6	(차)	단 기 금 융 상 품	20,000	(대)	현 금	19,600
					이 자 수 익	400
7	(차)	당기손익인식금융자산	18,000	(대)	현 금	18,000
9	(차)	소 모 품	200	(대)	현 금	200
10	(차)	상 품	5,000	(대)	매 입 채 무	5,000
12	(차)	현 금	650	(대)	수 수 료 수 익	650
18	(차)	매 출 채 권	4,500	(대)	매 출	4,500
	(차)	매 출 원 가	3,000	(대)	상 품	3,000
OR	(차)	매 출 채 권	4,500	(대)	상 품	3,000
				(대)	상품판매이익	1,500
20	(차)	매 입 채 무	2,500	(대)	현 금	2,500
23	(차)	현 금	2,000	(대)	매 출 채 권	2,000
25	(차)	급 여	800	(대)	현 금	800
27	(차)	단 기 금 융 상 품	5,100	(대)	단기금융상품	5,000
					이 자 수 익	100
30	(차)	이 자 비 용	150	(대)	현 금	150

(주)공학 **분 개 장** 20×1년 4월 30일 현재

2013년		적 요	원면	차 변	대 변
4	1	(현 금)	1	50,000	
		(자 본 금)	9		50,000
		현금을 출자하여 영업개시하다.			
	5	(현 금)	1	3,000	
		(단 기 차 입 금)	8		3,000
		은행으로부터 현금을 차입하다.			
	6	(단 기 금 융 상 품) 제좌	2	20,000	
		(현 금)	1		19,600
		(이 자 수 익)	12		400
		양도성예금증서를 매입하다.			
	7	(당기손익인식금융자산)	3	18,000	
		(현 금)	1		18,000
		당기손익인식금융자산을 구입하다			
	9	(소 모 품)	6	200	
		(현 금)	1		200
		소모품을 구입하다			
	10	(상 품)	5	5,000	
		(매 입 채 무)	7		5,000
		상품을 외상으로 구입하다.			
	12	(현 금)	1	650	
		(수 수 료 수 익)	11		650

월	일	적요	원면	차변	대변
		토목상회에서 수수료를 받다.			
	18	(매출채권)	4	4,500	
		(매출원가)	13	3,000	
		(매출)	10		4,500
		(상품)	5		3,000
		식품상회에 상품을 외상으로 매출하다.			
	20	(매입채무)	7	2,500	2,500
		(현금)	1		
		건설상회의 매입채무를 변제하다.			
	23	(현금)	1	2,000	
		(매출채권)	4		2,000
		식품상회의 외상대금을 회수하다.			
	25	(급여)	14	800	
		(현금)	1		800
		급여를 현금으로 지급하다.			
	27	(단기금융상품) 제 좌	2	5,100	
		(단기금융상품)	2		5,000
		(이자수익)	12		100
		CMA를 재예치하다.			
	30	(이자비용)	15	150	
		(현금)	1		150
		이자를 현금으로 지급하다.			
4	30			114,900	114,900

제3절 계정이란 무엇인가?

1. 계정의 의미와 분류

거래가 발생하면 자산·부채·자본의 증가와 감소 및 수익과 비용이 발생하는데, 이들 경제적 사항의 증감변화를 분개하여 표시한다 하여도 일정기간을 통하여 여러 개의 거래가 나타나는 경우, 이들을 거래요소만으로 구분하여 기록·계산한다면 세부사항을 알기가 힘들다.

따라서 이들 성격에 따라 조금 더 세분하여 기록·계산하게 되는데, 이러한 회계기록의 계산단위를 계정(account: a/c)이라 한다. 즉, 계정이란 동일한 성격이나 동일한 종류의 자산·부채·자본·비용·수익을 항목별로 일정기간 동안 그들의 증감변동 내용을 기록·계산하기 위한 회계상의 특수양식을 말한다.

그리고 계정의 명칭을 계정과목(title of accounts)이라 한다

계정을 설정하는 목적은 결국 재무상태표와 포괄손익계산서를 작성하기 위한 것이기 때문에 계정의 분류도 재무상태표 계정과 포괄손익계산서 계정으로 분류할 수 있다. 그리고 이를 다시 자산·부채·자본계정과 비용·수익계정으로 분류한다.

참고로 한 가지 주의해야 할 점은 어떤 방법으로 계정과목의 분류가 이루어져 있다 하더라도 이것은 어디까지나 참고할 사항이지 반드시 이와 같은 계정을 설정하여야 한다는 것은 아니다. 원칙적으로 이를 준용하되 기업의 실정에 맞는 적절한 계정과목으로 삭제, 변경, 추가할 수 있다.

2. 계정기입의 원칙

거래가 각 계정들에 미치는 영향을 분석한 분개장의 기록은 적절한 계정에 옮겨져야 하는데, 분개장의 기록들을 각 계정에 옮겨 기록하는 절차를 전기(posting)라고 한다. 분개장에 기입되어 있는 모든 차변과 대변의 계정과목들은 정확한 금액과 함께 전기되어야 한다.

계정기입의 원칙은 이러한 전기의 원칙을 의미하는데, 구체적으로는 자산·부채·자본·수익·비용에 속하는 항목들을 각각의 계정에 기입할 때 그 증가와 감소가 계정의 차변과 대변에 어떻게 기입되는가를 나타내 주는 원칙이다. 계정기입의 원칙은 다음의 방정식의 원리에 따른다.

자산 + 비용 = 부채 + 자본 + 수익

자산과 비용에 속하는 계정들의 증가액 및 발생액은 해당계정의 왼쪽, 즉 차변에 기입하고, 감소하는 경우에는 동 계정의 오른쪽, 즉 대변에 기입한다. 부채, 자본 및 수익에 속하는 계정들의 증가액 및 발생액은 해당 계정의 오른쪽인 대변에 기입하고, 감소액은 왼쪽, 즉 차변에 기입한다.

이 같은 계정기입의 원칙을 T계정에 요약, 표시하면 다음과 같다. T계정이란 원래 총계정원장을 말하는데 회계를 연습할 때 또는 표시할 때 총계정원장을 모두 그리면 번거로워 간단하게 표시한 것이 T자 계정이다.

또한 모든 거래는 거래의 이중성에 따라 어떤 계정의 차변에 기입된 금액과 동일한 금액이 다른 계정의 대변에 기입되게 한다. 그러므로 아무리 많은 거래가 기입되더라도 계정 전체를 통하여 본다면 차변합계와 대변합계는 반드시 일치하게 되는데, 이것을 대차평형의 원리(principle of equilibrium)라 한다. 이것은 복식부기의 기본원리의 하나이며, 복식부기에서는 이 원리를 이용하여 대차의 합계가 일치하는가를 확인함으로써 기장상의 오류를 자동으로 검증할 수 있다. 회계에서는 이와 같은 대차평형의 원리가 있기 때문에 복식부기는 자기통제 또는 자기검증의 기능을 갖는다고 말할 수 있다.

자산계정	
증 가 (+)	감 소 (-)

부채계정	
감 소 (-)	증 가 (+)

자본계정	
감 소 (-)	증 가 (+)

비용계정	
발 생 (+)	소 멸 (-)

수익계정	
소 멸 (-)	발 생 (+)

따라서 거래의 8요소란 분개의 원리뿐만 아니라 계정기입의 원리에까지도 그대로 적용된다. 거래의 8요소에 따라 각 계정의 차변과 대변에 기재되는 내용을 좀 더 구체적으로 표시하면 다음과 같은데, 이들 잔액의 계정에 의해 재무상태표와 포괄손익계산서를 작성하는 원리가 된다는 것을 알 수 있다.

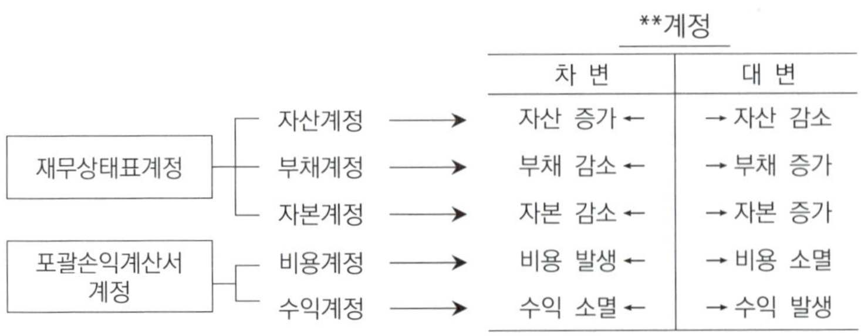

그림 6-5 거래의 8요소에 따라 각 계정의 차변과 대변에 기재되는 내용 I

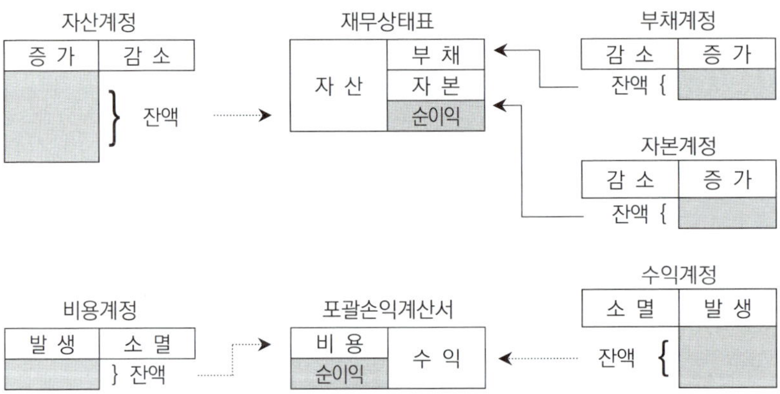

그림 6-6 거래의 8요소에 따라 각 계정의 차변과 대변에 기재되는 내용 II

예제 6-5 계정장 기입

〈예제 6-4〉를 이용하여 각 계정에 기입하시오.

해 답

현 금

4/1	50,000	4/6	19,600
5	3,000	7	18,000
12	650	9	200
23	2,000	20	2,500
		25	800
		30	150

단기금융상품

4/6	20,000	4/27	5,000
27	5,100		

당기손익인식 금융자산

4/7	18,000		

매출채권			
4/18	4,500	4/23	2,000

상 품			
4/10	5,000	4/18	3,000

소모품			
4/9	200		

매입채무			
4/20	2,500	4/10	5,000

단기차입금			
		4/5	3,000

자본금			
		4/1	50,000

급 여			
4/25	800		

이자비용			
4/30	150		

매 출			
		4/18	4,500

수수료수익			
		4/12	650

이자수익			
		4/6	400
		27	100

매출원가			
4/18	3,000		

제4절 분개장에서 총계정원장에의 옮겨적기란 무엇인가?

1. 총계정원장의 의미와 옮겨적기

분개장에 기입된 거래는 거래일자, 계정과목, 금액 등이 원장의 각 계정에 전기된다. 이러한 계정이 설정되어 있는 장부를 총계정원장(general ledger)이라 한다. 이러한 총계정원장은 자산, 부채 및 자본의 재무상태와 수익, 비용의 경영성과를 표시하는 일체의 계정계좌를 설정하고 분개장에서 분개한 거래를 전기하여 그 증감을 계산하는 장부이다.

거래에 해당하는 모든 계정이 포함되어 있기 때문에 총계정원장이라고 하며 단순히 원장(ledger)이라고도 한다. 따라서 총계정원장은 회계에 있어서 가장 중요한 장부로서 이 장부만 보면 기업의 일정시점의 재무상태나 일정기간의 경영성과를 알 수 있으며, 이것으로 회계의 주목적인 재무상태표와 포괄손익계산서를 작성할 수 있다.

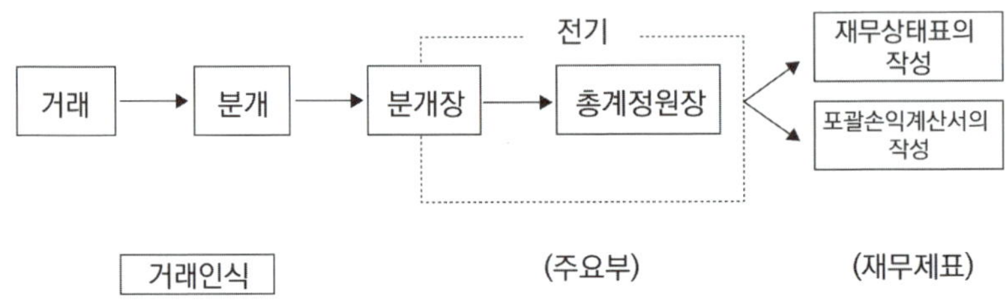

그림 6-7 전기의 과정

총계정원장의 형식에는 표준식과 잔액식의 두 가지가 있는데 실무에서는 잔액식의 형식을 일반적으로 사용하고 있다.

총계정원장

(표준식) **계정

월	일	적 요	분면	금 액	월	일	적 요	분면	금 액

(잔액식) **계정

월	일	적 요	분면	차 변	대 변	잔 액

그림 6-8 총계정원장의 표준식·잔액식 구조

예제 6-6 총계정원장 전기

〈예제 6-4〉의 거래를 총계정원장에 전기하시오.

현 금 (1)

월	일	적 요	분면	금 액	월	일	적 요	분면	금 액
4	1	자본금		50,000	4	6	단기금융상품		19,600
	5	단기차입금		3,000		7	당기손익인식금융자산		18,000
	12	수수료수익		650		9	소모품		200
	23	매출채권		2,000		20	매입채무		2,500
						25	급여		800
						30	이자비용		150

단기금융상품 (2)

월	일	적 요	분면	금 액	월	일	적 요	분면	금 액
4	6	제좌[6]		20,000	4	27	단기금융상품		5,000
	27	제좌		5,100					

당기손익인식금융자산 (3)

월	일	적 요	분면	금 액	월	일	적 요	분면	금 액
4	7	현금		18,000					

매 출 채 권 (4)

월	일	적 요	분면	금 액	월	일	적 요	분면	금 액
4	18	매출		4,500	4	23	현금		2,000

상품 (5)

월	일	적 요	분면	금 액	월	일	적 요	분면	금 액
4	10	매입채무		5,000	4	18	매출원가		3,000

소모품 (6)

월	일	적 요	분면	금 액	월	일	적 요	분면	금 액
4	9	현금		200					

6) 이것을 표사하는 방법에는 3가지가 있다. ① 제좌 20,000, ② 현금 19,600, 이자수익 400, ③ 현금 외 20,000.

매입채무 (7)

월	일	적 요	분면	금 액	월	일	적 요	분면	금 액
4	20	현 금		2,500	4	10	상 품		5,000

단기차입금 (8)

월	일	적 요	분면	금 액	월	일	적 요	분면	금 액
					4	5	현 금		3,000

자본금 (9)

월	일	적 요	분면	금 액	월	일	적 요	분면	금 액
					4	1	현 금		50,000

매출 (10)

월	일	적 요	분면	금 액	월	일	적 요	분면	금 액
					4	18	매 출 채 권		4,500

수수료수익 (11)

월	일	적 요	분면	금 액	월	일	적 요	분면	금 액
					4	12	현 금		650

이자수익 (12)

월	일	적 요	분면	금 액	월	일	적 요	분면	금 액
					4	6	단 기 금 융 상 품		400
						27	단 기 금 융 상 품		100

매출원가 (13)

월	일	적 요	분면	금 액	월	일	적 요	분면	금 액
4	18	상 품		3,000					

급여 (14)

월	일	적 요	분면	금 액	월	일	적 요	분면	금 액
4	25	현 금		800					

이자비용 (15)

월	일	적 요	분면	금 액	월	일	적 요	분면	금 액
4	30	현 금		150					

제5절 결산절차란 무엇인가?

1. 결산의 의미

현대기업은 계속적인 경영활동을 전제로 하는 조직체이다. 회계기간 중에 발생한 모든 거래의 결과(자산, 부채, 자본의 증감변동)는 분개와 전기 과정을 통하여 총계정원장상의 해당 계정과목에 전부 기록되어 있다. 따라서 이 기록은 일정기간마다 결산·정리하여 그 기간 동안의 기업자산의 증감변동과 경영성과를 계산하여 순손익을 확정하고, 일정시점의 재무상태를 명백히 할 필요가 있다.

이와 같이 한 회계기간이 끝남에 따라 그 기간의 경영성과를 확정하고, 또 기말의 재무상태를 명백히 함과 동시에 장부의 형식을 금기와 차기로 명료하게 구분하기 위하여 이루어지는 제반절차를 결산(closing)이라 한다. 이러한 결산을 행하는 날을 결산일이라고 하며, 결산일의 익일부터 다음 결산기까지의 영업기간을 회계연도 또는 회계기간(accounting period)이라 한다.

현행 상법상으로는 상인에 대하여 적어도 1년에 1회 이상의 결산을 행할 것을 요구하고 있다.

결산의 절차는 다음의 [그림 6-9]와 같은 순서로 행해진다.

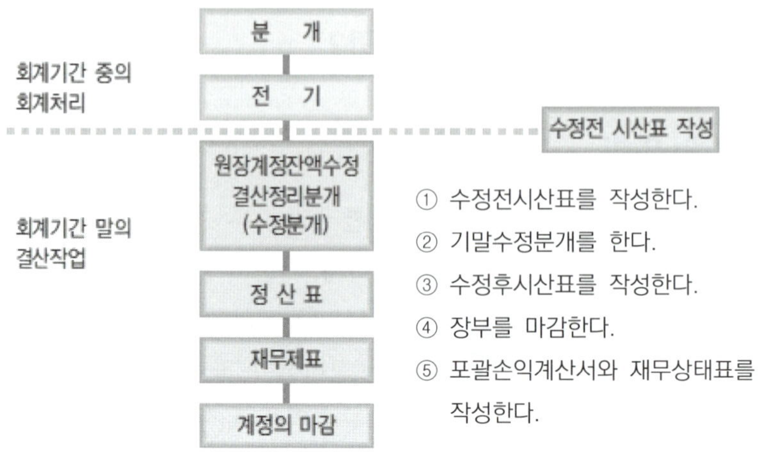

그림 6-9 결산의 절차

이와 같이 회계는 거래가 발생하면 이를 회계장부에 기록, 분류 및 요약하여 최종적으로 회계보고서인 재무제표를 작성하기까지의 일련의 절차를 매 회계기간마다 반복해서 수행하게 되는데, 이를 회계순환과정(accounting cycle)이라고 한다. [그림 6-9]는 구체적인 회계순환과정이 예시되어 있다. 회계순환과정은 [그림 6-9]에서 보는 것처럼 크게 회계기간 중의 회계처리와 회계기말의 결산작업의 두 개의 과정으로 나누어진다.

첫 번째 과정인 회계기간 중의 처리과정은 발생된 모든 거래를 분개하고 원장에 전기하는 것이다. 두 번째 회계처리 과정은 회계연도 말에 일어나는데, 이 과정은 첫 번째 과정에서 기록된 거래를 계정별로 합산하고 기말잔액을 산출하여 시산표를 작성하고, 결산정리분개를 통하여 정산표와 재무제표를 작성하여 계정들을 마감하는 것이다. 따라서 회계정보는 분개, 전기, 결산, 계정 마감 등의 회계순환과정을 거쳐 재무제표의 형태로 생성된다.

구체적인 회계순환과정은 다음과 같다.

제 1 단계: 기업에서 발생한 사건들에 대한 자료를 수집한다. 이때 회계담당자는 다양한 경제적인 사건을 분석하여 회계적 사건으로 장부에 기록될 수 있는 거래만을 식별해야 한다.

제 2 단계: 제1단계에서 추출한 경제적인 사건에 관한 자료를 분개장에 분개한다.

제 3 단계: 분개장에 분개한 사항을 총계정원장에 설정된 각 계정에 전기(posting)한다. 총계정원장이란 각 계정들을 모아놓은 장부를 말한다.

이상의 3단계까지의 과정은 회계기간 중에 생긴 거래들에 대해서 발생순서대로 적용된다.

제 4 단계부터는 회계기말에 수행하는 절차다. 모두 9 단계의 회계순환과정 절차 중에 4 단계에서 6 단계까지 회계기말에 수행되므로 결산기가 되면 회사, 특히 경리부 직원들이 매우 바빠진다.

제 4 단계: 제 3 단계까지 기록된 사항들이 반영된 총계정원장의 계정들의 잔액을 산출하여 수정전시산표(unadjusted trial balance)를 작성한다.

제 5 단계: 기중에 발생주의를 엄밀하게 적용하지 않음으로 해서 나타나는 수정사항들을 찾아내 분개장에 수정분개를 하고 총계정원장의 각 계정에 전기한다.

제 6 단계: 제 5 단계에서 기말의 수정사항들을 반영한 총계정원장의 각 계정들의 계정잔액을 산출하여 수정후시산표(adjusted trial balance)를 작성한다.

제 7 단계: 수정후시산표로부터 재무제표를 작성한다.

제 8 단계: 총계정원장에 설정되어 있는 각 계정들을 마감하기 위하여 결산분개를 하고 이를 총계정원장의 해당 계정에 전기한다.

제 9 단계: 결산후시산표를 작성한다.

이상과 같은 회계정보의 산출과정은 매 회계기간마다 반복적으로 수행된다. 다음의 [그림 6-10]에 회계순환 과정이 예시되어 있다.

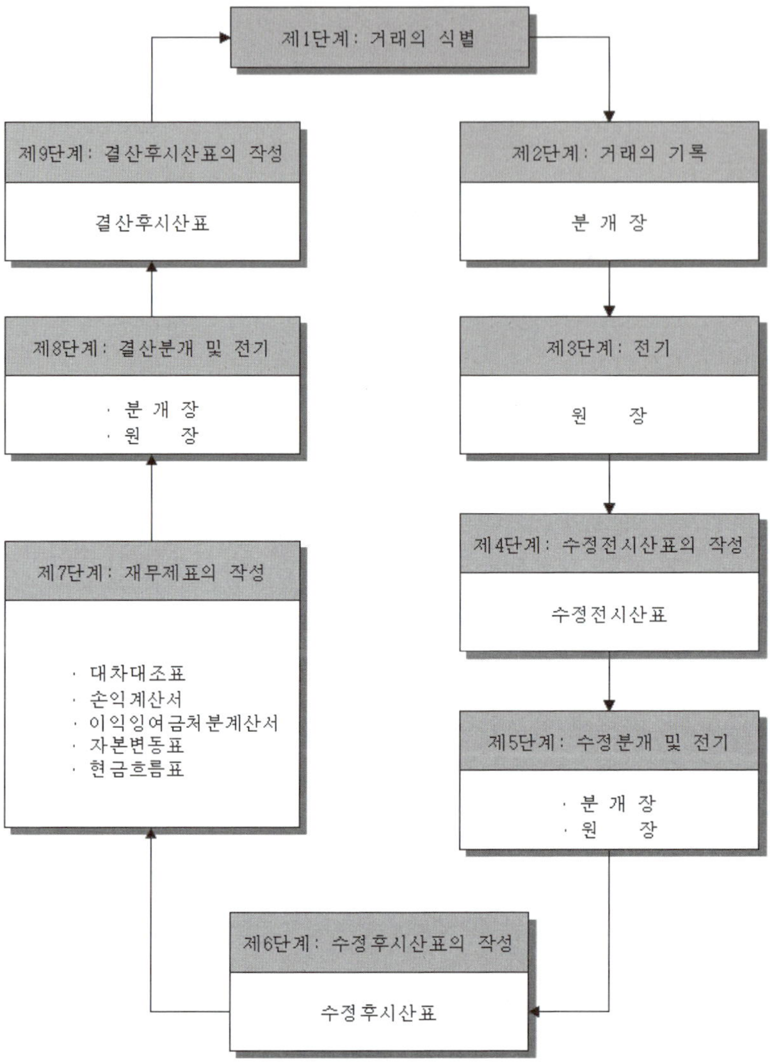

그림 6-10 회계순환과정

2. 시산표란 무엇인가?

시산표(trial balance: T/B)는 회계연도 말에 회계기간 중에 발생한 거래들이 정확하게 계정에 기록되었는지를 단순히 점검하는 표이다. 즉, 총계정원장들의 모든 계정과목과 금액을 한 곳에 모아 원장의 기입 및 계산이 올바르게 이루어졌는가를 확인하기 위하여 작성하는 표라고 할 수 있다. 즉, 한 회계기간 동안 또는 일정기간 동안 총계정원장에 기록한 결과를 집계한 표로서 복식부기의 대차평균의 원리가 적용된다. 복식부기는 거래의 이중성과 대차평균의 원리에 의하여 아무리 많고 복잡한 거래가 발생하더라도 총계정원장의 모든 계정계좌의 차변과 대변의 합계는 언제나 일치하여야 하며, 각 계정의 잔액만을 집계하여도 마찬가지이다.

시산표는 이와 같은 원리에 의하여 작성된 표로서 대차의 금액이 일치하지 않으면 분개장에서, 총계정원장에의 전기과정에서 어떤 오류가 있음을 암시한다.

시산표는 결산을 시작하는 첫 단계이며, 시산표를 통하여 대부분의 오류가 발견되지만, 처음부터 누락된 거래이거나, 차변 및 대변의 금액이 똑같이 틀리게 기록된 경우에는 오류가 발견되지 않는다.

여기서 잠깐!

대차평균의 원리란?

거래의 이중성에 의하여 분개 시 차변금액과 대변금액은 항상 일치하며, 이를 총계정원장의 해당계정의 차변과 대변에 같은 금액을 기록하게 된다. 이와 같이 수많은 거래들을 분개하여 총계정원장에 전기하게 되면 모든 계정들의 차변에 기록된 금액의 합계와 대변에 기록된 금액의 합계가 항상 일치하게 되는데 이를 대차평균의 원리(principle of equilibrium)라 한다. 이러한 대차평균의 원리를 통하여 기장상의 오류를 확인할 수 있는 복식부기의 기능을 자기검증기능(self-control function)이라고 한다.

기업에서 시산표를 작성하는 목적은 첫째, 분개장에서 원장에의 전기가 정확한가 아닌가를 검증하고 판단하기 위해서 작성된다. 둘째, 결산 전에 경영성과와 재무상태의 개요를 파악하기 위해서 작성된다. 시산표는 작성하는 내용에 따라 ① 합계시산표, ② 잔액시산표, ③ 합계잔액시산표로 구분된다. 시산표의 작성원리를 보면 [그림 6-11]과 같다.

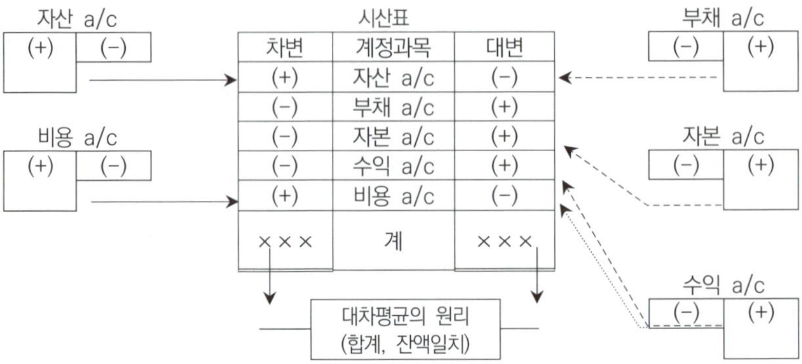

그림 6-11 시산표의 작성원리

(1) 합계시산표

합계시산표(trial balance of total)는 원장 각 계정의 차변금액의 합계액과 대변금액의 합계액을 모아서 작성한 표이다. 합계시산표의 차변 합계금액과 대변 합계금액은 반드시 일치하여야 하며, 위 금액이 일치하지 않으면 전기를 잘못하였다든지 계산의 착오가 있었다든지 하는 잘못이 있는 것이다. 또한 합계시산표의 합계금액은 회계기간 중의 거래총액이 되므로 분개장의 합계총액과 반드시 일치해야 한다.

합계시산표(예시)

차 변	계정과목	대 변
17,000	현 금	12,000
2,000	매 출 채 권	1,000
3,000	상 품	2,000
4,500	매 입 채 무	7,000
	차 입 금	4,500
26,500		26,500

(2) 잔액시산표

잔액시산표(trial balance of balances)는 차변란에는 원장 각 계정의 차변잔액을, 대변란에는 원장 각 계정의 대변잔액을 모아서 작성한 표이다. 잔액시산표는 자산, 부채, 자본, 비용, 수익 등 각 계정을 나타낸 것이므로 원장전기의 정확성 여부를 확인할 뿐만 아니라 기업의 재무상태와 경영성과를 대체적으로 파악할 수 있다는 장점이 있다.

잔액시산표(예시)

차 변	계정과목	대 변
50,000	현 금	
10,000	매 출 채 권	
10,000	상 품	
	매 입 채 무	25,000
	차 입 금	45,000
70,000		70,000

(3) 합계잔액시산표

합계잔액시산표(trial balance of total and balances)는 합계시산표와 잔액시산표를 결합한 형태로서 번잡하나 두 시산표의 장점을 모두 가지고 있어서 사용하기가 편리하다.

합계잔액시산표(예시)

차 변		계정과목	대 변	
잔 액	합 계		합 계	잔 액
50,000	17,000	현 금	12,000	
10,000	2,000	매 출 채 권	1,000	
10,000	3,000	상 품	2,000	
	4,500	매 입 채 무	7,000	25,000
		차 입 금	4,500	45,000
70,000	26,500		26,500	70,000

예제 6-7 시산표 작성

〈예제 6-5〉의 총계정원장을 이용하여 ① 합계시산표, ② 잔액시산표, ③ 합계잔액시산표를 작성하시오.

해 답

합계시산표

(주)공학 20×1년 4월 30일

차 변	계 정 과 목	대 변
55,650	현 금	41,250
25,100	단 기 금 융 상 품	5,000
18,000	당기손익인식금융자산	
4,500	매 출 채 권	2,000
5,000	상 품	3,000
200	소 모 품	
2,500	매 입 채 무	5,000
	단 기 차 입 금	3,000
	자 본 금	50,000
	매 출	4,500
	수 수 료 수 익	650
	이 자 수 익	500
3,000	매 출 원 가	
800	급 여	
150	이 자 비 용	
114,900		114,900

잔액시산표

(주)공학 20×1년 4월 30일

차 변	계 정 과 목	대 변
14,400	현 금	
20,100	단 기 금 융 상 품	
18,000	당 기 손 익 인 식 금 융 자 산	
2,500	매 출 채 권	
2,000	상 품	
200	소 모 품	
	매 입 채 무	2,500
	단 기 차 입 금	3,000
	자 본 금	50,000
	매 출	4,500
	수 수 료 수 익	650
	이 자 수 익	500
3,000	매 출 원 가	
800	급 여	
150	이 자 비 용	
61,150		61,150

합계잔액시산표

(주)공학 20×1년 4월 30일

차변		계정과목	대변	
잔 액	합 계		합 계	잔 액
14,400	55,650	현금	41,250	
20,100	25,100	단기금융상품	5,000	
18,000	18,000	당기손익인식금융자산		
2,500	4,500	매출채권	2,000	
2,000	5,000	상품	3,000	
200	200	소모품		
	2,500	매입채무	5,000	2,500
		단기차입금	3,000	3,000
		자본금	50,000	50,000
		매출	4,500	4,500
		수수료수익	650	650
		이자수익	500	500
3,000	3,000	매출원가		
800	800	급여		
150	150	이자비용		
61,150	114,900		114,900	61,150

회계쉼터

지분 3% 모으면 회계장부 깔 수 있다…소수주주권이란

대주주와 소액주주 간의 분쟁을 흔히 다윗과 골리앗의 싸움이라고들 합니다. 주식회사라는 것이 다수결로 의사결정을 하다보니 49% 이하의 지분율로는 할 수 있는 게 없어 보입니다.

하지만 경영에 소액주주의 목소리를 전혀 반영하지 않고 대주주 마음대로 회사를 움직이는 행태를 막기 위한 제도적 장치들도 많이 있습니다. 현실적으로 소액주주들의 목소리를 경영에 100% 반영하기는 힘들지만 경영진을 견제하기엔 충분한 파워가 있습니다.

이번에는 소액주주들이 대주주와 경영진에 맞서 자신의 목소리를 낼 수 있게 하는 소수주주권에 대해 알아보도록 하겠습니다.

어떤 회사의 주식을 단 한 주만 갖고 있어도 주주가 됩니다. 주주가 되면 회사에서 나오는 배당을 받을 수 있고, 주주총회에 참석해서 표를 던질 수 있습니다. 그리고 회사가 청산을 하면 잔여재산을 분배받을 수 있습니다. 이렇게 단 1주의 주식을 갖고 있는, 모든 주주에게 공통적으로 부여된 권리를 단독주주권이라고 합니다.

소수주주권은 1%, 3%, 10% 등 일정비율 이상의 지분율을 요구합니다. 지분율이 높아짐에 따라 점점 더 권한이 막강해집니다.
1%는 사실 큰 의미는 없습니다. 이사의 위법행위유지청구권이라는 것을 행사할 수 있습니다. 여기서 유지는 중지와 같은 뜻입니다. 회사의 이사가 잘못된 행동을 해서 회사의 해를 끼칠 때 그 이사의 업무집행을 중지하라고 회사에 청구하는 권리입니다. 그 이사를 해임하는 것이 아닙니다. 참고로 청구는 회사에서 들어줘도 그만, 안 들어줘도 그만입니다. 요구는 일단 들어줘야 할 의무가 있을 때 쓰는 말입니다.
1% 주주가 가진 가장 강력한 무기는 주주대표소송제기권입니다. 회사의 이사가 잘못된 행동을 해서 회사에 손해를 끼쳤는데 회사가 아무런 조치도 취하지 않는다면 주주가 대신 나서서 그 이사를 상대로 소송을 하는 것입니다. 다중대표소송제기권이라는 제도도 지난 2021년 도입됐습니다. 자회사나 손자회사의 임원을 상대로 소송을 낸다는 점에서 주주대표소송과 차이가 있습니다.
만약 10%의 지분을 갖고 있다면 회사의 해산을 주장할 수 있습니다. "이럴 거면 그냥 사업을 접자"라고 하는 위협하는 성격이라고 할 수 있습니다. 해산판결청구권이라고 합니다. 이름에서 알 수 있듯이 법원을 찾아가서 소송을 제기하는 것입니다.
소수주주권의 핵심은 3%를 확보하느냐 아니냐로 갈린다고 할 수 있습니다. 3%를 넘는 주주들이 갖는 권한이 꽤 강력하기 때문입니다.
이때 3%는 반드시 한 사람의 지분율일 필요가 없습니다. 여러 사람이 공동으로 행사할 수도 있고 위임장을 주는 방식으로 3%를 맞출 수도 있습니다.
가장 강력한 권한은 회계장부열람권입니다. 회계장부에는 법인카드 사용내역부터 주요 경영진의 급여, 타기업과의 거래 등 온갖 민감한 내용이나 영업기밀사항이 들어가 있습니다. 여기서 꼬투리를 잡아서 본격적인 여론전의 재료를 확보하고 경영권 분쟁을 시작하는 것입니다. 회계장부를 확보하는 것은 이후 벌어질 경영권 분쟁의 키라고 할 수 있습니다.
주주명부는 단 1주만 보유하고 있어도 열람권을 행사할 수 있는데 회계장부는 3%로 정한 데는 이런 이유가 있습니다.
3%의 지분율을 맞췄다고 해서 무조건 회계장부를 볼 수 있는 것은 아닙니다. 상법에는 '이유를 붙인 서면으로 회계의 장부와 서류의 열람 또는 등사를 청구할 수 있다'고 돼있습니다. 다시 말해 '회사 실적이 엉망이다'와 같은 추상적인 명분이 아니라 '대주주 개인 회사와 부당한 거래를 하고 있다'와 같은 식의 비교적 뚜렷한 혐의가 있어야 하는 것입니다. 이 때문에 회사측에서는 '이유'가 불분명하다는 이유로 대부분 회계장부를 보여주지 않습니다. 그래서 회계장부열람 가처분 신청이라는 법적 공방으로 들어가는 게 일반적인 수순입니다.
기존의 판례는 "청구 이유는 그것이 사실일지도 모른다는 합리적 의심이 들 정도로 기재되어야 한다"는 것이었습니다. 그런데 지난해 대법원에서 "열람·등사 청구권 행사에 이르게 된 경위와 행사의 목적 등이 구체적으로 기재되면 충분하다"는 판결을 내렸습니다. 소수주주가 회계장부를 열어볼 수 있는 기회가 더 많아지게 된 것이죠.
3% 이상의 지분을 확보하면 '경영진 퇴진'을 단순한 구호가 아닌 실제 행동으로 옮길 수 있습니다. 주주총회소집청구권, 주주제안권, 집중투표청구권 모두 3%의 지분을 확보했을 때 행사할 수 있습니다.
원칙적으로 주주총회는 이사회가 소집합니다. 하지만 3% 주주도 이사회에 임시총회의 소집을 청구할 수 있습니다. 만약 회사가 이를 거부하면 법원에 임시주총을 열게 해 달라고 소송을 낼 수 있습니다.
임시주주총회가 열리면 주주제안을 통해 이사의 선임이나 해임안건을 올립니다. 주주총회가 열리기 6주전까지 이사회에 이 안건을 올려달라고 전달하면 됩니다. 주주 개인의 고충에 관한 사항, 회사가 실현할 수 없는 사항, 제안 이유가 명백히 거짓인 사항 등 어쩔 수 없는 경우가 아니라면 대부분 주주총회 안건으로 올라가게 됩니다.
소수주주들이 연대한다고 해서 대주주를 표싸움으로 이길 수 있겠느냐라는 회의적인 생각이 들 수 있습니다. 그래서 만든 제도가 집중투표권입니다. 일반적으로 주총에서는 1주당 1표씩을 갖게 되는데요. 집중투표권은 선임되는 이사의 수만큼 의결권을 부여합니다. 이사 3명을 선임한다면 주당 3표를 받게 되고 이를 한 사람에게 몰아줄 수 있는 것입니다. 다른 주주들의 표심을 끌어온다면 소수주주측의 후보를 충분히 이사회에 진입시킬 수 있습니다.
어떤 이사는 문제가 너무 뚜렷한데도 주주총회에서 해임이 안 됐다면 구제수단이 또 있습니다. 5% 이상의 주주는 주주총회가 열린 지 1개월 내에 그 이사의 해임을 법원에 청구할 수 있습니다.
그런데 찬찬히 다시 훑어보면 주주총회 소집 청구권, 집중투표청구권, 이사해임청구권 모두 청구권입니다. 회사가 안 받아주면 어쩔 수가 없습니다. 물론 이 경우 대주주와 경영진이 소수주주를 무시하고 횡포를 부린다는 여론의 부담이 있을 수는 있겠지만 소수주주들이 당장 가시적으로 손에 잡히는 결과를 만들 수는 없습니다. 소수주주권이 보다 한단계 업그레이드돼야 할 필요성이 느껴지는 대목입니다.
그런데 소수주주권을 바라보는 또 하나의 시각이 있습니다. 일각에서는 소수주주권이 주식회사 민주주의를 해친다고 봅니다. 주식회사라는 것 자체가 지분율 만큼 경영권을 가져가는 것이기 때문입니다. 선거에서 51%의 득표율을 차지하면 정권을 쥐게 되는 것과 마찬가지입니다. 3%, 5%의 지분을 갖고 있는 사람이 51%를 가진 대주주를 괴롭힐 수 있는 제도 자체가 문제라는 시선입니다. 여러분은 어떻게 생각하십니까.

(자료원: 매일경제 2023. 01. 27)

진위 문제

01 분실, 도난, 화재 등에 의한 현금, 상품, 비품, 건물 등 자산의 감소나 대손에 의한 채권의 소멸 등은 회계학상 거래로 보지 않는다.

02 회계에서 거래(transaction)라 함은 기업이 가지고 있는 자산, 부채 및 자본의 증감변화를 일으키는 일체의 경제적 사건과 수익과 비용의 발생을 가져오는 모든 경제적 사건을 말한다.

03 교환거래는 거래에 의하여 수익 또는 비용이 발생하지 않고, 자산, 부채, 자본이 서로 증감하는 거래를 말한다.

04 자산, 부채, 자본의 증감변화와 수익과 비용의 발생에는 반드시 양면적인 두 방면에서 서로 대립되는 관계를 보인다. 즉, 회계학 상 거래는 대부분 차변과 대변 양쪽에 같은 금액으로 변동되지만, 모든 거래가 반드시 그렇지는 않다.

05 혼합거래는 자산, 부채 및 자본의 증감이 수익이나 비용의 발생에 따라 일어나는 거래를 말한다. 수수료나 이자를 현금으로 받는 수익거래와 급여, 집세 등을 지급하는 비용거래로 구분된다.

06 기업에서 일어나는 거래는 수많은 형태가 있으나, 이들을 분석해 보면 결국 자산의 증가, 자산의 감소, 부채의 증가, 부채의 감소, 자본의 증가, 자본의 감소, 수익의 발생, 비용의 발생 등 8가지 요소로 구성되는데, 이들을 거래의 8요소라 한다.

07 거래의 8요소에 있어 보통 차변항목과 대변항목의 결합으로 이루어지지만 특수한 경우에 한해서는 차변요소끼리 또는 대변요소끼리도 거래가 이루어지기도 한다.

08 부채의 감소는 차변에 부채의 증가는 대변에 기록한다.

09 자산의 증가는 대변에, 자산의 감소는 차변에 기록한다.

10 자산 + 비용 = 부채 + 자본 + 수익

11 '사무실 임차료 10,000원을 현금 지급하였다.'에 해당되는 분개의 결합관계는 '부채감소-자본증가'이다.

12 부채증가는 대변에 기록하고, 자본감소는 차변에 기록한다.

13 한 회계기간이 끝남에 따라 그 기간의 경영성과를 확정하고, 또 기말의 재무상태를 명백히 함과 동시에 장부의 형식을 금기와 차기로 명료하게 구분하기 위하여 이루어지는 제반절차를 결산(closing)이라 한다.

14 결산을 행하는 날을 결산일이라고 하며, 결산일의 익일부터 다음 결산기까지의 영업기간을 회계연도 또는 회계기간(accounting period)이라 한다. 현행 상법상으로는 2년에 1회 이상은 결산을 하도록 규정하고 있다.

15 합계시산표(trial balance of total)는 원장 각 계정의 차변금액의 합계액과 대변금액의 합계액을 모아서 작성한 표이다. 합계시산표의 차변 합계금액과 대변 합계금액은 반드시 일치해야 하는 것은 아니다.

16 회계기간 중에 발생한 거래들이 정확하게 계정에 기록되었는지를 단순히 점검하는 표가 시산표이다.

17 재무상태표는 차변에는 자산을, 대변에는 부채와 자본을 표시하게 된다. 이때 차변에 잔액이 생기면 대변에 순손실이 발생하며, 반대로 대변에 잔액이 생기면 차변에 순이익이 발생한다.

18 회계순환과정에서 정산표의 작성은 의무적이며 필수적이다.

정답 01 F 02 T 03 T 04 F 05 F 06 T 07 F 08 T 09 F 10 T
11 F 12 F 13 T 14 F 15 F 16 T 17 T 18 F

해 설

01 F 분실, 도난, 화재 등에 의한 현금, 상품, 비품, 건물 등 자산의 감소나 대손에 의한 채권의 소멸 등은 회계학상 거래로 본다.

02 T

03 T

04 F 회계학상 모든 거래는 반드시 차변과 대변의 금액이 같다.

05 F 수수료나 이자를 현금으로 받는 수익거래와 급여, 집세 등을 지급하는 비용거래는 손익거래이며, 혼합거래는 교환거래와 손익거래가 합쳐진 것을 말한다.

06 T

07 F 차변요소끼리 혹은 대변요소끼리 거래가 이루어지는 경우는 없다.

08 T

09 F 자산의 증가는 차변에, 자산의 감소는 대변에 기록한다.

10 T

11 F 비용발생-자산감소이다.

12 F

13 T

14 F

15 F

16 T

17 T

18 F

객관식 문제

01 **다음은 거래의 인식을 위한 기본요건을 설명한 것이다. 틀린 것은?**

① 재무제표요소의 개념정의에 부합된다.
② 이중성의 원칙에 따라 교환이 성립되어야 한다.
③ 현금의 수입 또는 지출이 있어야 한다.
④ 거래의 금액을 신뢰성 있게 측정할 수 있어야 한다.

02 **다음 중 회계상의 거래가 성립되지 않는 것은?**

① 영업용 건물에 대하여 감가상각비를 계상하다.
② 외상매출금이 회수불능되다.
③ 전기요금 납부고지서를 받다.
④ 자본주의 사용(私用)으로 현금을 인출하다.

03 **다음 중 회계상의 거래가 아닌 것은?**

① 거래처와 상품매입계약을 체결하다.
② 화재로 인하여 건물이 소실되다.
③ 거래처의 파산으로 외상매출금 ₩700이 회수불능되다.
④ 수재민돕기 성금 ₩100을 기탁하다.

04 **다음은 ㈜한공의 사업용 토지 처분에 관한 대화이다. 이에 대한 회계처리 시 대변 계정과목은?** (FAT 2급)

> 이부장 : 토지 처분 건은 어떻게 되었나요?
> 박대리 : 네, 30,000,000원에 매매계약을 체결하고, 계약금 3,000,000원을 현금으로 받았습니다.

① 토지　　② 가수금
③ 선수금　　④ 건설중인 자산

05 다음 중 거래로 성립될 수 없는 경우는?

① 자산의 증가와 부채의 증가
② 부채의 증가와 비용의 발생
③ 수익의 발생과 자산의 증가
④ 자본의 감소와 부채의 감소

06 다음 ㈜한공의 거래에 대한 회계처리 시 차변 계정과목으로 옳은 것은?

> 사무실에서 사용하고 있던 책상을 장부금액으로 처분하고 대금은 거래처 발행 약속어음으로 받다.

① 비품　② 미수금
③ 받을어음　④ 외상매출금

07 다음 중 회계상 거래에 해당하지 않는 것은?

① 기계장치를 90,000,000원에 취득하고 현금을 지급하였다.
② 종업원을 채용하고 근로계약서를 작성하였다.
③ 결산기말에 단기매매증권의 공정가치가 장부금액 대비 100,000원 하락하였다.
④ 사무실에 보관중이던 상품 10,000,000원을 분실하였다

08 다음 중 회계상 거래에 해당하는 것은?

① 사무실을 임차하기로 하고 계약서를 작성하였다.
② 종업원을 채용하고 근로계약서를 작성하였다.
③ 업무용 차량을 구입하기 위해 주문서를 발송하였다.
④ 창고에 보관중이던 상품을 도난당하였다

09 **다음 중 설명이 틀린 것은?**

① 분개의 법칙과 계정기입의 법칙은 다른 뜻이다.
② 분개장의 기록을 총계정원장에 옮겨 적는 절차를 '전기'라고 한다.
③ 모든 거래를 분개하면 차변에 기입하는 금액과 대변에 기입하는 금액의 합계가 일치한다.
④ 분개장은 거래의 발생순서에 따라 기록하며, 총계정원장은 계정과목별 증감액 및 잔액을 표시한다.

10 **다음 중 거래의 결합관계를 잘못 나타낸 것은 어느 것인가?**

① 현금 200원을 출자하여 영업을 개시하다 : 자산의 증가 - 자본의 감소
② 상품 100을 현금으로 매입하다 : 자산의 증가 - 자산의 감소
③ 차입금 중 300을 현금으로 지급하다 : 부채의 감소 - 자산의 감소
④ 종업원급여 50을 현금으로 지급하다 : 비용의 발생 - 자산의 감소

11 **다음은 계정기입의 방법을 설명한 것이다. 틀린 것은?**

① 분개장의 차변금액은 해당 계정의 차변에 기입한다.
② 분면란에는 해당 거래가 기록된 분개장의 면수를 기입한다.
③ 분개장의 대변금액은 해당 계정의 차변에 상대 계정과목명을 기입한다.
④ 상대 계정과목이 둘 이상인 경우에는 '제좌'라고 기입한다.

12 **정상적인 회계의 순환과정에 해당하지 않는 것은?**

① 정산표 작성
② 재무제표의 작성
③ 결산분개 및 전기
④ 수정전 또는 수정후 시산표 작성

13 **다음 거래에 대한 결합관계가 올바른 것은?**

〈거래 예시〉: 상품 100,000원을 외상으로 구입하다.

① 자산증가-부채증가
② 자산증가-자본증가

③ 자산증가-수익발생　　　　④ 부채감소-자본증가

14 **다음 거래에 대한 결합관계가 올바른 것은?**

〈거래 예시〉: 은행 차입금에 대한 이자 50,000원을 현금지급하다.

① 자산증가-부채증가　　　　② 부채감소-자본증가
③ 자본감소-자산감소　　　　④ 비용발생-자산감소

15 **자산증가/자본증가의 결합관계에 대한 올바른 거래 추정은?**

① 현금을 출자하여 영업을 개시하다.
② 상품을 외상으로 판매하다.
③ 건물을 구입하고 대금은 현금지급하다.
④ 대여금에 대한 이자를 현금으로 수취하였다.

16 **다음과 같은 거래 요소의 결합관계에 해당하는 거래로 옳은 것은?**

(차) 자산의 증가　　　(대) 부채의 증가

① 상품 100,000원을 외상으로 판매하다.
② 종업원 급여 3,000,000원을 현금으로 지급하다.
③ 은행으로부터 10,000,000원을 1년간 차입하여 보통예금으로 입금하다.
④ 단기차입금 5,000,000원과 그 이자 300,000원을 현금으로 지급하다.

17 **현금 100,000원과 500,000원의 어음을 발행하여 비품을 구입하였다면 어느 계정에 영향이 있는가?**

① 총자산과 총자본이 증가한다.
② 총부채가 증가하고, 총자본이 감소한다.
③ 총자산이 감소하고, 총부채가 증가한다.
④ 총자산과 총부채가 증가한다.

18 **영업용 트럭을 어음을 발행하여 외상으로 구입한 경우, 대변에 기재해야 하는 계정과목은?** (FAT 2급)

① 선수금　　② 외상매입금
③ 미수금　　④ 미지급금

19 **이 과장의 답변에서 알 수 있는 거래 요소의 결합관계를 나타낸 것으로 옳은 것은?** (FAT 1급)

> 김 부장 : 이과장님. 영업부 박대리 부산 출장비용은 지출했습니까?
> 이 과장 : 영업부 박대리 출장비를 현금으로 지급하고 가지급금처리했습니다.

① (차) 부채의 감소 (대) 부채의 증가
② (차) 부채의 감소 (대) 자산의 감소
③ (차) 자산의 감소 (대) 자산의 증가
④ (차) 자산의 증가 (대) 자산의 감소

20 **다음 거래의 결합관계를 나타낸 것으로 옳은 것은?** (FAT 2급)

> 업무출장으로 인한 택시비 50,000원을 현금으로 지급하였다.

① (차) 비용의 발생 (대) 자산의 감소
② (차) 자산의 증가 (대) 부채의 증가
③ (차) 부채의 감소 (대) 자산의 감소
④ (차) 자산의 증가 (대) 수익의 발생

21 **다음 (주)공학의 거래에 대한 회계처리 시 차변 계정과목으로 옳은 것은?** (FAT 2급)

> 사무실에서 사용하고 있던 책상을 장부금액으로 처분하고 대금은 거래처 발행 약속어음으로 받다.

① 비품 ② 외상매출금
③ 받을어음 ④ 미수금

22 다음 중 자산의 증가를 수반하지 않는 거래는? (FAT 2급)

① 은행으로부터 차입한 자금을 보통예금에 입금하였다
② 증자 시 주식 발행 대금이 당좌예금으로 입금되었다
③ 직원 급여를 현금으로 지급하였다
④ 토지를 외상으로 구입하였다

23 다음은 중소기업 회계부서의 회의 내용이다. 회계담당자인 박대리의 답변에 해당하는 결합관계는 무엇인가? (FAT 2급)

> 김과장 : 박대리, 상품판매 홍보물 1,000,000원 제작하고 어떻게 지급했는지 확인 가능합니까?
> 박대리 : 과장님, 상품판매 홍보물 제작하고 회사 보통예금 계좌에서 바로 이체해서 지급하였습니다.

① (차) 비용의 발생 (대) 자산의 증가
② (차) 비용의 발생 (대) 자산의 감소
③ (차) 부채의 감소 (대) 자산의 감소
④ (차) 부채의 감소 (대) 수익의 발생

24 다음 중 회계상 거래에 해당하는 것은? (FAT 2급)

> 가. 거래처에 원재료 매입을 주문하였다.
> 나. 월급여 1,000,000원 주기로 하고 종업원을 채용하였다.
> 다. 창고에 화재가 발생하여 상품이 소실되었다.
> 라. 월 500,000원에 사무용 컴퓨터를 빌려 쓰기로 계약하였다.

① 나 ② 다
③ 가, 나 ④ 다, 라

25 다음 중 회계상의 거래에 해당하는 것은?

① 토지 등의 담보설정 ② 건물의 임대차계약
③ 상품가격의 하락 ④ 상품의 매매계약

26 한 회계기간이 끝남에 따라 그 기간의 경영성과를 확정하고, 또 기말의 재무상태를 명백히 함과 동시에 장부의 형식을 금기와 차기로 명료하게 구분하기 위하여 이루어지는 제반절차를 무엇이라 하는가?

① 결산 ② 전기
③ 마감 ④ 분개

27 다음 중 회계의 순환과정에서 재무제표가 작성되는 순서는?

① 총계정원장→분개장→시산표→재무제표
② 시산표→총계정원장→분개장→재무제표
③ 분개장→시산표→총계정원장→재무제표
④ 분개장→총계정원장→시산표→재무제표

28 다음 중 시산표에서 발견할 수 없는 오류는?

① 어느 거래의 분개를 이중으로 전기한 경우
② 어떤 계정의 차변에 전기할 것을 대변에 전기한 경우
③ 어떤 거래 전체를 이중으로 기입한 경우
④ 차변과 대변에 모두 똑같이 틀린 금액으로 전기된 경우

29 시산표의 대차가 일치하지 않았다. 검토할 사항이 아닌 것은?

① 분개장의 합계를 검토한다.
② 시산표의 각 계정의 합계 또는 잔액의 계산이 올바른지 검토한다.
③ 원장에서 시산표로 이기가 바른지 검토한다.
④ 정산표의 합계가 일치하는지 검토한다.

30 시산표에서 대차평형의 원리를 이용하여 오류를 적발할 수 있는 경우는?

① 특정 거래 전체를 이중으로 기입한 경우
② 분개할 때 잘못된 계정과목을 사용한 경우
③ 특정 거래 전체를 누락시킨 경우
④ 분개할 때 대변계정과목의 금액을 잘못 기입한 경우

정답	**01** ③ **02** ③ **03** ① **04** ③ **05** ④ **06** ② **07** ② **08** ④ **09** ① **10** ① **11** ③ **12** ① **13** ① **14** ④ **15** ① **16** ③ **17** ④ **18** ④ **19** ④ **20** ① **21** ④ **22** ③ **23** ① **24** ② **25** ③ **26** ① **27** ④ **28** ② **29** ④ **30** ④

해 설

01 ③ 거래를 장부에 기록하기 위해서는 식별 가능하고 측정 가능해야 한다. 모든 거래가 현금의 수입 또는 지출이 수반되는 것은 아니다.

02 ③ 전기를 사용하는 것으로 거래가 성립되며, 일정기간의 전기 사용액을 측정하여 비용으로 배분하거나, 전기요금을 납부하는 것으로 거래가 성립된다. 따라서 납부고지서를 받은 것만으로는 거래가 되지 않는다.

03 ① 계약을 체결하고 계약금을 지불하였으면 거래이나 체결만 한 상태이므로 거래가 아니다.

04 ③ 유형자산을 처분하기로 하고 계약금을 받을 경우 선수금 계정으로 회계처리한다.

05 ④ 차변 - 자산 증가, 부채 감소, 자본 감소, 비용 발생
대변 - 자산 감소, 부채 증가, 자본 증가, 수익 발생

06 ② (차) 미수금 xxx (대) 비품 xxx

07 ② 회계상의 거래는 기업의 자산, 부채, 자본의 증감을 가져오거나 수익, 비용을 발생시키는 모든 활동을 말한다. 종업원을 채용하고 근로계약서만을 작성한 것은 자산, 부채, 자본의 증감을 초래하지 않으므로 회계상의 거래가 아니다.

08 ④ 상품의 도난은 기업의 자산을 감소시키는 회계상 거래이다.

09 ① 분개의 법칙과 계정기입의 법칙은 동일한 원리에 따르지만, 분개와 전기는 다른 절차이다.

10 ① 자산의 증가 - 자본의 증가이다.

11 ③ 분개장의 대변금액은 해당 계정의 대변에 상대 계정과목명을 기입한다.

12 ① 정산표는 기말에 수행되는 복합한 결산과정을 하나의 표를 통해서 기록함으로써 기록상의 오류를 줄이기 위한 하나의 도구일 뿐 결산과정에서 반드시 수행해야 하는 절차는 아니다.

13 ① 상품100,000 / 외상매출금 100,000

14 ④ 이자비용 50,000 / 현금 50,000

15 ① 현금 / 자본금

16 ③ (차) 보통예금 10,000,000원 (대) 단기차입금 10,000,000원
(자산의 증가) (부채의 증가)

17 ④ 비품600,000 / 현금 100,000 미지급금 500,000

18 ④ 유형자산인 차량운반구(영업용 트럭)를 어음을 발행하여 외상으로 구입한 경우 → 미지급금 계정으로 처리
즉, 차량운반구 ××× / 미지급금 ×××

19 ④ (차) 가지급금 xxx(자산의 증가) (대) 현금 xxxx(자산의 감소)

20 ① (차) 여비교통비 50,000원 (대) 현금 50,000원
(비용의 발생) (자산의 감소)

21 ④ : (차) 미수금 ××× (대) 비품 ×××

22 ③

	(차변)	(대변)
①	(자산의 증가) 보통예금 XXX	(부채의 증가) 차입금 XXX
②	(자산의 증가) 당좌예금 XXX	(자본의 증가) 자본금 XXX
③	(비용의 증가) 급여 XXX	(자산의 감소) 현금 XXX
④	(자산의 증가) 토지 XXX	(부채의 증가) 미지급금 XXX

23 ① (차) 광고선전비 1,000,000원 (대) 보통예금 1,000,000원
(비용의 발생) (자산의 감소)

24 ② 주문, 채용, 결정, 계약 그 자체는 회계상 거래가 아니다.

25 ③ 상품의 하락은 자산이 감소한 것으로 보기 때문에 이를 거래로 보는 것이다.

26 ① 한 회계기간이 끝남에 따라 그 기간의 경영성과를 확정하고, 또 기말의 재무상태를 명백히 함과 동시에 장부의 형식을 금기와 차기로 명료하게 구분하기 위하여 이루어지는 제반절차를 결산(closing)이라 한다.

27 ④ 회계의 순환과정에서 재무제표가 작성되는 순서는 분개장 → 총계정원장 → 시산표 → 재무제표 순이다.

28 ② 시산표에서 발견될 수 없는 오류
- 거래 한 개를 차변과 대변에 모두 누락한 경우
- 거래 한 개를 차변과 대변에 모두 중복 전기한 경우
- 어떤 거래를 대차 반대로 전기한 경우
- 계정과목을 잘못 설정하거나 타계정에 전기한 경우
- 동일한 금액의 대차가 우연히 상계되는 경우 등

29 ④ 시산표의 대차가 일치하지 않으면 정산표는 작성할 수 없다. 시산표의 대차금액이 일치하지 않는 경우에는 시산표 작성 이전의 오류가 그 원인이다. 시산표 합계금액의 불일치원인은 시산표를 포함하여 이전의 장부기록을 검사해야 한다.

30 ④ 대변금액을 잘못 기록하면 차변합계금액과 대변합계금액이 불일치하는 원인으로 시산표에서 발견이 가능한 오류이다.

07 우리는 재무제표를 해석하면 무엇을 알 수 있을까?

제1절 재무제표의 의미와 목적

제2절 재무제표를 분석하는 방법으로는 어떤 것이 있나요?

제3절 제일 많이 이용하는 재무비율분석 방법은?

제7장

우리는 재무제표를 해석하면 무엇을 알 수 있을까?

제1절 재무제표의 의미와 목적

본장에서는 재무제표에 표시된 자료를 토대로 기업의 재무상태와 경영성과가 어떠한지를 관찰하여 판단하는 것을 목적으로 하는 재무제표분석에 대해서 설명하고자 한다. 왜냐하면, 회계정보이용자들이 합리적인 의사결정을 하기 위해서는 수많은 재무정보를 분류하고 변화하는 상황에 맞추어 분석해 나가는 능력을 필요로 하기 때문이다.

재무제표가 주는 정보는 그 자체로서도 상당한 의미를 갖지만, 어느 한 가지 정보만 가지고는 기업의 현상을 파악하기란 대단히 어렵다. 예컨대 순이익이 1,000만원이라는 정보만으로는 영업을 잘했는지, 못했는지 평가하기 힘들다. 가령 자본금이 1억원인 회사가 연 1,000만원의 순이익을 올렸다면 경영성과가 비교적 양호한 편이지만, 자본금이 100억원인 회사가 연 1,000만원의 순이익을 올렸다면 영업 성적이 부진하다고 평가할 수 있기 때문이다.

이와 같이 재무제표상의 정보를 서로 연관시켜 분석하면 보다 실질적인 정보를 얻을 수 있는데, 이를 '재무제표 분석'이라고 한다.

재무제표 분석(financial statement analysis)이란 기업이 공시한 재무제표를 기반으로 그 기업의 재무성과상 강점과 약점을 알아내 문제점을 파악하는 기법으로, 재무제표에 대한 체계적 분석을 통하여 정보이용자가 의사결정을 하는 데 필요한 정보를 제공하는 것이다. 즉, 기업의 회계정보인 재무상태표, 포괄손익계산서, 현금흐름표 등을 비교·분석하여 기업의 재무상태와 경영성과를 파악하고 그 원인을 분석하는 것을 말한다.

재무제표 분석은 경영분석(business analysis) 또는 재무분석(financial analysis) 등의 용어로 지칭되기도 한다. 이들 용어 사이에 명확한 구분이 있는 것은 아니지만 분석의 범위와 방법에 있어서는 차이가 있다.

경영분석은 경영 자료를 수집 · 분석하여 경영실태의 파악과 미래성과를 예측하는 것으로, 경영 자료는 기업의 재무자료와 비재무자료를 포함한다. 초기의 경영분석은 재무제표 분석에서 시작되었으며, 최근에는 기업에 대한 이해관계자가 다양해짐에 따라 기업의 경영내용을 파악하기 위한 자료나 분석기법들도 광범위해지고 있다. 재무분석에 이용되는 재무 자료는 재무제표와 같은 회계자료 외의 주가자료 등을 포함한다. 따라서 경영분석이 가장 넓은 의미의 개념이고, 다음은 재무분석이며, 재무제표 분석은 가장 좁은 의미의 개념이라고 할 수 있다.

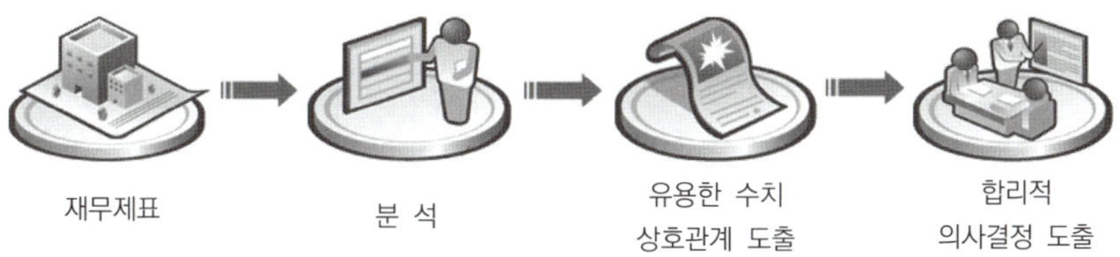

그림 7-1 재무제표의 분석

재무제표 분석의 기본 목적은 이해관계자의 의사결정에 유용한 정보를 제공하는 것이다.

기업의 이해관계자들은 그들의 자원배분에 관한 합리적 의사결정을 위해 기업의 경영활동에 관한 정보를 필요로 한다. 즉, 이해관계자들은 자신의 의사결정에 기업의 재무 및 비재무자료를 활용하게 되는데, 이들 자료는 이용자들의 의사결정 목적에 적합하도록 다양한 분석기법을 통하여

가공되어 유용한 정보로 전환되는 것이다. 따라서 이해관계자가 누구냐에 따라 재무제표를 분석하는 목적이 달라질 수 있다.

재무제표 분석은 회계정보이용자들의 욕구를 충족시키기 위한 대표적인 수단이다. 재무제표 분석의 목적은 기업의 과거 경영성과와 현재 재무상태를 평가하고, 이를 토대로 기업의 미래 수익 잠재력과 관련위험을 예측하는 것이다. 즉, 정보이용자는 기업의 미래 수익 잠재력과 관련위험을 예측하기 위하여 과거의 자료인 재무제표를 분석한다.

1) 주 주

일반적으로 주주는 기업경영에 별로 관심이 없는 개인의 소액주주와 기업지배권을 행사하고 있는 대주주, 그리고 투자신탁회사, 보험회사, 연금기금운용기관 등의 기관투자가들로 구분된다. 소액주주들은 주가의 매매차익이나 배당금수익을 목적으로 자신의 자금을 기업에 투자하는 주요 이해관계자이다. 따라서 주주는 어느 기업의 주식을 언제 매입하여 매도함으로써 투자수익을 극대화할 것인가에 관심이 집중되기 때문에 재무제표 분석을 통하여 기업의 장기적인 수익성과 재무상태 및 자본구조 등에 관하여 알고 싶어한다. 특히, 기업의 미래 현금흐름의 금액, 시기 및 불확실성 등을 예측하고 평가하고자 한다.

2) 채 권 자

금융기관 등 채권자들은 기업에 장·단기 자금을 제공하고 약정된 조건에 따라 이자를 지급받고 원금을 상환 받는 주요 이해관계자이다. 단기채권자들은 주로 금융기관의 단기대출이나 기업어음의 인수를 통하여 자금을 제공하며, 장기채권자들은 금융기관의 장기대출이나 회사채의 인수 및 리스금융 등을 통하여 자금을 제공하게 된다.

채권자들은 기업의 채무상환능력, 즉 채무의 원금과 이자에 대한 상환능력을 파악하기 위하여 재무제표 분석을 실시한다. 단기채권자들은 기업의 단기적인 채무상환능력을 파악하기 위하여 기업의 유동성, 즉 단기적인 현금흐름을 분석하고자 한다.

3) 경 영 자

경영자는 기업 내부의 정보이용자로서 주주와 채권자와는 달리 기업의 자원을 효율적으로 관리하고 운용하여 기업의 부를 극대화하는 데 관심을 갖는다. 따라서 재무 및 투자의사결정이나 영업의사결정 등을 위해 재무분석을 필요로 한다. 경영자는 이러한 의사결정의 결과에 의하여 성과를 평가받고 보수도 결정된다.

4) 종 업 원

종업원이나 노동조합은 재무제표 분석을 통해 기업의 경영성과나 생산성, 미래의 성장가능성 등에 관한 정보를 필요로 한다. 이들 정보를 기초로 임금수준이나 복리후생, 근로여건 등의 평가 내지는 개선에 필요한 정보를 얻어 의사결정에 이용하게 되는 것이다.

5) 정부 및 기타

정부 및 규제기관은 세금의 부과, 공공요금이나 가격의 결정, 정부나 공공기관과의 계약체결, 경제관련 정책의 입안과 집행, 공정거래를 위한 규제 등의 활동을 하는 데 필요한 정보를 재무분석을 통하여 얻고자 한다. 소비자들은 특정기업의 제품을 구입하거나 서비스를 제공받고 사후 서비스나 수선유지에 관심이 있을 뿐만 아니라, 제품에 관한 추가적인 정보를 필요로 한다. 이러한 지속적인 관계가 원활하게 유지될 수 있는가를 판단하는 데 있어서 재무분석을 통하여 그 기업의 신용상태나 성장성, 경영자나 종업원의 능력 등에 관한 정보를 얻고자 한다.

제2절 재무제표를 분석하는 방법으론 어떤 것이 있나요?

재무제표에 나타나는 항목들은 그 자체로서는 별 의미가 없다. 보다 중요한 것은 다른 항목들과의 상관관계나 현재의 상태와 과거의 상태를 비교하였을 때 그 기간별 변동의 방향이나 크기이다. 재무제표 분석을 통하여 재무제표항목들의 상관관계나 각 항목의 변동방향 또는 추세를 판단할 수 있다.

재무제표 분석의 방법에는 구성비 분석, 추세분석(수평적 분석), 비율분석 등이 있고, 이 중 비율분석이 가장 많이 사용되는 방법이다. 이들 방법에 대해 구체적으로 알아보자.

1. 구성비 분석

수직적 분석 또는 백분비 분석이라고도 하는 구성비 분석은 재무제표에 대한 각 구성항목별 구성비(백분비)를 평가하는 것이다. 즉, 재무제표의 각 항목이 전체에서 차지하는 구성 비율로 표시하여 재무상태나 경영성과를 파악하는 방법으로, 재무상태표에서는 총자산 중에서 각 항목이 차지하는 비율을 백분율로 나타낼 수 있으며, 포괄손익계산서에서는 매출액 중에서 각 항목이 차지하는 비율을 백분율로 나타낼 수 있다.

구성비 분석은 재무제표의 각 항목의 상호관계를 총액에 대한 백분율로 표시함으로써 각 항목의 상대적 중요도, 개별 항목의 크기와 변화추세, 기업 간의 영업실적 비교, 특정 기업의 기간별 영업실적 비교 등을 파악하는 데 유용한 분석방법이다. 그러나 상대적 비율에 대한 비교표준이 필요하지만, 기업의 특성을 고려한 최적 또는 최상의 비교표준을 설정하기 어려운 단점이 있다. 다음의 [표 7-1]과 [표 7-2]는 재무상태표와 포괄손익계산서의 구성비 분석을 예시한 것이다.

표 7-1 재무상태표에 대한 구성비 분석 예

	20x1년 12월 31일	20x2년 12월 31일
자 산:		
유동자산	58.2%	57.1%
투자자산	7.9	6.7
유형자산(순계)	26.8	29.8
무형자산	7.1	6.4
합 계	100.0%	100.0%
부채와 자본:		
유동부채	36.2%	41.5%
비유동부채	23.6	17.7
자본금	21.0	21.0
자본잉여금	6.0	6.0
이익잉여금	13.2	13.8
합 계	100.0%	100.0%

표 7-2 포괄손익계산서에 대한 구성비 분석 예

	20x1년	20x2년
수익(매출액)	100.0%	100.0%
매출원가	54.7	55.8
매출총이익	45.3	44.2
판매비와 관리비	24.7	25.6
영업이익	20.6	18.6
영업외수익	6.0	5.0
영업외비용	7.5	6.9
법인세비용차감전순이익	19.1	16.7
법인세비용	5.0	4.2
당기순이익	14.1%	12.5%

2. 추세분석

수평적 분석이라고도 하는 추세분석은 기간비교의 방법으로서 둘 이상의 기간에 대하여 재무제표의 계정을 비교·평가하는 것으로 분석 항목에 대한 여러 기간의 변화 추세를 파악할 수 있게 한다. 2개 연도 또는 다년간의 계정 금액과 각 항목의 재무비율을 비교하거나 추세 재무제표(재무상태표, 포괄손익계산서)를 작성하는 방법으로 평가를 수행한다. 다음의 [표 7-3]은 20X1년부터 20X5년까지의 추세 포괄손익계산서를 예시한 것이다.

표 7-3 추세 포괄손익계산서의 예시

1. 연도별 금액(단위 : 백만원)

	20x1년	20x2년	20x3년	20x4년	20x5년
수익 (매출액)	₩1,000	₩1,050	₩1,100	₩1,200	₩1,320
순이익	25	28	32	60	40

2. 추세분석

	20x1년	20x2년	20x3년	20x4년	20x5년
수익 (매출액)	100 %	105 %	110 %	120 %	132 %
순이익	100	112	128	240	160

추세분석은 장기간에 걸친 기업의 기본적인 변화를 살펴볼 수 있다. 즉, 위의 표에 나타난 추세분석에 의하면 수익(매출액)이 점차 상승하고 있고, 순이익도 점차 증가추세에 있으며, 또한 수익(매출액)의 증가율보다 순이익의 증가율이 더 크다는 것을 알 수 있다. 이는 제조원가 중에 고정비의 비율이 상대적으로 크다는 것을 의미하며, 기술개발에 따른 원가절감이 이루어졌다고도 해석할 수 있다. 여기서 이익이 다른 회계연도보다도 훨씬 큰 폭으로 상승하였는데, 수익(매출액)의 증가율이 예년과 비슷한 것으로 보아 비경상적인 이익이 발생한 것으로 추측할 수 있다. 전체적으로 볼 때 추세분석에 따르면 이 기업은 꾸준히 성장하고 있는 기업이라는 것을 알 수 있다.

그러나 추세분석의 결과인 변동률(증감률)을 해석함에 있어서 기준연도의 설정에 따라 그 의미가 크게 달라질 수 있는 점에 유의해야 한다.

3. 재무비율분석

재무제표의 구성항목은 다양하고 복잡하므로 각 항목의 실제 수치만으로는 의미 있는 정보를 찾아내기는 쉽지가 않다. 따라서 구성항목 간의 유기적인 관계를 비율이나 지표로 산출하여 의사결정에 보다 의미 있는 정보로 활용하자는 의미에서 나온 것이 재무비율분석이다.

재무비율분석(financial ratio analysis)은 재무제표나 재무자료를 구성하는 항목 간의 관계를 비율로 산출하여 그 의미를 파악함으로써 기업의 재무상태나 경영성과 등을 분석하는 것을 말한다. 즉, 재무제표의 계정별 대비에 의하여 재무비율을 산출하고, 산출된 재무비율을 산업표준비율 또는 다른 기업의 재무비율과 비교하여 기업을 평가하는 방법이다. 비율분석의 자료는 주요 재무제표인 재무상태표, 포괄손익계산서, 현금흐름표의 계정이고, 비회계자료인 주가, 부가가치, 종업원 수 등이 사용되기도 한다.

재무제표분석은 은행이 자금대출시에 기업의 신용분석수단으로 사용한 데에서 비롯되었으나, 오늘날에는 그 활용범위가 넓어져 투자자들의 투자분석수단으로도 많이 이용되고 있다. 재무비율분석은 기업의 유동성·안정성·수익성 등을 평가하는 데 유용한 정보를 제공하지만, 어떤 비율이든지 양·부를 결정하는 절대적인 기준치가 존재하지 않기 때문에 동종산업의 기업간 비교 및 특정 기업의 기간별 비교를 통하여 상대적으로 종합판단하는 것이 바람직하다.

비율분석의 체계는 기업의 위험과 관련된 비율인 재무상태표 비율분석(재무상태 분석), 수익성과 관련된 비율인 포괄손익계산서 비율분석(경영성과 분석), 위험과 수익성을 동시에 고려한 비율인 시장가치 분석으로 구분된다. 여기서 재무상태표 항목 간의 비율을 정태비율이라 하며, 포괄손익계산서 항목 간의 비율을 동태비율이라고 한다.

재무비율의 종류에 대해서는 절을 바꾸어 이들에 대해 구체적으로 살펴본다.

표 7-4 재무비율분석의 체계

분 류	목 적	세부지표
유동성비율	단기 채무상환 능력을 측정	유동비율, 당좌비율 등
안정성비율	타인자본 의존도와 장기 채무상환 능력을 측정	부채비율, 자기자본비율 등
수익성비율	경영의 재무적(화폐적) 효율성을 측정	총자산순이익률, 자기자본순이익률, 매출액이익률 등
활동성비율	물리적 경영자원의 활용도 및 효율성을 측정	총자산회전율, 재고자산회전율, 유형자산회전율 등

제3절 제일 많이 이용하는 재무비율분석 방법은?

1. 안전성 분석

(1) 유동성(liquidity) 분석

유동성은 단기간 내에 정상적인 가격으로 현금화할 수 있는 가능성(현금전환능력)을 의미하는 것으로, 단기채무(부채)를 상환하는 데 필요한 현금을 조달할 수 있는 능력을 나타낸다. 즉, 유동성 분석은 위험이 가장 큰 유동부채를 위험이 가장 작은 유동자산으로 변제할 수 있는 능력에 대한 분석이다.

기업은 단기부채를 상환하지 못하면 항상 도산의 위험이 있으므로 기업의 존속과 관련시켜 볼 때 유동성의 확보는 상당히 중요하다. 특히 경영자나 단기채권자들은 기업의 유동성에 깊은 관심을 가져야 한다. 유동성 분석에는 유동비율, 당좌비율, 순운전자본비율 등이 있다.

1) 유동비율(current ratio)

유동비율은 기업의 유동성을 측정하는 가장 대표적인 비율이며, 단기부채의 상환능력을 판단하는 기본적인 비율로서 유동자산을 유동부채로 나누어 계산한다. 즉, 1년 내에 만기가 도래하는 유동부채를 상환하기 위하여 1년 내에 현금화할 수 있은 유동자산을 얼마나 보유하고 있는가를 나타낸다.

$$유동비율(\%) = \frac{유동자산}{유동부채} \times 100$$

이 비율이 높을수록 단기부채의 상환능력이 양호하다고 할 수 있으며, 전통적으로 유동비율은 200% 이상을 일반적 표준으로 한다. 예를 들어, 1년 내에 갚아야 할 단기채무(유동부채)가 100원이라면, 1년 안에 현금화될 수 있는 자산(유동자산)은 적어도 2배인 200원을 보유하고 있어야 재무적으로 안전하다는 의미이다. 그러나 유동비율이 200%가 넘는다 하더라도 유동자산 중 당좌자산이 적고 재고자산의 내용이 부실하다면 유동비율은 기업의 지급능력과는 아무런 관계가 없다. 또한 유동비율이 높은 경우에는 재고자산과 매출채권에 대한 투자가 과다하여 수익성이 낮아질 위험이 있음을 의미한다.

따라서 유동비율은 반드시 기업의 다른 지표들은 물론 동종 산업 내의 다른 기업들의 수치와 함께 평가되어야 한다. 그리고 유동비율의 수준은 산업요인의 영향을 매우 크게 받는데, 그 이유는 이 비율을 산출하는 공식의 분자에 재고자산과 외상매출금이 들어가 있기 때문이다.

2) 당좌비율(quick ratio)

당좌비율은 유동비율보다 엄격하게 유동성을 측정하는 비율로, 유동자산에서 재고자산을 차감한 당좌자산[1])을 유동부채로 나누어 계산한다. 즉,

1) 당좌자산은 쉽게 현금화할 수 있는 현금 및 현금성자산, 단기금융상품, 매출채권, 유가증권 등을 의미한다.

당좌비율은 실제로 필요한 경우에 즉시 현금화가 상대적으로 어렵고 매각에 따른 손실의 위험이 있는 재고자산을 제외한 유동자산으로 단기채무의 변제능력을 평가한다.

$$당좌비율(\%) = \frac{당좌자산(유동자산-재고자산)}{유동부채} \times 100$$

당좌비율은 기업의 유동성 분석을 위한 보조적인 비율로 이용되고 있으며, 전통적으로 100% 이상이면 이상적인 표준이라고 할 수 있다.

3) 순운전자본비율(net working capital ratio)

순운전자본을 총자산으로 나누어 산출되는 순운전자본비율은 전체 자산에서 순운전자본이 차지하는 비중을 평가한다. 순운전자본은 유동자산에서 유동부채를 차감한 것이므로 음, 양 또는 영의 값을 가질 수 있으며, 순운전자본비율은 주로 부실기업 예측모형에 투입변수로 활용된다.

$$순운전자본비율(\%) = \frac{순운전자본}{총자산} \times 100$$

(2) 부채비율(debt ratio)

부채비율은 기업의 자본구조를 나타내는 대표적인 비율로서 재무구조의 양호 여부를 평가하며, 부채 총계를 자기자본 총계로 나누어 산출한다. 즉, 채권자지분인 타인자본과 주주지분인 자기자본과의 관계를 나타내는 비율로 기업의 타인자본 의존도를 표시해 준다.

$$부채비율(\%) = \frac{총부채(타인자본)}{자기자본} \times 100$$

부채비율은 채권자들에게는 그들의 채권에 대한 안전성을 파악하도록 하고, 주주들에게는 기업이 부채 사용에 따른 재무레버리지 효과를 평가하도록 해 준다. 호경기일 때에는 기업이 부채의 이자비용보다 높은 투자수익률을 얻을 수 있기 때문에 부채를 사용하는 것이 유리할 수도 있다. 그러나 불경기일 때에는 부채를 많이 사용하게 되면 투자수익률이 부채의 이자비용보다 낮아지기 때문에 자금운용에 있어서 압박을 받게 된다. 일반적으로 부채비율은 100% 이하를 유지하는 것이 바람직하다.[2)]

기업의 안전도가 어느 수준인가를 평가하고자 할 때는 일반적으로 동일업종 기업의 평균부채비율과 비교하여 판단하게 되는데 평가 결과, 동종 기업의 평균부채비율보다 높다면 일단은 상대적으로 위험한 수준에 있다고 보고 재무구조를 개선하기 위한 노력을 해야 한다.

과거 우리나라 대기업들의 부채비율을 보면 400%, 500% 심지어 1,000% 이상까지 육박하는 등 그야말로 사상누각의 연속이었다. 그러나 IMF 이후 기업들의 피나는 구조개혁의 결과 재무구조가 상당히 개선되었다.

(3) 자기자본비율(net worth total asset ratio)

자기자본비율(ratio of net worth to total assets)은 총자본에 대한 자기자본의 비율로 부채비율과 함께 자본구조의 안전성을 파악하는 비율이다. 즉, 기업의 자산 중에서[3)] 주주에 의한 자기자본으로 조달된 부분이 어느 정도인가를 나타내는 비율이다.

2) 부채비율은 부채액과 자기자본의 비율인데, 부채가 자기자본보다 많으면 100% 이상, 적으면 100% 미만이 된다. 적어도 자기 돈 이상의 남의 돈을 투입하여 사업을 한다는 것은 바람직하지 않으므로 100% 이상의 부채비율은 위험하다고 할 수 있다.

3) 총자본은 타인자본인 부채와 자기자본인 자본의 합계액이다. 또한 총자본은 총자산과 일치하기 때문에 총자산을 의미하기도 한다.

$$자기자본비율(\%) = \frac{자본(자기자본)}{총자본(부채+자본)} \times 100$$

자기자본비율이 높을수록 재무위험이 감소하여 기업의 안전성이 높아지며, 건전한 재무구조를 유지하고 있다고 할 수 있다. 일반적으로 50% 이상 되는 것이 바람직하다.

한편, 자기자본비율은 은행의 대출심사의 주된 기준으로 삼고 있기 때문에 은행지도비율이라고도 하는데, IMF 이후 은행 중에서 국제결제은행(BIS) 기준 자기자본비율이 8%에도 이르지 못하는 곳은 결국 퇴출당하고 말았다.

2. 수익성 분석

수익성 분석은 기업이 특정기간 동안 어느 정도의 영업실적을 올렸는가를 측정하는 것으로, 기업 경영의 총괄적인 효율성을 판단하는 기준이 되며, 투하자본의 이익창출능력을 의미한다. 수익성 자료를 통해 경영자는 사업 확장 및 신규투자를 결정하고, 주주는 주식가치를 평가하여 주식을 선택하는 결정을 실행하며, 채권자는 장기적인 지급의 안정성을 판단하는 근거로 활용하고, 종업원은 임금교섭을 합리적으로 수행할 수 있도록 하는 판단자료로 사용한다. 이와 같이 수익성은 기업의 생존과 직결되는 것으로 모든 이해관계자의 주요 관심이 되며, 수익성비율은 기업의 과거 경영성과를 측정하고 또한 미래의 수익창출능력을 예측하기 위하여 사용된다. 수익성 분석에는 총자산순이익률, 자기자본순이익률, 매출액순이익률 등이 있다.

(1) 총자산순이익률(return on asset: ROA)

총자산순이익률(총자본순이익률)은 기업에 투하된 자산(자본)이 얼마나 효율적으로 이용되었는가를 나타내는 비율로 순이익을 총자산(총자본)으로 나누어 계산하며, 흔히 투자수익률(return on investment: ROI)[4]이라고 하여 재무비율 중에서 가장 중요시하는 비율 중의 하나이다.

$$\text{총자산순이익률}(\%) = \frac{\text{당기순이익}}{\text{총자산}} \times 100$$

$$\frac{\text{당기순이익}}{\text{총자산}} = \frac{\text{당기순이익}}{\text{매출액}} \times \frac{\text{매출액}}{\text{총자산}}$$

총자산순이익률의 분모인 자산은 자기자본과 타인자본의 합계인 총자본이 되나, 분자인 순이익에는 타인자본에 대하여 지급한 이자비용이 차감되므로 자본구조에 따라 순이익이 달라진다는 문제가 있다.

한편, 총자산순이익률은 수익성을 나타내는 매출액순이익률과 활동성을 나타내는 총자산회전율로 구분할 수 있다. 따라서 기업의 총자산순이익률이 높다면 이는 보유중인 자산에 비하여 자산 활용도가 높다는 것을 의미하지만, 낮은 경우에는 두 비율을 면밀하게 검토하여 총자산순이익률의 증대 방안을 강구하여야 한다.

(2) 자기자본순이익률(return on equity: ROE)

자기자본순이익률은 기업에 투하된 주주 지분인 자기자본이 얼마나 효율적으로 이용되었는가를 나타내는 비율로 순이익을 자기자본[5]으로 나

4) 투자수익률은 투자자본에 대한 투자이익의 효율성을 측정하는 비율(이익/투자액)이다. 여기서 투자자본이란 일반적으로 총 투자액을 의미한다. 기업의 총 투자액이란 자기의 돈으로 투자한 금액인 자기자본과 다른 사람의 돈을 빌려 투자한 금액인 부채의 합계이므로, 이는 회계상 자산과 같은 금액이 된다(재무상태표 등식을 생각하면 된다). 따라서 투자수익률을 좀 더 명확하게 표현하면 총자산순이익률이 된다.

5) 자기자본은 자본금뿐만 아니라 이익잉여금과 자본잉여금을 합산하여 계산한다.

누어 계산한다.

$$\text{자기자본순이익률(\%)} = \frac{\text{당기순이익}}{\text{자기자본}} \times 100$$

자기자본순이익률은 주주에게 귀속되는 순이익을 주주지분인 자기자본으로 나누어 계산하기 때문에 주주의 입장에서 투자자금 단위당 얼마의 이익을 창출하였는가를 파악할 수 있는 지표가 되며, 통상 20%를 넘으면 양호한 것으로 본다.

(3) 매출액순이익률(net income to net sales)

매출액순이익률은 매출액 단위당 얼마의 이익을 창출하였는가를 나타내는 비율로 당기순이익을 매출액으로 나누어 산출한다. 이는 매출액에 대해 순이익이 얼마인가를 계산하여 매출액에 대한 수익성을 나타내며, 기업 경영활동에 대한 총체적인 수익성을 판단하는 지표인 총자산회전율과 함께 총자산순이익률을 결정하는 요소가 된다.

$$\text{매출액순이익률(\%)} = \frac{\text{당기순이익}}{\text{매출액}} \times 100$$

위의 식에서 분자의 순이익 대신에 영업이익을 대입하면 매출액영업이익률이 되며 이는 매출액 대비 영업이익의 효율성을 측정하는 비율이다.

매출총이익률(gross profits to net sales ratio)은 매출총이익을 매출액으로 나눈 비율로서 기업의 판매능력, 생산효율을 측정하는 비율이다.

$$\text{매출총이익률(\%)} = \frac{\text{매출총이익}}{\text{매출액}} \times 100$$

(4) 총자산회전율(total assets turnover)

총자산회전율(총자본회전율)은 기업이 보유하고 있는 자산 활용의 효율성을 나타내는 비율로 당기 매출액을 당기 총자산 평균액으로 나누어 계산한다. 즉, 일정기간 동안에 기업의 총자산이 매출액으로 몇 번 회전하였는가를 의미하는 것인데, 통상 1.5회 이상을 양호한 것으로 본다. 이는 총자산금액의 1.5배에 해당하는 매출액을 달성했을 때 기업의 자산이 효율적으로 사용되었음을 의미하는 것이다. 총자산회전율이 높다는 것은 투하된 자산으로 비교적 많은 매출을 올리고 있다는 것이므로 자산을 효율적으로 활용하고 있다고 볼 수 있다. 반대로 이 비율이 낮다는 것은 자산에 과다 투자하고 있거나 자산을 비효율적으로 활용하고 있다는 의미이다.

$$\text{총자산회전율(회)} = \frac{\text{매출액}}{\text{평균총자산}}$$

(5) 재고자산회전율(inventory turnover)

재고자산회전율은 재고자산 투자의 효율성을 나타내는 비율로, 매출액을 재고자산으로 나누어 계산한다. 즉, 일정기간 동안에 재고자산이 얼마나 빨리 판매되어 당좌자산으로 변화(현금화되는 속도)하는가를 나타내는 것으로 재고자산[6]의 회전속도를 의미한다.

$$\text{재고자산회전율(회)} = \frac{\text{매출액}}{\text{평균재고자산}}$$

재고자산회전율이 높다는 것은 재고자산의 관리를 효율적으로 수행하

6) 재고자산은 계절적인 변동을 반영하기 위해 연 평균금액으로 측정한다. 따라서 재고자산의 월별 합계액의 평균을 계산하여야 하나, 실제로 재고자산의 연 기초재고와 연 기말재고의 평균액으로 산출하는 것이 보다 일반적이다. 이처럼 회전율 산출에 있어 관련 자산의 금액은 평균금액으로 한다.

고 있다는 의미이다. 즉, 그만큼 재고자산이 기업에 머무르는 기간(회전기간)이 짧다는 의미이며 재고자산이 빨리빨리 팔려나간다는 뜻이다. 재고자산회전율은 6회 이상이면 양호한 것으로 본다. 재고자산회전율을 알면 회전기간도 알 수 있는데 1년은 365일이므로 회전율이 6회이면 회전기간은 365÷6=60.8일이 된다. 즉, 재고자산이 구입되어 팔리기까지 평균 60.8일이 소요되었다는 의미이다. 따라서 회전율이 높을수록 회전기간은 단축되어 그만큼 재고자산이 활발하게 움직였음을 나타낸다.

반면, 이 비율이 낮다는 것은 재고자산에 과다 투자하고 있음을 의미하는 것이다. 재고자산회전율이 낮을수록 재고자산의 회전속도가 떨어져 재고자산에 자금이 묶여 있는 기간이 길어지며, 보관비용이나 보험료, 진부화 가능성 등으로 인하여 기업의 자금사정이 악화된다고 할 수 있다.

재고자산회전율의 분자를 매출액으로 하여 구할 수도 있으나 재고자산이 일반적으로 취득원가로 평가되기 때문에 매출액보다는 매출원가를 이용하는 것이 타당하다. 재고자산 평균회전기간(average turnover period)은 회계기간(365일)을 재고자산회전율로 나누어 산출한다.

$$\text{재고자산회전기간(일)} = \frac{\text{365일}}{\text{재고자산회전율}}$$

(6) 매출채권회전율(receivables turnover)

매출채권회전율(receivables turnover)은 매출액 대비 매출채권의 회전속도를 나타내며, 일정기간 동안에 매출채권이 몇 번 현금으로 전환되었는가 하는 매출채권의 유동성을 측정하는 비율로서 매출액을 매출채권으로 나누어 계산한다.

$$매출채권회전율(회) = \frac{매출액}{평균매출채권}$$

매출채권회전율이 높으면 높을수록 매출채권의 현금화 속도가 빠르다는 것이므로 기업의 유동성이 양호하다는 것을 의미한다. 반면, 매출채권회전율이 낮으면 불량채권이 발생할 가능성이 높다고 할 수 있으며, 매출채권에 자금이 묶여 있어 자금사정이 원활하지 못할 수도 있다.

예를 들어 당기 중의 매출액은 10,000원인데 회사의 평균적인 매출채권 잔액이 2,000원이라면 회전율은 5회가 되는데, 이것 역시 365일 5회로 나누면 매출채권의 회수기간에 평균 73일이 소요되었음을 알 수 있다. 매출채권회전율도 재고자산회전율과 마찬가지로 6회 이상이면 양호한 것으로 해석한다.

한편, 재고자산의 회전기간과 매출채권의 회수기간을 합치게 되면 재고자산이 구입되어서 판매된 후 매출채권이 최종적으로 현금으로 회수될 때까지의 기간을 의미하게 되는데, 이를 평균영업주기라고 한다. 위의 경우 영업주기는 60.8일 + 73일 = 133.8일이 된다.

매출채권회전율의 보조비율로서 매출채권회수기간(receivable collection period)이 있는데, 이는 회계기간(365일)을 매출채권회전율로 나누어서 산출된다.

$$매출채권회수기간(일) = \frac{365일}{매출채권회전율}$$

(7) 유형자산회전율(tangible assets turnover)

유형자산회전율은 일정기간 동안에 유형자산이 매출을 통하여 몇 번

회전하였는가 하는 유형자산의 효율성을 측정하는 비율로, 매출액을 평균 유형자산으로 나누어 계산한다.

$$\text{유형자산회전율(회)} = \frac{\text{매출액}}{\text{평균유형자산}}$$

유형자산회전율이 높으면 높을수록 유형자산을 효율적으로 활용하였다는 의미이다. 반면, 이 비율이 낮다는 것은 유형자산에 대한 투자액이 매출을 통하여 회수되는 데 기간이 오래 걸리므로 자본이 고정화되고 있고, 유형자산에 너무 과다한 투자가 되어 있다는 것을 의미한다.

3. 성장성 분석

기업의 가치는 현재의 재산적 가치에 의해서도 평가되지만 장래에 걸쳐서 발생될 이익의 크기, 즉 미래예상이익의 현재가치에 의해서도 평가된다. 따라서 현재의 수익성 못지않게 장래의 수익성 전망, 즉 성장성 또한 중요한 지표이다. 다만 장래를 예측한다는 것은 다분히 주관적이고 자의적일 수 있기 때문에 주로 회사의 규모나 경영성과가 전년도에 비해 어느 정도 증가하였는지를 가지고 성장성을 측정한다. 성장성 비율은 일반적으로 20% 이상이면 양호한 것으로 해석한다.

이와 같이 성장성 분석은 기업의 규모나 경영성과가 전년도 대비 얼마나 증대(혹은 감소)되었는가를 나타내는 비율로, 기업의 향후 수익창출능력, 성장잠재력, 시장에서의 경쟁력 등을 종합적으로 평가하여 나타내는 지표이다. 즉, 기업의 외형(경영규모)의 발전정도를 나타내는 비율로서 성장성이 높다는 것은 투자자에게 미래 수익발생능력이 높아지는 것을 의미한다. 성장성 분석에는 매출액증가율, 순이익증가율, 총자산증가율 등이 있다.

(1) 매출액증가율(net sales growth ratio)

매출액증가율은 기업의 외형적인 신장세를 나타내는 대표적인 비율이다. 즉, 당해 연도의 매출액이 전년도의 매출액에 비하여 어느 정도 증가하였는가를 나타내는 비율로 당기매출액의 증가분을 전기매출액으로 나누어 계산한다.

$$\text{매출액증가율(\%)} = \frac{\text{당기매출액} - \text{전기매출액}}{\text{전기매출액}} \times 100$$

매출액증가율이 높다는 것은 그 업종이 성장업종이거나 기업의 시장점유율 증대로 시장에서의 지위가 확대된다는 것을 의미하므로 경쟁력 및 성장잠재력이 향상되고 있다고 할 수 있다. 매출액의 증가는 제품의 가격상승과 판매수량의 증가에 의하여 영향을 받으므로 이러한 요인을 고려하여 분석하여야 한다.

한편, 매출액증가율은 순이익증가율이나 매출총이익증가율과 비교함으로써 질적 수준을 분석할 수 있는데, 매출액증가율은 증가하고 있으나 매출총이익률이나 순이익률이 그에 미치지 못한다면 무리한 출혈매출(업계 매출액 1위를 고수하기 위해 원가 이하로 판매하는 것 등)을 하거나 또는 가격경쟁력을 잃고 있다고 생각할 수 있다.

(2) 순이익증가율(net income growth ratio)

순이익증가율은 내적인 성장지표로 기업 성장의 질적 요인이 된다. 이는 주주에게 돌아가는 순이익이 일정기간 동안 얼마나 증가하였는가를 나타내는 비율로 실질적인 성장을 평가하며, 당기순이익의 증가분을 전기순이익으로 나누어 계산한다.

$$\text{순이익증가율(\%)} = \frac{\text{당기순이익} - \text{전기순이익}}{\text{전기순이익}} \times 100$$

순이익은 기업의 영업활동뿐만 아니라 투자와 재무활동 그리고 비경상적인 활동까지도 모두 반영되어 나타나는 결과이므로, 순이익증가율로 기업의 총괄적인 성과의 성장성을 파악할 수 있다. 그리고 위의 식에서 순이익 대신에 영업이익을 대입하면 영업이익증가율을 계산할 수 있다.

(3) 총자산증가율(total assets growth ratio)

총자산증가율은 기업의 전체적인 외적 성장규모를 나타낸다. 즉, 자산규모의 성장성을 나타낸 비율로서 기업의 전기 대비 총자산의 증가 정도에 의해 기업의 경영규모의 발전정도를 나타내는 비율이며, 일정기간 동안 총자산의 증가분을 기초총자산으로 나누어 계산한다.

$$\text{총자산증가율(\%)} = \frac{\text{기말총자산} - \text{기초총자산}}{\text{기초총자산}} \times 100$$

총자산증가율은 기업이 경영활동을 수행하는데 투하하여 운용하고 있는 총자산이 얼마나 증가하였는가를 표시하는 비율로, 총자산증가율이 매출액증가율과 큰 차이가 발생할 때에는 그 원인을 주의 깊게 분석하여야 한다.

4. 사례기업 분석

지금까지 학습한 것을 기초로 실제 기업의 재무제표 분석을 해보자. 다음은 우리나라 유한양행의 재무제표(재무상태표와 포괄손익계산서)를 중심으로 비율분석을 수행한 것을 제시한 것이다. 특히 라이벌인 종근당과의 비교를 통해 재무상태, 경영성과, 시장가치분석의 비율분석 결과를 나타낸 것이다.

20x3년 유한양행의 개요

- 총자산: 2조 94억원
- 연간 매출액: 1조 4622억
- 종업원수: 1819명
- 당기 배당액: 51억원
- 주요 제품: 의약품, 의료품원료 및 기타 정밀화학제품과 동물약품 및 사료의 제조, 판매업

연결 재무상태표

제 95 기 20x3.12.31 현재
제 94 기 20x2.12.31 현재
제 93 기 20x1.12.31 현재

회사명 :유한양행 (단위 : 원)

	제 95 기	제 94 기	제 93 기
자산			
유동자산	1,069,512,906,257	1,048,340,402,939	959,383,641,681
현금및현금성자산	256,607,486,669	244,854,557,115	221,805,288,143
단기금융상품	35,948,090,339	10,793,948,161	10,958,967,057
단기투자자산	208,520,251,626	230,785,395,208	247,181,797,307
매출채권	283,714,873,637	235,586,779,277	214,159,391,257
미수금	9,585,089,594	13,035,911,977	21,224,174,547
단기대여금	260,000,000		
재고자산	271,183,981,240	310,649,129,347	242,348,899,669
선급금	2,688,094,225	1,190,679,544	824,760,275
선급비용	737,178,422	1,198,278,315	862,140,924
보증금	267,860,505	245,723,995	18,222,502
비유동자산	1,025,160,517,558	997,600,638,077	920,944,976,462
장기금융상품	84,500,000	157,000,000	76,000,000
장기투자자산	145,296,399,333	146,524,559,462	117,819,971,506
관계기업투자 및 공동기업투자	372,586,571,302	376,673,767,642	354,115,528,692
유형자산	355,412,428,909	333,946,657,459	307,828,551,099
투자부동산	111,070,674,945	111,527,423,399	119,159,893,139
무형자산	25,736,900,792	15,871,922,111	11,835,717,204
장기보증금	12,708,639,113	11,360,224,000	8,731,154,000
이연법인세자산	2,264,403,164	1,539,084,004	1,378,160,822
자산총계	2,094,673,423,815	2,045,941,041,016	1,880,328,618,143

	제 95 기	제 94 기	제 93 기
부채			
유동부채	276,313,677,284	324,433,493,084	356,631,230,430
매입채무	97,841,500,338	142,132,951,200	151,445,207,574
미지급금	37,172,405,479	29,976,085,562	47,741,566,794
미지급비용	2,754,162,441	1,886,521,897	1,314,451,326
미지급법인세	21,755,548,432	22,693,447,143	20,648,459,602
예수금	23,526,931,546	22,116,097,957	58,488,779,134
예수보증금	11,749,186,000	7,824,186,000	11,382,186,000
단기차입금	3,186,140,739	51,100,000,000	63,100,000,000
선수금	63,027,802,309	41,454,203,325	10,580,000
유동성장기부채	15,300,000,000	5,250,000,000	2,500,000,000
비유동부채	212,034,751,049	224,955,192,891	159,757,475,318
순확정급여부채	45,498,941,184	31,635,804,883	32,659,369,947
반품충당부채	6,690,794,941	6,589,571,551	3,114,171,146
기타충당부채	9,947,133,222	8,854,515,596	8,172,774,412
이연법인세부채	33,674,492,817	32,740,800,861	27,783,159,813
장기예수보증금	884,500,000	4,884,500,000	2,028,000,000
장기차입금	115,338,888,885	140,250,000,000	86,000,000,000
장기미지급금			
부채총계	488,348,428,333	549,388,685,975	516,388,705,748
자본			
자본금	59,510,420,000	56,943,670,000	56,943,670,000
보통주자본금	58,329,480,000	55,762,730,000	55,762,730,000
우선주자본금	1,180,940,000	1,180,940,000	1,180,940,000
기타불입자본	(35,129,987,441)	(49,170,207,064)	(48,011,149,164)
이익잉여금	1,493,282,491,002	1,411,161,804,670	1,273,577,997,021
기타자본구성요소	82,315,350,255	77,617,087,435	81,429,394,538
비지배지분	6,346,721,666		
자본총계	1,606,324,995,482	1,496,552,355,041	1,363,939,912,395
부채및자본총계	2,094,673,423,815	2,045,941,041,016	1,880,328,618,143

연결 포괄손익계산서

제 95 기 20x3.01.01 부터 20x3.12.31 까지
제 94 기 20x2.01.01 부터 20x2.12.31 까지
제 93 기 20x1.01.01 부터 20x1.12.31 까지

회사명 :유한양행 (단위 : 원)

	제 95 기	제 94 기	제 93 기
매출액	1,462,248,030,140	1,320,797,335,286	1,128,731,291,653
매출원가	1,037,623,911,211	931,355,854,828	788,062,467,490
매출총이익	424,624,118,929	389,441,480,458	340,668,824,163
판매비와관리비	264,479,687,896	238,981,918,807	215,815,901,195
연구개발비	71,434,810,887	52,666,534,365	39,015,549,242
영업이익	88,709,620,146	97,793,027,286	85,837,373,726
기타수익	29,986,949,212	45,284,261,182	36,621,181,545
기타비용	16,819,715,253	12,535,416,248	21,257,766,966
금융수익	10,236,643,335	19,071,417,647	14,996,130,711

	제 95 기	제 94 기	제 93 기
금융비용	13,655,727,842	9,866,375,283	4,365,715,741
지분법투자손익	46,462,722,213	65,145,487,533	56,517,980,568
법인세비용차감전순이익	144,920,491,811	204,892,402,117	168,349,183,843
법인세비용	35,283,833,053	43,643,658,379	42,302,189,086
당기순이익	109,636,658,758	161,248,743,738	126,046,994,757
지배기업소유주지분	109,034,185,953	161,248,743,738	126,046,994,757
비지배지분	602,472,805		
기타포괄손익	(3,984,974,506)	(6,931,733,792)	(13,959,569,298)
후속적으로 당기손익으로 재분류되지 않는 포괄손익	(8,683,237,326)	(3,119,426,689)	(14,704,375,228)
순확정급여부채의 재측정요소	(14,399,911,340)	(1,558,065,400)	(10,605,148,409)
지분법투자주식의 기타포괄손익변동	5,716,674,014	(1,561,361,289)	(4,099,226,819)
후속적으로 당기손익으로 재분류되는 포괄손익	4,698,262,820	(3,812,307,103)	744,805,930
매도가능증권평가손익	4,698,262,820	(3,812,307,103)	744,805,930
총포괄손익	105,651,684,252	154,317,009,946	112,087,425,459
지배기업소유주지분	105,058,186,562	154,317,009,946	112,087,425,459
비지배지분	593,497,690		
주당손익			
보통주의 기본주당순이익 (단위 : 원)	10,176	15,704	12,267
보통주의 희석주당순이익 (단위 : 원)	10,176	15,704	12,267
우선주의 기본주당순이익 (단위 : 원)	10,136	15,763	12,326

< 재무비율 분석 >

1) 유동성 분석

재무비율	유한양행			종근당		
	x1년	x2년	x3년	x1년	x2년	x3년
유 동 비 율	269	323	387	190	160	164
당 좌 비 율	201	227	289	131	114	117

유한양행의 경우 유동비율은 20X1년 269%, 20X2년 323%, 20X3년 387%이었고, 당좌비율은 20X1년 201%, 20X2년 227%, 20X3년 289%로 나타났다. 이는 유한양행의 단기부채의 상환능력이 꾸준히 개선되고 있음을 나타내는 것이다. 유동비율은 200% 이상을 일반적 표준으로 한다. 또한 당좌비율은 100% 이상을 이상적인 표준으로 한다. 유한양행의 유동비율과 당좌비율은 이상적 비율 이상 수준으로 계속해서 표준 이

상의 수준에서 단기부채 상환능력이 오르고 있었다. 경쟁기업인 종근당의 경우에는 당좌비율은 이상적 비율인 100%보다 높았지만 유동비율은 200%에 미치지 못하였고 단기부채의 상환능력 또한 20X1년에 비해, 20X2년, 20X3년에 능력이 개선되지 못하고 있음을 보여주고 있다.

2) 안정성 분석

재무비율	유한양행			종근당		
	x1년	x2년	x3년	x1년	x2년	x3년
부 채 비 율	38	37	30	83	81	68
자기자본비율	73	73	77	55	55	60

부채비율은 기업의 재무구조의 장기안정성을 나타내 주는 지표로서 100% 이하를 이상적인 표준비율로 보는데 유한양행의 경우 20X1년 38%, 20X2년 37%, 20X3년 30%로 재무구조가 꾸준히 양호해지고 있음을 나타내고 있다. 경쟁기업인 종근당 또한 표준비율 이하를 유지하고 있으며 재무구조 또한 계속해서 양호해지고 있다. 두 기업 모두 부채비율이 표준비율인 100% 이하로 채권자들의 입장에서 제공된 채권의 안전도가 높게 나오고 주주들에게는 기업이 부채 사용에 따른 재무레버리지 효과를 높게 평가하도록 해주었다. 하지만 종근당은 동종기업인 유한양행의 평균 부채비율보다 높게 나타나고 있기 때문에 일단은 상대적으로 위험한 수준에 있다고 보고 재무구조를 개선하기 위한 노력을 해야 할 것이다.

자기자본비율은 기업의 자산 중에서 주주에 의한 자기자본으로 조달된 부분이 어느 정도인가를 나타내는 것으로 부채비율과 함께 자본구조의 안전성을 파악하는 비율이며 일반적으로 50% 이상을 유지하는 것이 바람직하다. 두 기업은 모두 표준비율 이상을 유지하고 있으며 그 수준이 증가하고 있는 것을 보아 갈수록 재무위험이 감소하여 기업의 안전성이 높아지며 건전한 재무구조를 유지하고 있음을 나타내고 있다.

3) 수익성 분석

재무비율	유한양행			종근당		
	x1년	x2년	x3년	x1년	x2년	x3년
총자산순이익률	7	8	5	-1	6	8
자기자본순이익률	9	11	7	-2	12	13
매출액순이익률	11	12	7	-1	5	6

총자산순이익률은 기업에 투하된 자산이 얼마나 효율적으로 이용되었는가를 나타내는 것으로 재무비율 중에서 가장 중요시하는 비율 중 하나이다. 유한양행의 총자산순이익률은 종근당보다 앞서 있다가 최근 낮아졌다. 종근당은 꾸준히 개선되고 있는 것에 반해 유한양행의 총자산순이익률이 낮아진 것을 보아 매출액순이익률과 총자산회전율을 면밀하게 검토하여 총자산순이익률의 증대 방안을 강구하여야 할 것이다.

자기자본순이익률은 기업에 투하된 주주 지분인 자기자본이 얼마나 효율적으로 이용되었는가를 나타내는 비율로 20% 이상을 유지하는 것이 바람직하다. 유한양행은 20X3년에 4% 정도 하락하였고 종근당은 꾸준히 오르다가 20X2년에 들어서면서 유한양행보다 앞서는 것을 볼 수 있다. 자기자본순이익률은 기업의 배당능력판단을 위한 기초 자료로 중요시되고 있다. 이 수치가 높다는 것은 주식에서 투자수익률을 높여준다고 할 수 있다. 하지만 두 기업 모두 표준수치 이하로 투자자 입장에서는 둘 중 한 기업을 선택하여 투자해야 한다면 유한양행보다 종근당에 투자하려고 할 것이다.

매출액순이익률은 기업경영활동으로 인한 성과를 총괄적으로 표시하는 대표적 지표이다. 유한양행은 종근당에 비해 높은 수치를 가지고 있지만, 전년도에 비해 수치가 감소하였다. 유한양행의 매출액은 20X2년은 약 1조 3207억원, 20X3년은 약 1조 4622억원으로 전년도에 비해 올랐지만 매출액순이익률이 감소한 것으로 보아 다른 분야의 비효율적인 비용 지출로 영업 활동의 성과가 크게 나타나지 않은 것으로 볼 수 있다.

4) 활동성 분석

재무비율	유한양행		종근당	
	x2년	x3년	x2년	x3년
총자산회전율	0.67	0.71	1.37	1.34
재고자산회전율	3.37	3.57	5.28	5.18
매출채권회전율	5.87	5.63	4.59	4.55
유형자산회전율	3.12	4.24	3.56	3.56

총자산회전율은 일정기간 동안에 기업의 총자산이 매출액으로 몇 번 회전하였는가를 의미하는 것으로 일반적으로 1.5회 이상을 양호한 것으로 본다. 두 기업은 모두 평균 횟수보다 적지만 종근당이 유한양행에 비해 기업의 자산이 효율적으로 사용되었음을 알 수 있다. 유한양행은 종근당과 비교할 때 상당히 낮은 수치가 나왔는데 이는 유한양행의 자산이 비효율적으로 활용되고 있거나 자산에 과다 투자하고 있다는 것을 의미한다.

재고자산회전율은 일정기간 동안에 재고자산이 얼마나 빨리 판매되어 당좌자산으로 변하는가, 즉 현금화되는 속도를 나타내는 것으로 일반적으로 6회 이상이면 양호한 것으로 본다. 두 기업은 모두 평균 횟수보다 적은 수치이지만 종근당이 유한양행에 비해 재고자산이 활발하게 움직였음을 알 수 있다.

매출채권회전율은 일정기간 동안에 매출채권이 몇 번 현금으로 전환되었는가 하는 매출채권의 유동성을 측정하는 비율로 일반적으로 6회 이상이면 양호한 것으로 본다. 두 기업은 모두 평균 횟수보다 적은 수치이지만 유한양행이 종근당에 비해 현금화 속도가 빠르다는 것을 알 수 있고, 유한양행은 표준수치에 가까우므로 기업의 유동성이 양호한 편이라 할 수 있을 것이다.

유형자산회전율은 일정기간 동안에 유형자산이 매출을 통하여 몇 번 회전하였는가 하는 유형자산의 효율성을 측정하는 비율이다. 유한양행과 종근당을 비교해보면 20X2년에는 종근당의 회전율이 높았지만 20X3년에는 유한양행이 1회 이상 상승하면서 종근당보다 높아지는 것을 볼 수 있다. 20X3년 기준으로 보았을 때 이 수치는 유한양행의 유형자산이 더 효율적으로 활용되었다는 것을 나타내주고, 반면에 종근당은 유형자산에 대한 투자액이 매출을 통하여 회수되는 데 유한양행에 비해 기간이 오래 걸리므로 유형자산에 과다한 투자가 되어 활동성이 낮음을 알 수 있다.

결과적으로 유한양행은 매출채권에 오랜 기간 자금이 묶여있지 않기 때문에 자금운용은 우수하다고 볼 수 있지만 자산에 과다 투자를 하고 있음을, 특히 유형자산보다 재고자산에 더 많은 투자를 하고 있음을 알 수 있다.

5) 성장성 비율

재무비율	유한양행		종근당	
	x2년	x3년	x2년	x3년
매출액증가율	17	11	40	6
순이익증가율	28	-32	705	31
총자산증가율	9	2	11	6

매출액증가율은 당해 연도의 매출액이 전년도에 비해 어느 정도 증가하였는가를 나타내는 비율이다. 두 기업 모두 전기에 비해 매출액이 상승하였고, 이는 그 업종이 성장업종이거나 기업의 시장점유율 증대로 시장에서의 지위가 확대되었다는 것을 의미할 수도 있다. 하지만 해가 지날수록 물가상승률은 높아지고 동시에 제품의 가격상승, 판매수량의 증가 등도 있을 것이다. 이러한 요인들을 고려해 본다면 감히 시장점유율이 증대하였다고 해석할 수는 없을 것이다.

기업의 경상적인 생산, 판매, 투자, 재무활동의 성과만이 아닌 비경상적인 활동에서의 성과가 모두 반영되는 순이익증가율은 유한양행은 20X2년에는 상승세지만 20X3년에는 하락세인 것을 볼 수 있고 종근당은 두 해 모두 상승세 인 것을 볼 수 있다. 이 비율로 보았을 때 종근당은 총괄적인 성과의 성장성이 높게 나타난다고 할 수 있다.

총자산증가율은 자산 규모의 성장성을 나타낸 비율로 기업의 전기 대비 총자산의 증가정도에 의해 기업의 경영규모의 발전정도를 나타낸다. 두 기업 모두 전기에 비해 총자산이 증가하였음을 알 수 있다.

이 세 비율을 비교해보았을 때, 유한양행은 외형을 나타내는 매출액과 기업규모를 나타내는 총자산은 증가하였지만 경영성과를 나타내는 순이익은 감소한 것을 볼 수 있다. 이는 업계 매출액 상위를 고수하기 위해 원가 이하로 판매하는 등 무리한 출혈 매출을 하거나 또는 가격경쟁력을 잃고 있다고 생각할 수 있다.

6) 시장가치 분석

재무비율		유한양행			종근당		
		x1	x2	x3	x1	x2	x3
주가수익비율		24	25	26	21	16	14
주가순자산비율		2	2	2	1	1	1
배당수익률	보통주	0.7	1	0.9	1	1	1
	우선주	1	1	1	1	1	1
배당성향		16	16	20	-83	20	16

주가수익비율(PER)이 낮게 책정되었다는 것은 그 기업의 내재가치(시장수준)가 저평가되어 있다는 것을 나타낸다. 따라서 종근당이 시장에서 유한양행보다 상대적으로 저평가되어 있으므로 앞으로 주가가 상승할 가능성이 높다고 할 수 있다.

또한 종근당은 20X1년도에 비해 20X2년에는 소폭 감소한 것을 볼 수 있는데 20X2년의 매출액 감소에도 불구하고 소폭 감소한 것은 시장에서 종근당의 잠재력을 어느 정도 인정하고 있다고 볼 수 있을 것 같다. 하지만 경쟁업체보다 낮은 PER을 가졌다고 반드시 주가가 오를 것이라 확신하는 것은 옳지 않다. 경쟁업체에 비해 PER이 낮다고 하여 저평가되어 있다는 해석은 부족한 부분이 있다. 그렇다면 주가순자산비율(PBR)을 알아보자. 이 비율이 높으면 높을수록 해당 기업의 자산가치가 증시에서 고평가되고 있다고 볼 수 있다. PBR은 1과 같을 경우 주가와 자산의 가치가 같지만 1보다 클 경우에는 고평가되었다고 볼 수 있는데 유한양행의 PBR이 경쟁업체에 비해 높고 1보다 크므로 시장에서 고평가되어 있음을 알 수 있다.

그리고 유한양행의 배당수익률은 20X1년의 자료로 보아 경쟁기업에 비하여 적은 것을 알 수 있고, 배당성향은 20X2년에는 상대적으로 낮게 책정되었고 20X1년, 20X3년에 이르러 경쟁기업보다 높게 책정된 것을 볼 수 있다.

회계쉼터

실적 감소에도 난 황제주 '당좌비율' 보면 이해될걸

재무구조가 부실한 기업에 투자하는 것은 '싱크홀'(땅 꺼짐) 위로 걸어다니는 것과 같다. 특히 성장성이 없는데 빚을 갚는 데 급급한 회사는 설상가상이다.
최근처럼 고금리와 경기침체 우려가 겹치는 상황에서는 신용평가사들이 기업을 판단할 때 사용하는 '당좌비율'이 투자의 가늠자로서 역할을 톡톡히 하고 있다. 당좌비율은 한마디로 기업이 1년 내 돌아올 빚을 곧바로 갚을 능력을 보여주는 지표다. 구체적으로는 유동자산에서 재고자산을 빼고 난 즉시 현금화 자산을 유동부채로 나눈 값이다.
예를 들어 신용평가사들은 CJ CGV처럼 당좌비율이 50%대로 낮으면 외부 자금 수혈이 필요할 정도로 위험하다고 본다. 이 비율이 80%는 넘어야 재무 리스크는 넘긴 것으로 판단한다. 아이로니컬하게도 당좌비율이 너무 높아도 기업의 공격적 투자 성향이 약해 성장이 멈춘 기업으로 취급받는다. 이 때문에 주식투자 시 당좌비율과 성장성을 종합적으로 고려할 필요가 있다. 과감한 투자로 미래 성장성을 담보로 할 경우 당좌비율이 80%만 넘으면 주가 고공행진의 정당한 사유로 인정받고 있다. 지난달 SK이노베이션과 CJ CGV는 각각 1조1800억원, 5700억원의 유상증자(유증) 공시를 내놔 주식시장에 충격을 줬다. 유증은 폭우에 물이 불어나듯 주식 수가 급증해 기존 주주들의 주식 가치가 급락한다. 이들의 유증 계획을 미리 예상한 곳이 있었다. 바로 신용평가사다. 회사채를 평가해야 하는 신용평가기관은 주로 당좌비율, 부채비율 등 기업의 재무

건전성에 집중한다. 올 들어 경기 침체 영향으로 재고자산의 현금화가 어려워졌다. SK이노베이션과 CGV의 당좌비율은 유증 직전인 지난 3월 말 기준 각각 72.6%, 52.2%였다. 두 기업 부채비율은 각각 193.4%, 912%에 달해 회사채 시장에서도 외면받는 상황이라 유증 없인 생존이 불가능했다는 것이다.
유증의 목적에 따라 주가 희비가 엇갈리고 있다. SK이노베이션은 설비투자를 위한 유증이었는데 CGV는 주로 빚을 갚기 위한 용도였다. 에코프로그룹 역시 SK이노베이션처럼 배터리 소재(양극재) 등 신사업 투자를 위한 것이었고 올 들어 주가가 급등하며 '핫한 주식' 반열에 올랐다.
주력 회사 에코프로비엠은 작년 4월 5000억원 규모 유증을 단행했다. 같은 해 3월 말 당좌비율이 50%대로 떨어졌기 때문이다. 5000억원 중 4700억원을 양극재 투자에 썼고, 이는 그 이상의 이익으로 돌아왔다. 작년 2분기 이후 3개 분기 당좌비율은 각각 97.7%, 85.1%, 91.6%로 모두 80% 이상이다. 투자자들은 대규모 투자 이후 에코프로비엠이 곧바로 재무 리스크를 낮추는 모습에서 안도감을 느낀 것으로 보인다. 이 기간 주가도 대폭 상승했다.
2차전지 핵심 소재 수산화리튬을 만드는 에코프로이노베이션도 최근 유증에 나섰다. 이처럼 계열사들의 자금 조달에도 이들 회사 재무를 연결한 지주사 에코프로의 당좌비율은 87.7%다. 올 2분기 에코프로 영업이익은 전년 동기 대비 2.1% 감소했다. 2분기 역성장에도 배터리 시장의 높은 성장성과 절묘한 당좌비율이 최근 주가 급등의 이유로 제시될 수 있는 것이다.
CGV 역시 현재 50%대인 당좌비율을 80% 이상으로 높일 경우 주가 턴어라운드를 기대할 수 있다. 에프앤가이드와 함께 지난 14일 기준 국내 시가총액 3조원 이상의 시총 상위 88곳을 분석했다. 현대차그룹에선 현대오토에버의 당좌비율이 가장 높았다. 자동차 업종의 경쟁 심화 속에서도 작년 말 191%에서 214.9%로 되레 상승했다. 부채비율은 같은 기간 75.8%에서 63.3%로 낮아져 재무안정성이 돋보이고 있다. 2분기 영업이익은 379억원으로 추정돼 1년 전 같은 기간보다 32% 늘어날 것으로 예상된다. 지속적인 이익 증가와 재무 리스크 감소의 이유로는 현대차그룹의 사업 철학과 지배구조 개편 등 중장기 계획과 관련이 깊다.
현대차그룹은 2025년까지 전 세계 판매 차량을 모두 '소프트웨어 중심 자동차'(SDV)로 바꿀 예정이다. SDV 전략의 핵심은 당연히 그룹 내 정보기술(IT) 자회사 현대오토에버다. 2021년 4월 현대엠엔소프트 현대오트론 등과의 합병을 통해 IT 역량을 집중했다. 주주환원에서도 나쁘지 않다. 향후 실적에 따라 25~35% 수준의 배당성향 계획도 내놨다. 순이익의 최대 35%를 주주 배당으로 지불하겠다는 뜻이다. 주가도 올 들어 66% 급등했다.
삼성그룹에서도 IT 계열사의 재무안정성이 높았다. 오너 그룹이 IT 중심으로 사업 구조를 개편하면서 수혜가 집중되고 있어서다. 삼성 내 당좌비율 1위는 삼성SDS(318.7%)다. 삼성전자는 210.4%다. 삼성SDS는 물류 사업을 주력으로 하고 있고, 신성장동력이 클라우드 사업이다. 작년에는 두 사업 모두 좋았으나 올 들어서는 경기 침체 영향에 물류 실적이 다소 둔화되고 있다. 이에 따라 올해 2분기 실적은 전년 동기 대비 하락할 것으로 보인다. 2분기 예상 영업이익은 2047억원으로, 1년 전보다 24.2% 감소할 것으로 추정된다. 주가는 반대로 움직이고 있다. 지난 17일 주가가 9% 급등한 것이 인수·합병(M&A)과 하반기 실적 기대감을 반영하고 있다. 삼성SDS는 지난 3월 공급망 관리 소프트웨어 업체 '엠로'를 인수했다. 기존 공급망 계획 솔루션 '넥스프라임', 공급망 물류 실행 솔루션 '첼로'에 '엠로'를 더해 글로벌 시장을 개척하겠다는 전략이다. 기존 삼성그룹 내 안정적인 매출에서 한발 더 나아가겠다는 의지다. 주주환원도 강화 중이다. 사상 최대 실적을 바탕으로 2021년 기준 주당 배당금을 2400원에서 2022년 3200원으로 33.3% 올렸다.

포스코그룹은 포스코홀딩스를 중심으로 포스코퓨처엠, 포스코인터내셔널, 포스코DX, 포스코엠텍, 포스코스틸리온 등 6개 상장사가 포진돼 있다. 이들의 시총은 작년 말 대비 18일 현재 2배로 뛰어올라 합산 시총 86조원을 달성했다. 포스코홀딩스의 2분기 매출과 영업이익은 각각 20조1000억원, 1조3000억원으로 나왔다. 전년 동기 대비 매출은 13%, 이익은 38%나 감소했다. 건설경기 침체로 철강 수요가 급감했기 때문이다. 저조한 단기 실적에도 포스코홀딩스주가는 올 들어 80% 이상 급등했다. 포스코홀딩스의 미래 청사진이 주주들의 마음을 붙잡았기 때문이다.

최근 포스코그룹은 2차전지(배터리) 사업 설명회를 열어 소재 원료 생산능력으로만 2030년 매출 62조원을 달성하겠다고 선언했다. 이 중 배터리 핵심 소재 양극재를 100만t 생산해 매출 36조원을 담당한다는 전략이다. 양극재는 최근 떠오르는 에코프로그룹의 전공 분야이기도 하다.

포스코홀딩스의 당좌비율과 부채비율은 각각 154.2%, 72.9%다. 향후 배터리 관련 대규모 투자를 감당 가능하다는 공감대가 형성되고 있다. 양극재 전문 포스코퓨처엠은 최근 1년 누적 수주액이 100조원을 넘는 기염을 토했다. 이 회사는 포스코홀딩스로부터 핵심 원료 리튬을 공급받는 구조다. 포스코그룹 내 수직계열화로 규모의 경제와 가격 경쟁력을 모두 달성한다는 계획이다.

(자료원: 매일경제 2023. 07. 21)

진위 문제

01 채권자들은 기업의 채무상환능력을 파악하기 위해 재무제표 분석을 실시한다.

02 재무제표분석이란 재무상태표, 포괄손익계산서, 자본변동표, 현금흐름표와 같은 재무제표에서 경영성과와 재무상태에 관한 정보와 현금흐름정보를 추출하여 분석하는 것을 뜻한다.

03 수평적 분석이라고도 하는 추세분석은 재무제표에 대한 각 구성항목별 구성비(백분비)를 평가하는 것이다. 즉, 재무제표의 각 항목이 전체에서 차지하는 구성 비율로 표시하여 재무상태나 경영성과를 파악하는 방법으로, 재무상태표에서는 총자산 중에서 각 항목이 차지하는 비율을 백분율로 나타낼 수 있으며, 포괄손익계산서에서는 매출액 중에서 각 항목이 차지하는 비율을 백분율로 나타낼 수 있다.

04 유동비율보다 엄격하게 유동성을 측정하는 비율이 순운전자본비율이다.

05 자기자본비율과 부채비율은 자본구조의 안전성을 파악하는 비율이다.

06 자기자본비율은 기업의 자본구조를 나타내는 대표적인 비율로서 재무구조의 양호 여부를 평가하며, 부채 총계를 자기자본 총계로 나누어 산출한다. 즉, 채권자지분인 타인자본과 주주지분인 자기자본과의 관계를 나타내는 비율로 기업의 타인자본 의존도를 표시해 준다.

07 유동비율은 기업의 유동성 분석을 위한 보조적인 비율로 이용되고 있으며, 전통적으로 100% 이상이면 이상적인 표준이라고 할 수 있다.

08 매출액순이익률은 활동성 분석의 일종이다

09 총자산회전율은 재고자산 투자의 효율성을 나타내는 비율로, 매출액을 재고자산으로 나누어 계산한다. 즉, 일정기간 동안에 재고자산이 얼마나 빨리 판매되어 당좌자산으로 변화(현금화 되는 속도)하는가를 나타내는 것으로 재고자산의 회전속도를 의미한다.

10 주가순자산비율(price book-value ratio)은 경영활동의 최종성과인 순이익과 관련하여 시장에서 특정 기업의 주식가치를 어떻게 평가하고 있는가를 나타내는 비율로, 기업의 현재시점의 주가를 주당순이익으로 나누어 계산한다. 이는 시장에서 주가가 주당순이익의 몇 배로 형성되고 있는가를 표시해 줌으로써 기업 가치와 주가의 적정성을 평가한다.

정답 01 T 02 T 03 F 04 F 05 T 06 T 07 F 08 F 09 F 10 T

해 설

01 T

02 T

03 F 수평적 분석은 추세분석이라고도 하며, 두 개 이상의 회계기간에 대해 재무제표의 계정 금액을 비교하는 것으로 이 방법은 기업의 영업활동의 변동을 파악하는 데 유용하다. 문제 3번은 구성비분석에 대한 설명이다.

04 F 순운전자본비율은 순운전자본을 총자본으로 나눈 것으로 총자본 중 순수하게 움직일 수 있는 운전자본이 얼마인지를 알 수 있는 척도이다.

05 T

06 T

07 F 전통적으로 유동비율은 200% 이상이면 이상적인 표준이라고 할 수 있다.

08 F 매출액 순이익률은 성장성 분석의 일종이다.

09 F 일정기간 동안에 기업의 총자산이 매출액으로 몇 번 회전하였는가를 의미하는 것이다.

10 T

객관식 문제

01 **다음 중 일정시점에서 기업의 재무상태를 나타내는 재무제표는 어느 것인가?**

① 재무상태표 ② 포괄손익계산서
③ 이익잉여금처분계산서 ④ 현금흐름표

02 **재무보고의 목적으로 타당하지 않는 것은?**

① 재무상태, 경영성과, 자본변동 및 현금흐름에 관한 정보의 제공
② 경영자의 수탁책임 평가에 유용한 정보의 제공
③ 투자 및 신용제공에 유용한 정보제공
④ 미래의 수익성가치와 현금흐름에 대한 유용한 정보의 제공

03 **포괄손익계산서의 영업외비용 중에서 가장 중요한 항목은 어느 것인가?**

① 이자비용 ② 광고선전비
③ 법인세비용 ④ 감가상각비

04 **일반적으로 유동비율은 높은데, 당좌비율이 낮은 기업의 재무상태를 가장 적절하게 설명한 것은?**

① 단기차입금이 상대적으로 많다.
② 당기순손실이 계속 발생하고 있다.
③ 매출채권이 조기에 회수되지 않고 있다.
④ 유동자산 중 재고자산 비중이 높다.

05 **다음 중 현금흐름표에서 확인할 수 있는 사항이 아닌 것은?**

① 경영활동으로 인한 현금흐름 ② 영업활동으로 인한 현금흐름
③ 재무활동으로 인한 현금흐름 ④ 투자활동으로 인한 현금흐름

06 다음 중 기업의 자본구조를 파악할 수 있는 재무비율은 어느 것인가?

① 총자산회전율 ② 유동비율
③ 매출액순이익율 ④ 부채비율

07 기업의 단기부채에 대한 지급능력을 가장 확실하게 확인할 수 있는 재무비율은 어느 것인가?

① 당좌비율 ② 유동비율
③ 부채비율 ④ 자기자본비율

08 주주의 입장에서 중요하게 분석해야 할 재무비율은 다음 중 어느 것인가?

① EPS ② ROA
③ ROE ④ PER

09 총자산순이익률(ROA)은 두 가지 비율로 분해해서 분석할 수 있다. 이 두 가지 비율의 특성은 어느 것인가?

① 안전성과 수익성 ② 활동성과 수익성
③ 안전성과 활동성 ④ 성장성과 시장성

10 한국기업은 100만주의 주식을 발행한 상태이다. 올해 50억원의 순이익이 예상되고 있다. 이 회사의 주가수익비율(PER)이 10배라면 이 회사의 주가는 얼마로 예측할 수 있는가?

① 40,000 ② 50,000
③ 60,000 ④ 70,000

정답 01 ① 02 ④ 03 ① 04 ④ 05 ① 06 ④ 07 ① 08 ④ 09 ② 10 ②

해 설

01 ①

02 ④ 재무보고 중 재무상태표는 일정시점의 재무상태로서 자산가치를 평가하고, 포괄손익계산서는 일정기간의 경영성적을 나타내나, 미래의 수익성가치 보고는 재무보고의 한계이다.

03 ① 영업외손익 중에 제일 중요한 계정과목은 이자수익과 이자비용이다.

04 ④ 재고자산은 유동비율 계산에는 포함되지만 당좌비율 계산에는 제외된다.

05 ①

06 ④ 부채를 자본으로 나눈 비율을 말하는데 기업의 재무구조를 파악하는 데 가장 많이 이용되는 지표이다.

07 ①

08 ④

09 ②

10 ② PER = 현재주가/1주당 순이익

08 창업자와 근로소득자의 세무전략

제1절 세금의 기초

제2절 기업과 관련된 국세

제8장

창업자와 근로소득자의 세무전략

제1절

세금의 기초

1. 우리나라 세금의 분류

(1) 국세와 지방세

세금은 과세주체, 즉 누가 세금을 징수하는가에 따라 국세와 지방세로 구별된다. 국세는 중앙정부가 징수하는 세금으로, 국세청에서 부과·징수하며 주로 국방·치안·교육 등과 같은 공공목적에 사용되며, 지방세는 지방자치단체, 즉 특별시·광역시·도·시·군·구가 자치단체의 살림을 꾸려가기 위한 재원을 조달할 목적으로 부과하는 세금이다.

세금이란?
국가 또는 지방자치단체가 국민에게 강제로 걷어들이는 수입

- 국세 → 국가가 걷어들이는 세금 수입
- 지방세 → 지방자치단체가 걷어들이는 세금 수입

(2) 내국세와 관세

세금이 부과되는 장소에 따라 국세를 다시 내국세와 관세로 구분할 수 있다. 내국세란 나라 안에서의 과세로 국세청에서 부과·징수하고, 관세란 재화가 국경을 통과할 때 과세되는 것으로 관세청에서 부과·징수한다.

우리의 경우 수출재화에 대해서는 완전면세가 적용되므로 사실상 수입

세의 성격을 띠고 있다.

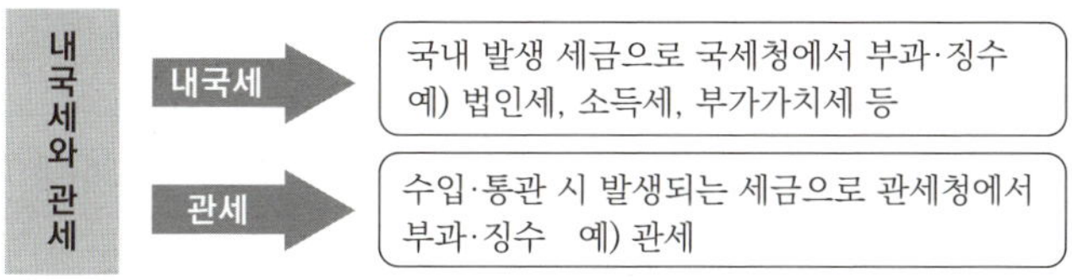

(3) 직접세와 간접세

언론매체 등에서 흔히 접하는 세금용어 중에 직접세와 간접세라는 용어가 있다. 혹자가 우스갯소리로 직접세는 세무서에 직접 가져다 내는 세금이고, 간접세는 누굴 시켜서 대신 내는 세금이라고 하는 말을 들었는데 물론 그렇지 않다.

양자의 개념을 구분하기 위해선 먼저 납세자(납세의무자)와 담세자라는 용어의 의미를 알아야 하는데, 납세자란 세법상 납세의무가 있는 사람, 그리고 담세자란 그 세금을 실질적으로 부담하는 사람을 의미한다. 여기서 납세자와 담세자가 일치하는 세금을 직접세, 일치하지 않는 세금을 간접세라고 한다.

예를 들면 맥주회사에서 맥주가 출고될 때 1병당 일정액의 주세를 맥주회사가 납세는 하지만, 그 세금액 만큼을 맥주가격 속에 포함하여 소비자에게 전가시키므로 최종소비자가 주세를 부담하게 되어 납세자(맥주회사)와 담세자(최종소비자)가 일치하지 않으므로 주세는 간접세임을 알 수 있다. 간접세에는 부가가치세 · 개별소비세 · 주세 · 인지세 · 증권거래세 등이 속한다.

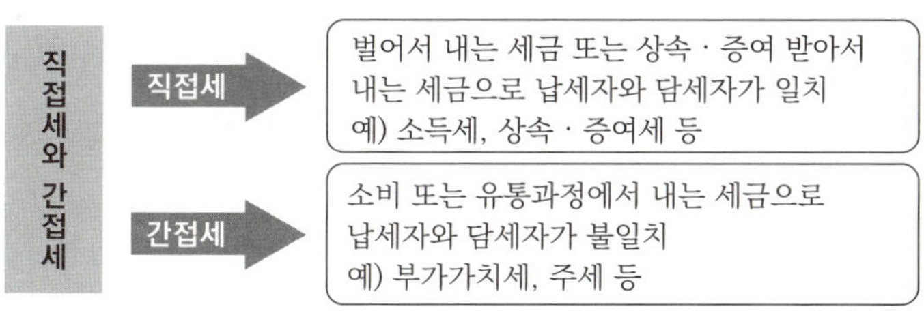

한편 근로소득자 김성실 씨에게 부과된 근로소득세의 경우를 보면 김성실 씨가 납세자인 동시에 담세자가 되므로 근로소득세는 직접세임을 알 수 있다. 직접세에는 소득세 · 법인세 · 상속세 · 증여세 · 교통세 등이 속한다.

직접세는 담세능력에 따른 과세이며 누진세율에 의해 과세 후 납세자의 소득격차를 줄일 수 있는 소득재분배효과가 있다는 장점이 있는 반면에 조세저항이 크다는 단점도 있다.

간접세는 국민이 납세하는데 편리하며 조세저항도 상대적으로 적다는 장점이 있으나 담세능력이 역행하는 역진세의 문제점도 있다. 흔히 간접세의 비중이 크면 국민의 소득격차를 더 벌려놓은 반사회적 조세정책이라고 단정하는 경우가 많으나, 간접세 중에도 개별소비세처럼 사치품세도 포함되어 있어 소득격차를 좁히는 역할을 하는 세금도 있으므로 단순히 단정하는 것은 무리가 있다.

(4) 보통세와 목적세

보통세란 일반적인 용도, 즉 특별한 용도를 정하지 않고 징수하는 세금을 말하며 대부분의 세금이 여기에 해당한다. 반면에 목적세란 특수한 용도로만 사용할 목적으로 징수하는 세금이며 국세 중 교육세, 농어촌특별세, 교통세와 지방세 중 공동시설세, 도시계획세가 이에 해당된다.

(5) 독립세와 부가세

독립세란 과세권자(정부 또는 지방자치단체)가 다른 세금과는 무관하게 독립적으로 부과하는 세금을 말하고, 반면에 과세권자가 부과한 세금(독립세)에 일정비율로 부가해서 부과하는 세금을 부가세라 하는데 부가세의 예로는 농어촌특별세, 지방소득세 소득분, 임시수입부가세, 교육세 등이 있다.

(6) 인세와 물세

인세란 납세의무자의 개별적 사정을 고려하여 부과되는 세금인데 소득세 · 법인세 · 지방소득세 소득분 등이 이에 속하며, 반면에 물세란 납세의무자의 인적 사정과는 관계없이 토지 · 건물 · 사업 등에 부과하는 세금으로 개별소비세 · 주세 · 재산세 등이 그 예이다.

(7) 종량세와 종가세

간접세는 물건의 수량 · 중량 · 용적을 기준으로 부과하는 종량세와 물건의 가격을 기준으로 부과하는 종가세로 구분할 수 있는데, 현행 내국세는 대부분 종가세를 채택하고 있으며 주정에 대한 주세(리터기준), 자가용차량에 대한 자동차세(CC기준), 재산분 주민세(3.3m²당), 등록세 중 매 건당 부과하는 것, 인지세(문서작성 통수) 등 일부의 경우에만 종량세가 적용된다.

구 분	종가세	종량세
	예) 소득세 1천만원	예) 인지세 기재금액 1천~3천만원 100건
계산구조	1천만원 × 6%	100건 × 2만원
산출세액	60만원	200만원

(8) 소득세 · 재산세 · 소비세

소득세란 개인 및 법인에 귀속된 소득에 대해 부과되는 세금으로 현행 세법에서는 개인소득세를 소득세, 법인소득세를 법인세로 칭한다.

재산세란 재산을 소유하고 있다는 사실에 대해 부과되는 세금으로 상속세 · 증여세 등이 속한다.

소비세란 재화나 용역의 구입과 소비라는 사실에 대해 부과되는 세금으로 부가가치세 · 개별소비세 · 주세 등이 있다.

다음의 [그림 8-1]은 우리나라 조세체계를 나타낸 것이다.

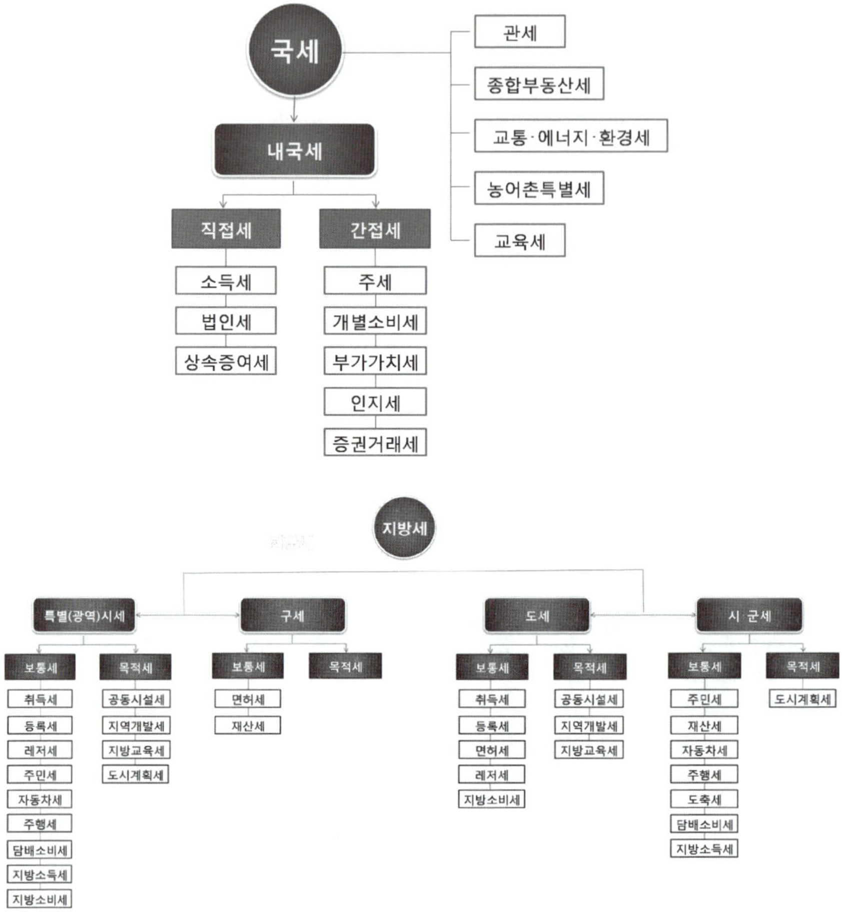

그림 8-1 우리나라 조세체계

2. 세금계산, 납부에 관련된 세금 용어

(1) 과세기간·과세대상·과세표준·세율·세액

① 과세기간: 세법에 의하여 국세의 과세표준의 계산에 기초가 되는 기간을 말한다.

예) 소득세: 1월 1일~12월 31일
부가가치세 제1기: 1월 1일~6월 30일
제2기: 7월 1일~12월 31일

② 과세대상: 세금을 부과할 수 있는 대상 또는 목표가 되는 것을 말하며 과세물건 또는 조세객체라고도 한다. 이러한 과세대상의 예로는 소득, 상속재산, 증여재산, 재화나 용역의 제공 등을 들 수 있다.

③ 과세표준: 세법에 의하여 직접적으로 세액산출의 기초가 되는 과세물건의 수량 또는 가액을 말한다. 즉 과세대상의 크기를 알기 위해서 그 과세대상을 수량화한 것이며 이를 줄여서 과표라고 하기도 한다.

④ 세율: 세액을 계산하기 위해서 과세표준에 곱하는 비율을 말한다. 즉, 과세표준 X 세율 = 세액이 된다.

	과세표준	세율	누진공제
종합소득세율	1,200만원 이하	6%	-
	4,600만원 이하	15%	1,080,000
	8,800만원 이하	24%	5,220,000
	1억5천만원 이하	35%	14,900,000
	3억원 이하	38%	19,400,000
	5억원 이하	40%	25,400,000
	5억원 초과	42%	35,400,000
법인세율	2억원 이하	10%	-
	200억 이하	20%	20,000,000
	3천억원 이하	22%	420,000,000
	3천억원 초과	25%	9,420,000,000

(2) 납세의무자 · 납세자 · 제2차 납세의무자 · 보증인

① 납세의무자: 세법에 의하여 국세를 납부할 의무(국세를 징수하여 납부할 의무를 제외한다)가 있는 자를 말하는데 이에는 거주자(국내에 주소를 두거나 1년 이상 거소를 둔 개인)와 비거주자(거주자가 아닌 자)가 있다.

② 납세자: 납세의무자(연대납세의무자와 납세자에 갈음하여 납부할 의

무가 생긴 경우의 제2차 납세의무자 및 보증인을 포함한다)와 세법에 의하여 국세를 징수하여 납부할 의무를 지는 자

③ 제2차 납세의무자: 납세자가 납세의무를 이행할 수 없는 경우에 납세자에 갈음하여 납세의무를 지는 자

④ 보증인: 납세자의 국세·가산금 또는 체납처분비의 납부를 보증한 자를 말한다.

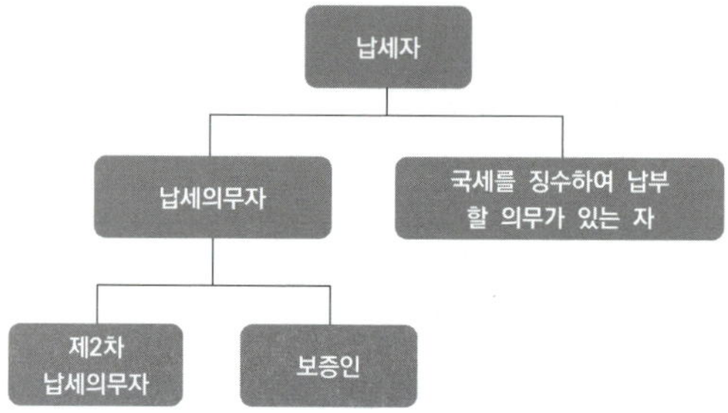

(3) 원천징수

원천징수(源泉徵收)라 함은 세법에 의하여 원천징수의무자가 국세(이에 관계되는 가산세를 제외한다)를 징수, 즉 납세의무자에게 소득금액 또는 수입금액을 지급하는 자가 그 지급하는 금액에서 납세의무자의 세액을 징수하여 과세관청에 다음달 10일까지 납부하도록 되어 있는 제도를 말한다.

(4) 가산세·가산금·중가산금·체납처분비

가산세(加算稅)라 함은 세법에 규정하는 의무의 성실한 이행을 확보하기 위하여 그 세법에 의하여 산출한 세액에 가산하여 징수하는 금액을 말하며, 가산금은 이에 포함되지 않는다. 즉 가산세는 각종 의무의 불이행에 대한 벌과금적 성격을 지니고 있다.

한편 가산금이라 함은 국세를 납부기한까지 납부하지 아니한 때에 국세징수법에 의하여 고지세액에 가산하여 징수하는 금액과 납부기한 경과

후 일정기한까지 납부하지 아니한 때 다시 가산하여 징수하는 금액을 말한다. 가산금은 납부기한이 경과한 날로부터 체납된 국세의 3%에 상당하는 금액을 징수하며, 중가산금은 체납된 국세를 그 납부기한이 경과한 날로부터 매 1월이 경과할 때마다 체납된 국세를 그 납부기한이 경과한 날로부터 체납된 국세의 1.2%에 상당하는 금액을 가산금에 가산하여 징수하되 기간은 60월을 초과하지 못한다.

체납 처분비라 함은 국세징수법 중 체납처분에 관한 규정에 의한 재산의 압류·보관·운반과 공매에 소요된 비용(공매를 대행시키는 경우 그 수수료를 포함한다)을 말한다.

(5) 세무공무원

세무공무원이라 함은 국세청장·지방국세청장·세무서장 또는 그 소속공무원, 세법에 의하여 국세에 관한 사무를 세관장이 관할하는 경우의 당해 세관장 또는 그 소속공무원과 국세징수법에 의하여 국세를 시장·군수·구청장(자치구의 구청장을 말한다)에게 위탁하여 징수하는 경우의 당해 시장·군수·구청장 또는 그 소속공무원을 말한다.

(6) 세금의 전가

세금의 전가(轉嫁)라 함은 납세자가 일단 납부한 세금의 부담이 다른 사람(담세자)에게 이전되어 가는 현상을 말한다. 직접세의 경우는 전가현상이 일어나지 않아 납세자가 실제 담세도 동시에 하게 되나, 대부분의 간접세의 경우는 전가현성이 일어나게 된다.

세금전가의 형태에는 전전, 후전, 갱전, 소전 등이 있다. 여기서 전전이란 상품의 유통과정에서 생산자(또는 판매자, 전자)로부터 소비자(또는 구매자, 후자)에게 세금부담이 떠밀려 옮겨가는 것으로 부가가치세를 비롯한 대부분의 간접세가 이에 속하며, 후전이란 전전의 경우와는 반대로 후자로부터 전자에게 세금부담이 이전되는 것으로, 갱전이란 전전이든 후전이든 불문하고 각각 2회 이상 연속적으로 일어나는 현상을 말하며, 소전은 생산자에게 부과된 세금을 전전 또는 후전의 방법으로 전가시키지 않고 경영합리화 등을 통하여 생산과정에서 흡수하는 것을 말한다.

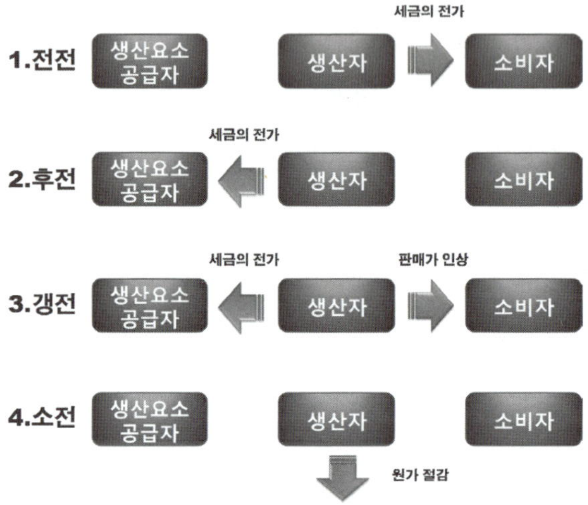

그림 8-2 세금전가의 형태

제2절 기업과 관련된 국세

앞에서 살펴본 것처럼 기업이 부담하는 조세에는 국세와 지방세가 있다. 이번 장에서는 기업과 관련된 조세 중 가장 핵심을 이루는 국세 3가지를 살펴보고자 한다. 조세에 대한 깊이 있는 이해를 하기에는 할애된 지면과 교양서로 다루기에는 적합하지 않기에 아래에서 살펴보고자 하는 핵심내용을 토대로 각 국세가 적용되는 조세체계를 이해하는 데 중점을 두길 바란다.

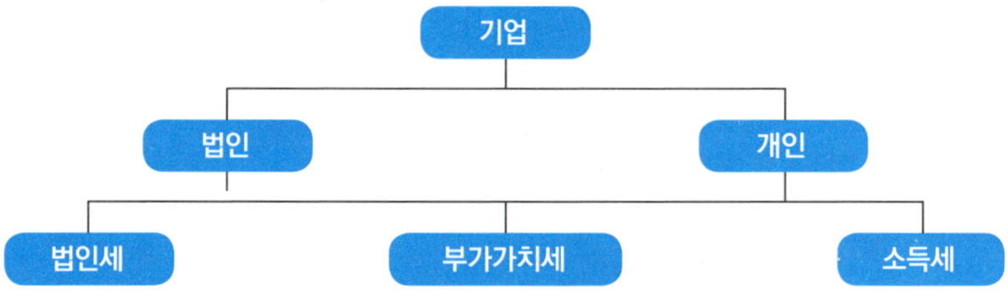

그림 8-3 기업과 관련된 세금

1. 부가가치세

(1) 부가가치세의 개요

부가가치세(VAT: Value Added Tax)란 재화나 용역이 생산되거나 유통되는 모든 거래 단계에서 창출된 부가가치를 과세대상으로 하여 과세하는 간접세이다. 부가가치라 함은 매출액에서 기업이 부담한 외부 구입가액(매입액)을 차감한 금액을 말한다. 따라서 물건 판매 시 소비자로부터 징수하여 받는 세금에서 물건 구입 시 지급하는 세금을 차감한 잔액을 납부하는 것이다. 실지세금은 소비자가 부담하는 것이며, 사업자는 소비자가 부담한 세금을 잠시 보관하고 있다가 국가에 내는 것이다.

부가가치세 = 부가가치 × 10%

= (매출액 − 매입액) × 10%

= 매출액×10% - 매입액×10%

= 매출세액 - 매입세액

즉, 부가가치란 기업이 일정 기간 동안 생산·유통 등의 사업활동에서 창출한 가치를 말하며, 이에 대하여 우리나라는 부가가치세법을 1977.7.1.부터 시행하여 부가가치에 대하여 과세하고 있다. 부가가치세는 법인세 및 소득세와 다른 과세방식으로 조세를 실현하고 있으며, 간접세의 형식을 취하고 있다. 따라서 부가가치세의 학습에서는 부가가치세의 과세방식을 중점으로 이해하도록 한다.

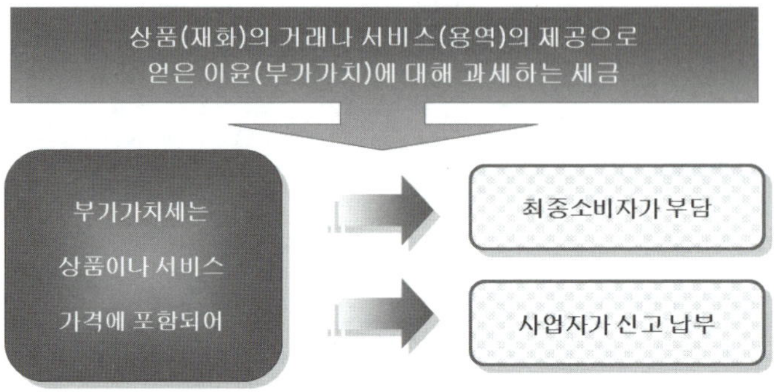

(2) 부가가치세의 과세방식

과세대상인 재화나 용역은 소비자에게 전달되기 전 여러 단계를 거치게 된다. 이 과정에서 각 사업자가 부가가치를 창출하여 재화나 용역에 전가되고, 이렇게 창출된 부가가치는 최종적으로 소비자가 향유한다. 이때 소비자는 소비자에게 향유하는 창출된 부가가치에 대하여 부가가치세를 부담하지만, 국가는 소비자가 부가가치세를 부담하기 전(前) 과정에서 부가가치세를 기업을 통해 조세를 실현하게 된다. 이것이 부가가치세가 조세를 실현하는 과세방식이다.

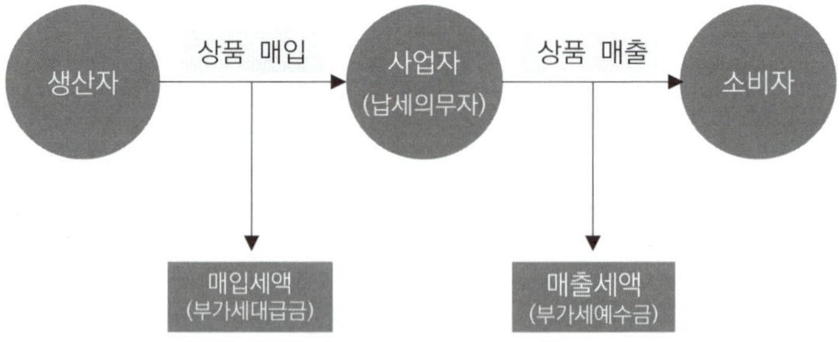

그림 8-4 부가가치세 과세방식

[예시]

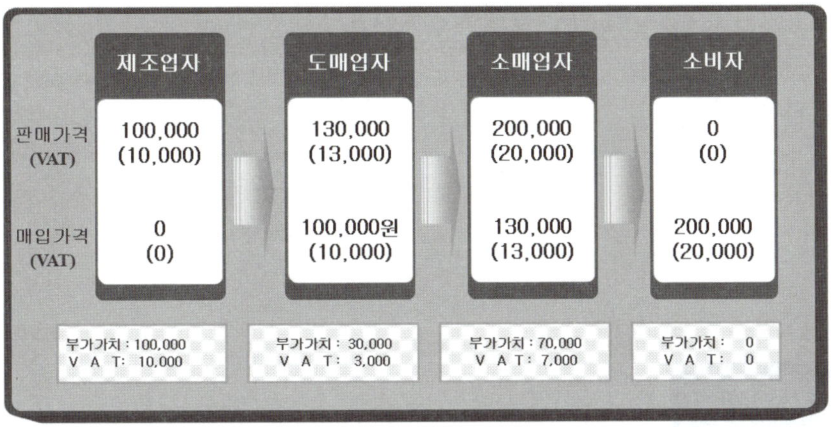

(3) 부가가치세의 납세의무자

부가가치세의 납세의무는 사업자에게 있으며, 사업자란 사업목적이 영리든 비영리든 관계없이 독립적으로 사업활동을 통해 과세대상 재화 및 용역을 공급하고, 재화를 수입하는 자를 말한다. 즉, 비사업자 및 면세사업자는 부가가치세법상의 납세의무자에 해당되지 않으며, 부가가치세를 신고하고 납부할 의무가 발생하지 아니한다.

표 8-1 사업자의 분류

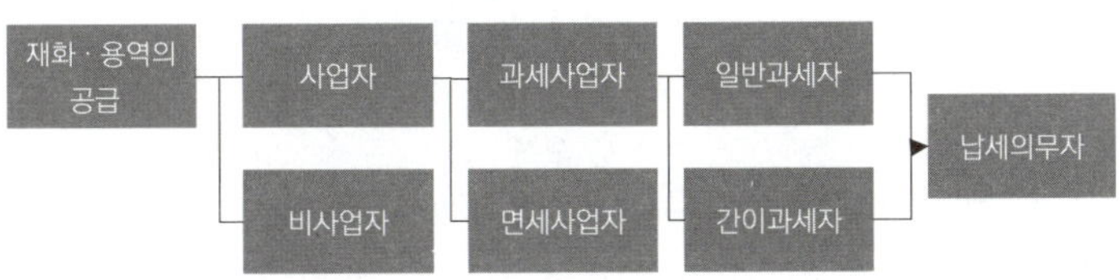

(4) 부가가치세의 과세대상

각 세법은 과세대상을 다르게 하고 있다. 즉 조세대상이 각 세법별로 다르다는 것이다. 부가가치세법 용어에서 알 수 있듯이 부가가치가 발생하는 대상에만 부가가치세를 적용한다는 점이다. 그러나 부가가치가 발생한다고 하더라도 국가가 면세로 지정한 항목에 대해서는 부가가치세를 적용하지 않으며, 이 경우 과세대상에 해당하지 않고, 납세의무도 발생하지 아니한다. 부가가치세법이 규정하는 과세대상은 크게 아래의 3가지로 이루어진다.

① 재화의 공급 ② 용역의 공급	사업자가 공급하는 것만 과세
③ 재화의 수입	사업자 여부에 관계없이 과세

1) 재화의 공급

구분	재화의 범위
물건	• 상품, 제품, 원료, 기계, 건물 등 모든 유형적 물건 • 전기, 가스, 열 등 관리할 수 있는 자연력
권리	광업권, 특허권, 저작권 등 물건 외에 재산가치가 있는 모든 것

2) 용역의 공급

용역의 공급은 계약상 또는 법률상의 모든 원인에 따라 역무를 제공하거나, 시설물·권리 등 재화를 사용하게 하는 것을 말한다.

3) 재화의 수입

재화의 수입은 물품을 국내에 반입하는 것을 말한다.

(5) 과세기간과 신고·납부기한

납세의무자인 사업자와 담세자인 소비자는 과세대상인 재화나 용역을 매우 빈번히 거래하게 된다. 따라서 납세의무자로 하여금 이때 발생한 부가가치세를 신고하고 납부할 수 있도록 기간 및 기한을 법률로 정하여 시행할 수 있도록 하여야 하는데 이것이 바로 과세기간과 신고·납부기한이다. 납세의무자인 사업자는 각 과세기간 내에 발생한 부가가치세를 신고·납부하며, 후술하게 될 간이과세자는 과세기간을 1년으로 정하고 있다.

표 8-2 부가가치세 신고 및 납부기한

구분		과세기간	신고 · 납부기한
제 1 기	예정신고	1.1 ~ 3.31	4.25
	확정신고	4.1 ~ 6.30	7.25
제 2 기	예정신고	7.1 ~ 9.30	10.25
	확정신고	10.1 ~ 12.31	다음해 1.25
간이과세자		1.1 ~ 12.31	다음해 1.25

(6) 공급시기

부가가치세는 과세기간을 단위로 신고·납부하므로 재화 및 용역이 어느 과세기간에 공급되었는지를 결정하는 시간적 기준이 요구된다. 공급시기가 중요한 이유는 공급시기를 언제로 보느냐에 따라 과세기간이 달라지며, 이에 따라 신고·납부기한 또한 다르게 된다.

1) 재화의 공급시기

구분	공급시기
재화의 이동이 필요한 경우	재화가 인도되는 때
재화의 이동이 필요하지 않은 경우	재화가 이용 가능하게 되는 때
위의 기준을 적용할 수 없는 경우	재화의 공급이 확정되는 때

2) 용역의 공급시기

용역의 공급시기는 역무의 제공이 완료되거나, 시설물·권리 등 재화가 사용되는 때로 한다.

(7) 과세표준과 세액

과세표준은 해당 과세기간에 공급한 재화 또는 용역의 공급가액을 합한 금액을 말하며, 납부세액 계산에 있어 매입세액을 공제하게 된다. 매입세액은 전(前)과정에서 발생된 부가가치세를 사업자가 부담한 것을 말한다.

부가가치세법은 과세, 영세, 면세를 규정하고 있으며, 과세표준에 세율을 적용하여 매출세액이 계산되는 과정에서 검토해야 할 부분이 있다. 즉 과세는 10%세율 적용하고, 영세는 0%세율, 그리고 면세는 과세대상이 아니라는 점이다. 그러나 0%세율을 적용하는 영세율은 과세대상임에 따라 과세표준에는 포함해야 한다는 점이다.

매출세액	과세표준 × 세율
(−) 매입세액	
납부세액	
(−)경감공제새액	신용카드매출전표 등 발행공제, 기타 경감세액
(−)예정신고미환급세액과 예정고지세액	
(−)기납부세액	
(+)가산세	
차가감납부세액	

1)영세율

영세율은 그 단계의 매출세액을 0(영)으로 할 뿐만 아니라 그 거래의 전단계에서 창출된 부가가치에 대한 세액도 면제함으로써 부가가치세 부담을 완전히 제거하는 완전면세제도이다. 영세제도는 소비지국과세원칙을 구현하기 위하여 국제거래에 적용되나, 기타 외화획득 장려 등 정책적 목적에서 국내거래에 적용되기도 한다.

① 수출하는 재화
② 국외제공용역
③ 외국항행용역
④ 기타 외화획득재화 · 용역

2) 면세

면세는 특정 재화 및 용역의 공급 그리고 재화의 수입에 대하여 부가가치세를 면제하는 것을 말한다. 부가가치세는 비례세율(10%)이므로 조세부담의 역진성이 발생됨에 따라 역진성을 완화하기 위하여 부가가치세를 면제한다. 예를 들어, 기초 생활필수품은 소비자의 부담을 줄이기 위해 면세하고, 공익을 목적으로 하는 문화관련 재화·용역은 소비자부담을 줄이기 위하여 면세하는 것이다.

구분	주요내용
기초생활필수품 및 용역	- 가공되지 않은 미가공 식료품(쌀, 채소, 생선, 고기, 과일 등) - 수돗물 - 연탄과 무연탄 - 대중교통 여객운송용역(항공기, 시외우등고속버스, 택시 등 제외)
국민후생용역	- 의료보건용역(병원의 치료비 수입 등) - 교육용역
문화관련 재화 및 용역	- 도서, 신문, 잡지 등 - 예술창작품, 예술행사, 문화행사 등
부가가치 구성요소용역	- 토지의 공급 - 금융보험용역
기타 재화 및 용역	- 국가기관 등이 공급하는 재화나 용역 - 수입품 중 면세되는 재화나 용역

(8) 간이과세자

영세(零細)사업자는 간편한 방법으로 납세의무를 이행할 수 있도록 부가가치세법의 의무를 대폭 간소화한 간이과세제도를 두고 있으며, 직전 연도의 재화와 용역의 공급대가(공급가액+부가가치세)의 합계액이 8,000만원에 미달하는 사업자를 간이과세자라 한다.

2. 법인세

(1) 법인세의 개요

법인세는 법인의 소득에 과세하는 조세이다. 일반적으로 소득에 과세하는 조세는 개인소득세와 법인소득세로 나누며, 개인소득세를 소득세, 법인소득세를 법인세라 칭한다. 법인세는 법인이 얻은 과세소득에 따라 각 사업연도 소득에 대한 법인세, 청산소득에 대한 법인세, 토지 등 양도소득에 대한 법인세, 미환류소득에 대한 법인세로 구분된다. 즉, 법인이 얻은 위의 4가지 소득이 법인세의 과세대상인 것이다.

(2) 법인세의 납세의무자

법인세의 납세의무자는 법인이다. 법인은 법률에 따라 설립등기를 득해야 하나, 설립등기를 하지 않았더라도 실질적으로 법인과 같은 일정한 요건을 구비한 법인 아닌 단체도 법인으로 본다. 법인의 종류별 납세의무의 범위는 아래와 같다.

법인은 크게 내국법인과 외국법인으로 구분되며, 운영목적에 따라 영리법인과 비영리법인으로 나뉜다. 법인이 얻은 소득은 법인의 구분에 따라 그 소득이 과세나 비과세 적용을 받는다.

구분			각 사업연도소득	청산소득	토지 등 양도소득에 대한 법인세
과세법인	내국	영리법인	국내외 모든 소득	과세	과세
		비영리법인	국내외 수익사업소득	비과세	과세
	외국	영리법인	국내원천소득	비과세	과세
		비영리법인	국내원천소득 중 수익사업소득	비과세	과세

(3) 법인세의 사업연도

법인세법의 사업연도는 과세기간의 의미를 갖는다. 즉 법인이 과세기간동안 얻은 법인소득에 대하여 과세하는 것이다. 그러나 법인의 회계기간은 법인에 따라 각기 정할 수 있으므로, 법인세법은 법인의 회계기간을 그대로 과세기간으로 인정하고 있다.

원칙적으로 법인세법의 사업연도는 법령이나 법인의 정관 등에서 정한 회계연도로 하되, 그 기간은 1년을 초과할 수 없도록 규정하고 있다. 이에 따라 법인세의 납세의무가 있는 내국법인은 사업연도 종료일이 속하는 달의 말일부터 3개월 이내에 신고 및 납부하여야 한다.

(4) 법인세의 계산구조

법인세의 계산구조는 아래와 같다. 법인세를 계산하는 첫 번째 단계는 각사업연도소득금액을 계산하는 것이다. 이때 법인의 회계기간 동안 얻은 소득을 따로 계산하지 않고, 회계상 당기순이익을 토대로 아래에 기술한 세무조정을 통해 각사업연도소득금액을 계산할 수 있다.

법인세는 부가가치세와는 다르게 법인이 얻은 소득에 대하여 과세하므로, 전(前) 과세기간에 결손이 발생될 수 있으며, 법인이 얻은 소득 중에서 비과세소득과 소득공제 등을 차감하여 과세표준을 계산한다. 법인세의 세율은 4단계 초과누진세율을 적용하므로, 각사업연도소득금액에서 해당 법인이 적용받을 수 있는 이월결손금, 비과세소득, 소득공제 등의 해당여부를 검토하여야 하며, 이를 통해 과세표준을 낮출 수 있다.

구분	내용	비고
〈1단계〉 소득금액 계산	결산서상 당기순이익	
	익금산입	
	손금산입	
	각사업연도소득금액	
〈2단계〉 과세표준 계산	(–)이월결손금	15년 이내에 발생한 세무상 결손금 중 미공제분
	(–)비과세소득	
	(–)소득공제	
	과세표준	

구분	내용	비고
〈3단계〉 세액계산	(×)세율	
	법인세산출세액	토지 등 양도소득에 대한 법인세와 미환류소득에 대한 법인세 가산
	(−)감면공제세액	
	(+)가산세	
	(+)감면분추가납부세액	
	법인세총부담세액	
	(−)기납부세액	원천납부세액+중간예납세액+수시부과세액
	법인세차감납부세액	

(5) 세무조정과 소득처분

1) 세무조정

회계상 계산된 당기순손익을 기초로 회계상과 세법상의 차이만 가감하면 간편하게 각사업연도소득금액을 계산할 수 있으며, 법인세법은 회계상 수익을 익금으로, 비용을 손금으로 이해한다.

따라서 회계기준으로 처리된 결산서는 법인세법상의 차이로 인하여 회계상의 수익은 법인세법상 수익이 아닐 수 있으며, 반대로 회계상 비용은 법인세법상 비용이 아닐 수 있다. 이처럼 결산서상의 당기순손익에 간접적으로 익금과 손금을 계산하는 것을 세무조정이라고 한다.

2) 소득처분

법인의 당기순이익에 대해서는 상법상 배당·상여 등으로 이익을 처분하고 그 처분소득에 대한 귀속자를 알 수 있으며, 이때 배당이나 상여 등을 받은 귀속자는 배당이나 상여 등에 대한 조세를 부담하게 된다. 그러나 법인이 배당이나 상여를 회계상 비용으로 처리하였다면, 이는 법인세법상 비용으로 인정되지 않아 손금불산입이라는 세무조정을 하게 되며,

이 소득을 지급받은 귀속자에 대해서도 소득처분을 시행하여 조세를 추가적으로 부담하게 되는 절차를 소득처분이라고 한다.

(6) 법인세율

과세표준	각 사업연도 소득에 대한 법인세율
2억원 이하	10%
2억원 초과 200억원 이하	2천만원 + 2억원 초과액 × 20%
200억원 초과 3,000억원 이하	39억 8천만원 + 200억원 초과액 × 22%
3,000억원 초과	655억 8천만원 + 3,000억원 초과액 × 25%

3. 소득세

(1) 소득세의 개요

소득세는 개인이 얻은 소득을 과세대상으로 하는 조세이다. 우리나라는 원칙적으로 개인단위 과세제도를 취하고 있으며, 일부 조세회피목적의 공동사업장의 소득에 대해서는 세대단위 과세제도를 택하고 있다. 소득세 또한 법인세와 같이 누진세율을 적용하고 있다. 그러나 법인세에 비하여 과세표준을 계산하는 과정에서 공제 및 감면을 두고 있어서 소득세 납세의무자는 개인에게 해당되는 공제 및 감면 사항을 잘 살펴 과세표준을 낮추는 것이 절세방안이 될 수 있다.

(2) 소득세 과세방법

개인이 얻은 모든 소득에 대하여 과세하는 것이 현실적으로 어려움에 있으므로, 소득세는 아래에 기술한 6가지의 소득에 퇴직소득과 양도소득을 소득세 과세대상으로 열거하고 있다. 즉, 개인은 열거된 소득에 대해서만 과세한다는 것이다.

아래의 종합소득세 계산구조를 살펴보면, 개인이 얻는 소득은 다양하다고 하겠다. 개인은 과세기간 내에 얻은 소득이 소득세법에서 정한 일정 기준에 해당한다면 그 소득을 합산하여 신고·납부하여야 하며, 이때 소득금액들을 합산하여 신고한다는 의미에서 종합소득금액이라고 할 수 있다.

그러나 사업소득 및 근로소득은 원칙적으로 다른 소득금액이 발생되지 않더라도 당해연도에 발생한 소득은 다음연도 종합소득세 신고기간에 신고·납부 의무를 이행하여야 한다.

이자소득 총수입금액	배당소득 총수익금액	사업소득 총수입금액	근로소득 총수입금액	연금소득 총수입금액	기타소득 총수입금액
(-)비과세 소득	(-)비과세 소득	(-)비과세 소득	(-)비과세 소득	(-)비과세 소득	(-)비과세 소득
(-)분리 과세소득	(-)분리 과세소득	(-)분리 과세소득	(-)분리 과세소득	(-)분리 과세소득	(-)분리 과세소득
이자소득	배당소득	사업소득	근로소득	연금소득	기타소득
		(-)필요경비	(-)근로 소득공제	(-)연금 소득공제	(-)필요경비
이자소득 금액	배당소득 금액	사업소득 금액	근로소득 금액	연금소득 금액	기타소득 금액
종 합 소 득 금 액					
종 합 소 득 공 제					
종합소득과세표준					
(×)기 본 세 율					
종합소득산출세액					
(-)세액감면·세액공제					
종합소득 산출세액					
(+)가 산 세					
종합소득 결정세액					
(-)기 납 부 세 액					
종합소득 차가감납부세액					

(3) 소득세의 과세기간

소득세는 개인의 소득에 대하여 과세하는 것으로 법인과는 다르게 1월 1일부터 12월 31일까지를 과세기간으로 하며, 그 다음해 5월 1일부터 5월 31일까지 신고 · 납부하여야 한다.

(4) 근로자의 종합소득세

소득세 중 사업소득세의 경우에는 법인의 소득세 계산과 일정부분 차이는 있으나, 사업으로부터 얻은 소득에 대하여 과세한다는 점에서 맥락을 같이 한다. 그러나 창업을 하는 경우와 반대로 기업에 종사하는 경우에 있다고 하더라도 근로자의 종합소득세는 양측 모두의 입장에서 이해가 필요하다. 이에 근로소득자의 종합소득세 계산구조에 대한 이해가 요구된다.

근로소득 총수입금액
(−)비과세소득[*1]
(−)분리과세소득
근로소득(총급여액)
(−)근로소득공제[*2]
종합소득금액
종합소득공제[*3]
종합소득과세표준
(×)기 본 세 율
종합소득산출세액
(−)세액감면 · 세액공제[*4]
종합소득 결정세액
(+)가산세
종합소득 총결정세액
(−)기납부세액[*6]
종합소득 차가감납부세액

1) 비과세 근로소득

근로자가 근로에 대한 대가로 받는 급여에는 비과세근로소득이 포함되어 있을 수 있다. 이러한 비과세근로소득은 근로소득(총급여액)에 포함되지 아니하므로 급여에 비과세근로소득이 있는지의 여부를 살펴 근로소득 계산 시에 제외될 수 있도록 고려하여야 한다.

① 실비변상적인 성질의 급여

② 복리후생적 성질의 급여
③ 식사와 식사대
④ 학자금
⑤ 배상금·보상금 또는 위자료
⑥ 국민건강보험료 등의 사용자부담금
⑦ 보육급여
⑧ 종업원 등이 발명진흥법에 따른 직무발명으로 받는 보상금
⑨ 국외에서 근로를 제공하고 받는 급여
⑩ 생산직근로자의 연장근로수당 등
⑪ 법률에 따라 받는 금액
⑫ 기타 비과세 근로소득

2) 근로소득공제

다른 소득의 경우와는 다르게 근로소득의 경우에는 근로소득을 얻기까지의 필요경비를 구분하는 것이 매우 곤란하다. 따라서 우리나라에서는 실제 필요경비를 공제하지 않고, 일괄적으로 근로소득공제를 적용한다. 여기서는 상용근로자의 소득공제에 대하여 설명한다.

총급여액	근로소득공제
500만원 이하	총급여액 × 70%
500만원 초과 1,500만원 이하	350만원 + (총급여액 − 500만원) × 40%
1,500만원 초과 4,500만원 이하	750만원 + (총급여액 − 1,500만원) × 15%
4,500만원 초과 1억원 이하	1,200만원 + (총급여액 − 4,500만원) × 5%
1억원 초과	1,475만원 + (총급여액 − 1억원) × 2%

3) 종합소득공제

종합소득공제는 근로소득과는 다르게 해당되는 항목에 대하여 공제를 받을 수 있으며, 특별소득공제의 경우에 있어서는 근로소득공제와 같이 근로자만 적용받을 수 있는 특별소득공제가 있다. 종합소득공제에 있어

서도 근로자가 적용 받을 수 있는 종합소득공제의 여부를 살펴 과세표준을 낮추는데 주의를 기울여야 한다.

4) 종합소득세율

소득세는 과세표준에 따라 적용하는 누진세율이 다르다. 따라서 과세표준이 작을 경우 낮은 소득세율이 적용되고 산출세액 또한 작아진다.

과세표준	소득세율
1,200만원 이하	6%
1,200만원 초과4,600만원 이하	720,000 + 1,200만원 초과액× 15%
4,600만원 초과8,800만원 이하	5,820,000 + 4,600만원 초과액× 24%
8,800만원 초과1억5천만원 초과	15,900,000 + 8,800만원 초과액× 35%
1억5천만원 초과3억원 이하	37,600,000원+ 1억5천만원 초과액× 38%
3억원 초과5억원 이하	94,600,000 + 3억원 초과액× 40%
5억원 초과10억원 이하	174,600,000 + 5억원 초과액× 42%
10억원 초과	384,600,000 + 10억원 초과액× 45%

5) 종합소득세액공제

과세표준에 소득세율을 적용하여 계산된 산출세액은 세액감면이나 세액공제를 적용하여 세액이 결정된다. 즉 세액에서 곧바로 공제할 수 있는 공제를 적용하여 조세부담을 경감시킬 수 있는 것이다. 주로 세액감면보다는 세액공제의 적용이 대다수이며, 세액공제에 있어서도 근로자만 적용받을 수 있는 세액공제들이 있다. 세액공제에 있어서도 근로자는 해당되는 세액공제가 있는지를 면밀히 검토하여 절세방안을 마련해야 한다.

6) 기납부세액

근로자는 매월 급여를 수령시 간이세액표에 따라 소득세를 원천징수한 후에 급여를 수령한다. 이때 원천징수된 소득세는 종합소득세차가감납부세액을 계산할 때 공제되며, 이를 기납부세액이라고 한다. 또한 기납부세액이 결정세액보다 많은 경우 환급된다.

특히 근로소득만 있는 근로자는 당해연도에 받은 근로소득에 대하여 다음연도 5월에 종합소득세 신고를 하지 않고, 다음연도 2월 원천징수의무자인 회사에 의해 연말정산을 실시하고, 과세가 종결된다.

회계쉼터

세금통계 앞 월급쟁이는 '털 뽑히는' 느낌이 든다

"과세의 기술은, 거위의 비명을 최소화하면서 가장 많은 깃털을 뽑는 것과 같다."
프랑스 루이 14세 통치 초기에 재무장관을 지낸 장바티스트 콜베르(1619~1683)의 말이다.
박근혜 정부 시절인 2013년 8월, 세법 개정안에 대해 해명하면서 조원동 경제수석이 이 말을 입에 올렸다가 여론의 뭇매를 맞았다. 그해 소득세 개편의 핵심은 소득공제를 세액공제로 바꾸는 것이었는데, '총급여 3450만원 이상 중산층'의 세 부담이 늘어나게 설계해, 불만을 샀다. 조 수석은 '과세 대상을 늘리고 세 부담은 줄인다'고 해명하려고 콜베르의 말을 인용했을 텐데, 납세자들은 '실제 털을 뽑히는 느낌'에 더 바르르 떨었다.
정부는 5일 뒤 수정안을 냈다. 총급여 5500만원 이하는 세 부담이 늘지 않고, 7천만원 이하는 평균 2만~3만원 늘게 했다. 그렇게 넘어가나 했는데, 2015년 1월 연말정산 때 난리가 났다. 연 급여 5500만원을 밑도는데도 세금이 늘어난 이가 많았기 때문이다. 결국 541만명에게 4227억원을 환급해주는 조처를 취했다.
근로소득세는 '비명 안 나게 깃털 뽑기'가 쉬운 세금이다. 세제를 가만 놔두기만 하면 된다. 물가가 오르고 명목임금이 오르면 높은 세율이 적용돼 세수가 절로 늘어난다. 박근혜 정부의 소득세제 개편 이후 과세표준 구간을 계속 손보지 않자 소득세수가 급증했다. 국세통계를 보면, 2010~2021년 법인세수가 1.9배로, 부가세수가 1.45배로 늘어나는 동안 소득세수는 3.05배로 늘었다. 근로소득세는 3.24배로 늘었다. 근로자 1인당 세액이 2013년 198만원에서 2020년 361만원으로, 거의 갑절로 늘어났다.
2022년 5월 출범한 윤석열 정부는 소득세 과세표준 구간을 약간 조정했다. 지방소득세 포함 6.6% 세율 구간을 과표 1200만원까지에서 1400만원까지로, 26.4% 구간을 4600만원 이상에서 5천만원 이상으로 높여 세금을 깎아줬다. 일부에선 '소득세도 부자 감세'라는 비판이 나왔는데, 정치적 의미에서 보면 법인세 최고세율을 내리고, 종합부동산세를 큰 폭으로 깎고, 금융투자소득세도 유예하면서 소득세 납세자들의 불만을 달래기 위한 '개평' 성격이 짙었다.
이듬해인 2023년 우리나라 총 국세수입은 344조천억원으로 전년에 견줘 51조8천억원이나 줄었다. 하지만 근로소득세는 57조4천억원에서 59조1천억원으로 늘었다. 근로소득세의 세수 비중이 2022년 14.5%에서 17.2%로 뛰었다.
올해는 어떨까? 기획재정부는 9월26일 올해 국세수입이 337조7천억원으로 작년보다 6.4조원 더 줄 것이라고 세수 재추계 결과를 밝혔다. 기재부는 "법인세 세수 감소폭이 당초 예상보다 큰 가운데, 양도소득세 등 자산시장 관련 세수가 부진한 것이 주요 원인"이라며, 근로소득세는 '취업자 수와 임금 증가에 따라' 늘고 있다고 했다. 국회 예산정책처는 올해 근로소득세가 61조7천억원으로 작년보다 4% 늘어날 거라 본다. 세수 비중은 18.3%까지 치솟는다.
윤석열 정부는 올해 금투세를 폐지로 몰아붙이고, 최고세율 인하와 가업상속공제 확대를 통한 상속세 감세를 추진하고 있다. 그로 인한 세수 감소를 보전하기 위한 세금이 월급쟁이들한테 또 얹혀질 가능성이 높다. 부자 감세 남발이 '그저 남 좋은 일'에 그치지 않고, '일해서 벌어먹는 이의 부담'으로 돌아오는 것이다.
콜베르는 잔혹한 관리가 아니었다. 그의 묘비에는 "멋진 세금으로 프랑스를 부유하게 한 영웅, 여기 잠들다"라고 쓰여 있다. 그의 '깃털 뽑기 비유'는 '소득이 있는 곳에 세금이 있도록 세원을 넓히고 부담은 줄여 큰 저항 없이 세수를 늘리라'는 것이었다. 권력과 부를 누리면서 면세 혜택까지 받던 성직자와 왕족·귀족에게도 세금을 물린 것이 그의 기술이었다.
윤석열 정부는 거꾸로 간다. 재벌 기업과 주식·부동산 자산가의 세금은 뭉텅뭉텅 깎고, 근로소득자에게는 깃털 뽑는 기술을 쓴다. 2022년 근로소득세는 과세 대상 소득의 32.1%를 점유한 상위 10%가 전체의 72.4%를 냈다. 소득세도 면세자를 계속 줄여가는 게 바람직하다. 그러나 자산가들이 감세로 횡재를 하는 동안, 근로소득자들의 소득 대비 세금 비율만 가파르게 올리는 것은 '몰빵 애국'을 강요하는 일이다. 월급쟁이들이 세수 통계와 연말정산 결과 앞에서 '털 뽑히는' 느낌이 든다면 지극히 정상적인 반응이다.

(자료원: 한겨레, 2024. 11. 12)

진위 문제

01 창업(創業)이란 사업의 시작을 의미하며, 기업가의 능력을 갖춘 개인이나 집단이 사업 아이디어를 가지고, 사업목표를 세우고 적절한 사업기회에 자본, 인원, 설비, 원자재 등 경영자원을 확보하고 재화나 서비스를 제공하는 기업의 설립을 말한다.

02 일반적으로 사업의 목적이 소비자에게는 합리적인 가격으로, 생산자에게는 일정 이윤을 보장해 주는 선에서 제품이나 서비스를 생산함으로써 소비자가 만족할 수 있도록 봉사하는 것이다. 이를 사회적 목적이라 한다.

03 창업을 하기 위해서는 창업자 자신뿐 아니라 인적 자원 또는 물적인 여러 가지 요소들이 투입되어야 한다. 이 중에서 창업자, 사업 아이디어, 그리고 사업자금 이를 창업의 3요소라 한다.

04 원천징수대상 소득금액을 지급한 경우에 원천세를 원천징수하여 다음달 14일까지 관할 세무서에 납부하여야 한다. 만약 원천징수의무를 원천징수한 세금(원천세)을 다음달 14일까지 납부하지 않으면 10%를 가산하여 추징하게 된다.

05 직접세란 일반적인 용도, 즉 특별한 용도를 정하지 않고 징수하는 세금을 말하며 대부분의 세금이 여기에 해당한다. 반면 간접세란 특수한 용도로만 사용할 목적으로 징수하는 세금이며 국세 중 교육세, 농어촌특별세, 교통세와 지방세 중 공동시설세, 도시계획세가 이에 해당된다.

06 현재 우리나라를 포함하여 부가가치세제를 시행하고 있는 대부분의 나라들은 전단계세액공제법을 채택하고 있다.

07 자기의 사업과 관련하여 생산·취득한 재화를 사업과 직접 관계없이 개인적인 목적 또는 기타의 목적을 위하여 사업자가 재화를 사용·소비하거나 사용인 또는 기타의 자가 재화를 사용·소비하는 경우로서 그 대가를 받지 아니하거나 현저히 낮은 대가를 받는 경우를 자가공급이라 한다.

08 사업규모가 상대적으로 작은 중소 개인사업자에 대하여 세부담을 덜어 주고, 부가가치세 신고납부 절차를 간소화하여 납세편의를 도모하기 위한 제도를 간이과세제도라 한다.

09 수정신고란 이미 신고·결정·경정절차가 완료된 과세표준 및 세액 등이 과다한 경우 납세의무자가 이를 정정하는 신고를 말한다.

10 종합소득이란 각종 소득을 합산하여 과세하기 때문에 종합소득이라고 한다. 종합소득은 이자소득, 배당소득, 부동산임대소득, 사업소득, 근로소득, 일시재산소득, 연금소득, 기타소득을 합산한 것이다.

정답 01 T 02 F 03 T 04 F 05 F 06 T 07 F 08 T 09 F 10 T

해 설

01 T

02 F 서비스 목적에 대한 설명이며, 사회적 목적이란 고객이나 종업원은 물론 공급자, 정부, 지역사회 등 이해관계를 가지는 집단을 배려하는 것을 의미한다.

03 T

04 F 원천징수 납세의무자의 세액을 징수하여 과세관청에 다음달 10일까지 납부하도록 되어 있는 제도를 말한다.

05 F 목적세란 특수한 용도로만 사용할 목적으로 징수하는 세금이며 국세 중 교육세, 농어촌특별세, 교통세와 지방세 중 공동시설세, 도시계획세가 이에 해당된다.

06 T

07 F 재화의 자가공급이란 사업자가 자기의 사업과 관련하여 생산하거나 취득한 재화를 자신의 사업에 전용하는 것을 재화를 공급하는 것으로 간주한다는 의미이다.

08 T

09 F 수정신고란 납세의무자가 신고기한 내에 신고를 했으나 신고사항 중 기재상 또는 계산상 착오가 있음을 발견하여 이를 수정하여 다시 신고기한 내에 신고하는 것을 말한다.

10 T

객관식 문제

01 **다음 소득 중 분리과세소득이 없는 소득은?**

① 연금소득 ② 이자소득
③ 사업소득 ④ 근로소득

02 **다음 중 소득세법에 대한 설명으로 옳은 것은?** (전산세무 1급)

① 신규로 사업을 등록한 거주자의 과세기간은 사업개시일로부터 12월 31일까지이다.
② 거주자의 소득세 납세지는 주소지로 한다. 다만, 주소지가 없는 겨우에는 거소지로 한다.
③ 거주자가 주소를 국외로 이전하여 비거주자가 되는 경우도 과세기간은 1월 1일부터 12월 31일까지이다.
④ 거주자가 사망한 경우 1월 1일부터 사망일까지의 과세기간에 대한 종합소득세 확정신고를 다음 해 5월말까지 해야한다.

03 **소득세의 납세의무자에 대한 설명 중 옳지 않은 것은?**

① 소득세의 납세의무자는 개인과 법인이다.
② 개인은 주소 또는 거소의 유무나 거주기간에 따라 거주자와 비거주자로 구분한다.
③ 거주자는 국내에서 주소를 두거나 국내에 주소가 없더라도 1년 이상 거소를 둔 개인이다.
④ 비거주자는 국내에 주소가 없고 1년 이상 거주하지 아니한 개인이다.

04 **다음 소득 중 종합소득이 아닌 것은?**

① 양도소득 ② 사업소득
③ 배당소득 ④ 근로소득

05 사업소득에 대한 설명 중 틀린 것은?

① 주택신축판매업은 사업소득 중 건설업에 해당한다.
② 농가부업규모의 축산에서 발생하는 소득은 비과세소득이다.
③ 대표자급여는 사업소득의 필요경비에 산입된다.
④ 부동산매매업도 사업소득에 해당된다.

06 사업소득의 내용이 아닌 것은?

① 교육서비스업에서 발생하는 소득
② 비영업대금의 이익
③ 건설업에서 발생하는 소득
④ 제조업에서 발생하는 소득

07 다음 중 소득세법상 인적공제에 대한 설명으로 옳은 것은? (전산세무 2급)

① 배우자와 직계존속은 항상 생계를 같이하는 부양가족으로 본다.
② 추가공제는 해당 거주자의 기본공제를 적용받는 경우에만 공제할 수 있다.
③ 형제자매의 배우자는 공제대상 부양가족에 포함한다.
④ 과세기간 종료일 전에 사망한 경우 사망일의 상황에 따라 공제여부를 판단한다.

08 다음 중 비과세 근로소득이 아닌 것은?

① 연·월차수당
② 식사를 제공받지 아니하는 근로자가 제공받는 월 10만원 이하의 식대
③ 일직료 · 숙직료 또는 여비로서 실비변상적인 정도의 금액
④ 월정급여액 100만원 이하인 생산직 근로자가 받는 야간근로수당으로 연간 240만원 이내의 금액

09 다음 중 비과세근로소득에 해당하는 것은?

① 근로의 제공으로 인하여 받는 급여

② 법인세법에 의하여 상여로 처분된 금액
③ 근로사업체의 업무에 관련하여 근로자 본인이 받는 학자금
④ 퇴직소득에 속하지 않는 퇴직위로금

10 **다음 중 근로소득자만이 적용받을 수 있는 종합소득공제액은?**

① 부녀자공제 ② 기본공제
③ 장애인공제 ④ 보험료공제

11 **다음 부가가치세에 대한 설명 중 잘못된 것은?**

① 재화의 공급, 용역의 공급 및 재화의 수입에 대하여 과세한다.
② 수출하는 재화에 대해서는 면세한다.
③ 소비세이므로 투자에 대해서는 과세하지 않는다.
④ 최종소비자가 세금을 부담한다.

12 **다음 중 부가가치세법상 영세율과 면세에 대한 설명으로 옳은 것은?**

① 면세사업자는 매입 시 부담한 부가가치세액을 공제받을 수 있다.
② 영세율 적용대상자는 과세사업자로서 부가가치세법의 제반의무를 이행해야 한다.
③ 면세는 소비지국 과세원칙을 구현하기 위한 제도이다.
④ 영세율은 부가가치세의 역진성 완화를 위한 제도이다.

13 **우리나라 부가가치세법의 특징에 해당하지 않는 것은?**

① 일반소비세 ② 직접세
③ 다단계거래세 ④ 전단계세액공제

14 **다음 중 소득세법상 근로소득이 없는 거주자(사업소득자가 아님)가 받을 수 있는 특별세액공제는?** (전산세무 2급)

① 보험료세액공제 ② 의료비세액공제
③ 교육비세액공제 ④ 기부금세액공제

15 부가가치세 납세의무자에 대한 설명 중 잘못된 것은?

① 반드시 영리를 목적으로 하는 사업자이어야 한다.
② 사업상 독립적이어야 한다.
③ 재화 또는 용역을 공급하거나 재화를 수입하여야 한다.
④ 사업자에 개인, 법인, 법인격이 없는 사단과 재단도 포함된다.

16 부가가치세법상 납세의무자로 볼 수 없는 경우는?

① 부동산 임대사업장 없이 2년간 토사석 채취를 목적으로 2억원에 토지를 임대하는 경우
② 비영리법인인 새마을금고가 부가가치세가 과세되는 재화를 독립적으로 계속 공급하는 경우
③ 국가나 지방자치단체조합이 부가가치세가 과세되는 재화나 용역을 공급하는 경우
④ 농민이 자기 농지를 개량하는 과정에서 생긴 토사석을 일시적으로 조경업자의 건설회사에 공급하는 경우

17 다음 중 부가가치세법상 신고·납부에 대한 설명으로 틀린 것은?

① 면세사업용 재화의 과세전환 매입세액공제는 예정신고 시 적용할 수 있다.
② 부가가치세 예정신고·납부 시 대손세액공제는 적용하지 않는다.
③ 예정고지로 징수하여야 할 금액이 50만원 미만인 경우에는 예정고지세액을징수하지 않는다.
④ 개인사업자가 일정한 요건을 충족하여 예정신고를 하는 경우에는 예정고지세액의 결정은 없었던 것으로 본다.

18 20x1년 5월 20일에 폐업신고를 하였다. 부가가치세법상 과세기간은 어느 것인가?

① 20x1. 1. 1~20x1. 3. 31　② 20x1. 1. 1~20x1. 5. 20
③ 20x1. 1. 1~2010. 6. 30　④ 20x1. 7. 1~20x1.12. 31

19 **다음 사업자 미등록에 관한 설명 중 잘못된 것은?**

① 사업자 등록시까지는 사업을 개시할 수 없다.
② 사업개시일로부터 20일 내 신청을 안 한 경우 미등록가산세의 부과대상이 된다.
③ 사업자등록 신청기일이 경과한 경우 사업자등록 신청 전의 매입세액은 공제되지 아니한다.
④ 사업자가 등록을 하지 아니하는 경우에는 관할세무서장이 조사하여 등록시킬 수 있다.

20 **다음 중 부가가치세법상 사업자등록 정정사항이 아닌 것은?**

① 상호변경　② 법인의 대표자 변경
③ 공동사업자 구성원 변경　④ 개인사업자의 폐업

21 **다음 중 부가가치세법상 부가가치세가 과세되는 재화 또는 용역의 공급에 해당하는 것은?** (전산세무 2급)

① 박물관에 입장하도록 하는 용역　② 고속철도에 의한 여객운송 용역
③ 도서 공급　④ 도서대여 용역

22 **다음은 제조업을 영위하는 일반과세자 (주)한공의 20x1년 제2기 부가가치세예정신고기간의 자료이다. 매입세액 공제액은 얼마인가?**

내역	매입세액
20x1. 7. 7. 기계장치 구입	1,000,000원
20x1. 8. 15. 토지조성 관련 지출	800,000원
20x1. 8. 28. 제품운반용 소형트럭 구입	1,600,000원
20x1. 9. 2. 거래처 선물 구입	500,000원

① 1,000,000원　　② 1,500,000원
③ 2,600,000원　　④ 3,400,000원

23 다음 중 소득세에 대한 설명으로 옳지 않은 것은? (TAT 2급)

① 소득세의 과세기간은 1월 1일부터 12월 31일을 원칙으로 하며, 거주자가 출국하여 비거주자가 되는 경우에는 1월1일부터 출국일까지로 한다.
② 해당 과세기간의 신규사업개시자는 중간예납의무를지지 않는다.
③ 퇴직소득과 양도소득은 종합소득과 합산과세 하지 않는다.
④ 부부가 공동사업을 영위하는 경우에는 부부단위로 합산하여 과세하는 것이 원칙이다.

24 다음 중 소득세법상 특별세액공제 대상에 해당하는 지출은?

① 사업소득자가 지출한 보장성 보험료 50만원
② 근로소득자가 지출한 외국병원 진찰료 100만원
③ 연금소득자가 지출한 대학원 교육비 200만원
④ 근로소득자가 지출한 종교단체 기부금 70만원

25 다음 중 소득세법상 사업소득에 대한 설명으로 옳지 않은 것은?

① 논·밭을 작물생산에 이용하게 함으로써 발생하는 소득은 비과세 사업소득이다.
② 사업소득 중 연말정산대상 사업소득은 분리과세 대상이다.
③ 부동산임대업은 사업소득에 해당하나 지역권 또는 지상권을 설정·대여함으로써 발생하는 소득은 기타소득에 해당한다.
④ 사업소득 중 원천징수대상인 의료보건용역의 소득세 원천징수세율은 수입금액의 3%이다.

정답 01 ③ 02 ② 03 ① 04 ① 05 ③ 06 ② 07 ② 08 ① 09 ③ 10 ④ 11 ② 12 ② 13 ② 14 ④ 15 ① 16 ④ 17 ① 18 ② 19 ① 20 ④ 21 ② 22 ① 23 ④ 24 ④ 25 ②

해 설

01 ③ 종합소득중 이자소득, 배당소득, 근로소득, 연금소득, 기타소득에는 분리과세로 납세의무가 종결되어 소득이 일부 포함되어 있다.

02 ② 소득세법 제6조
① 신규로 사업을 등록한 거주자의 과세기간은 1월1일부터 12월 31일까지이다.
③ 국외로 이전하는 경우 과세기간은 1월1일부터 출국일까지이다.
④ 상속개시일이 속하는 달의 말일부터 6개월 이내에 확정신고를 하여야 한다.

03 ① 소득세의 납세의무자는 원칙적으로 소득이 있는 개인이고, 법인세의 납세의무자는 법인이다.

04 ① 퇴직소득, 양도소득은 분류과세된다.

05 ③ 출자금의 인출에 해당함으로 필요경비에 산입하지 않는다.

06 ② 비영업대금의 이익은 이자소득에 해당한다.

07 ②
① 배우자와 직계비속은 항상 생계를 같이하는 부양가족으로 본다.
③ 형제자매의 배우자는 공제대상 부양가족에서 제외한다.
④ 과세기간 종료일 전에 사망한 경우 사망일 전일의 상황에 따라 공제여부를 판단한다.

08 ① 연월차수당은 전액 과세한다.

09 ③ 근로자 본인의 학자금이 비과세되기 위해서는 당해 근로자가 종사하는 사업체의 업무와 관련있는 교육, 훈련을 위하여 받는 것으로 당해 근로자가 종사하는 사업체의 규칙 등에 의하여진 지급기준에 따라 받는 것이며, 교육, 훈련기간이 6개월 이상인 경우 교육, 훈련 후 당해교육기간을 초과하여 근무하지 아니하는 때에는 지급받은 금액을 반납할 것을 조건으로 하여 받는 것이어야 한다.

10 ④ 보험료공제는 특별공제 중 항목별공제로서 근로소득이 있는 거주자만 받을 수 있다.

11 ② 수출하는 재화에 대해서는 영세율이 적용된다.

12 ②
① 면세사업자는 매입시 부담한 부가가치세액을 공제받을 수 없다.
③ 영세율은 소비지국 과세원칙을 구현하기 위한 제도이다.
④ 면세는 부가가치세의 역진성 완화를 위한 제도이다.

13 ② 부가가치세는 납세자와 담세자가 다른 간접세이다.

14 ④ 소득세법 제59조의4, 기부세액공제는 종합소득(사업소득자는 필요경비 산입)이 있

는 거주자가 받을 수 있다.

15 ① 부가가치세의 납세의무자는 영리목적의 유무와는 관계가 없다.

16 ④ 농민이 자기농지의 확장 또는 농지개량 작업에서 생긴 토사석을 일시적으로 판매하는 경우에는 부가가치세 납세의무가 없다.

17 ① 면세사업용 재화의 과세전환 매입세액공제는 확정신고시에만 적용한다.

18 ② 5월 20일에 폐업신고를 하였으므로 과세기간은 제 1기 개시일인 1월 1일부터 폐업일까지이다.

19 ① 사업개시일로부터 20일 내에 신청을 하면 사업자등록과 관련된 아무런 제재를 받지 않는다.

20 ④ 사업자등록말소의 사유이다.

21 ② 부가가치세법 제26조 제1항, 일반적인 여객운송 용역은 부가가치세를 면제한다. 다만, 고속철도에 의한 여객운송 용역은 부가가치세를 면제하는 용역에서 제외한다.

22 ③ 1,000,000원(기계장치 구입) + 1,600,000원(트럭 구입) = 2,600,000원

23 ④ 우리나라의 경우에는 원칙적으로 개인단위과세를 채택하고 있으므로 부부나 가족의 소득을 합산하여 과세하지 않는다. 그러나 공동사업자의 동거가족이 손익분배비유을 허위로 정하는 경우에는 그렇지 아니한다.

24 ④
① 사업소득자가 지출한 보험료는 특별세액공제 대상이 아니다.
② 근로소득자가 국내병원에서 지출한 의료비는 특별세액공제 대상이나 외국병원에서 지출한 의료비는 특별세액공제 대상이 아니다.
③ 연금소득자가 지출한 교육비는 특별세액공제 대상이 아니다.

25 ②
보험모집수당 등 연말정산대상 사업소득도 종합소득에 합산되므로 분리과세대상이라는 설명은 옳지 않다.

김재열

서강대학교 대학원 졸업(경영학 박사)
The University of Texas at Dallas 연구교수
한국관리회계학회 학회장
한국회계정책학회 편집위원장
한국경영교육학회 편집위원장
한국관리회계학회 편집위원장
행정안전부 지방자치단체 평가위원
현, 건양대학교 경영학부 교수

주요저서

새로운 한국의 원가관리
사용자중심의 원가회계, 관리회계 등

알기 쉬운 기초회계 [제2판]

제2판 발행일 2025년 8월 25일
초 판 발행일 2024년 2월 28일
지은이 김재열
펴낸이 이구만
펴낸곳 유원북스
04091 서울특별시 마포구 토정로 222, 416호
(신수동, 한국출판콘텐츠센터)
Tel (02)593-1800 · Fax (02)6455-1809
출판등록 2011.9.6. · 제25100-2012-3호
www.uwonbooks.com · uwbooks@daum.net
편 집 정충영
조 판 남동우
ISBN 979-11-6288-228-3 (93320)
정 가 24,000원